北京市高等教育精品教材立项项目
21世纪法语专业教材系列

法 语 教 程

王文融　主编

周林飞　杨明丽　田庆生　编著

北京大学出版社

·北 京·

图书在版编目(CIP)数据

法语教程 I/王文融主编. —北京：北京大学出版社，2004.8
ISBN 978-7-301-06644-7

Ⅰ.法…　Ⅱ.王…　Ⅲ.法语-高等学校-教材　Ⅳ.H32

中国版本图书馆CIP数据核字(2003)第097969号

书　　　名：法语教程I(附听力文本及练习答案)
著作责任者：王文融　主编
责 任 编 辑：沈浦娜　spn@pup.pku.edu.cn
正 文 插 图：韩　博
标 准 书 号：ISBN 978-7-301-06644-7/H·0917
出 版 发 行：北京大学出版社
地　　　址：北京市海淀区成府路205号　100871
网　　　址：http://www.pup.cn
电　　　话：邮购部 62752015　发行部 62750672　编辑部 62752028　出版部 62754962
电 子 邮 箱：spn@pup.pku.edu.cn
印 刷 者：三河市北燕印装有限公司
经 销 者：新华书店
　　　　　787毫米×1092毫米　16开本　21印张　537千字
　　　　　2004年8月第1版　2021年9月第11次印刷
定　　　价：38.00元(含听力文本及练习答案)

未经许可，不得以任何方式复制或抄袭本书之部分或全部内容。
版权所有，侵权必究　举报电话：010-62752024
　　　　　电子邮箱：fd@pup.pku.edu.cn

编 者 的 话

《法语教程》(Ⅰ~Ⅱ) 是供高等院校法语专业一年级使用的教材。本教材属北京市高等教育精品教材建设项目，也是 21 世纪北京大学法语专业教材系列之一。我们借鉴和吸收了国内外法语教材的长处，针对中国学生学习法语的特点，遵循科学性、系统性、实用性相结合的原则，历经两年，编成此书。它内容新颖，语言鲜活，循序渐进，注重法语基本技能的训练和交际能力的培养，为学生今后的专业学习打下坚实的基础。

第Ⅰ册共 20 课。其中第 1~8 课为语音教程，通过情景对话训练学生在语流中学习法语的发音和语调，掌握拼读规则。第 9~19 课每课两篇对话，内容涉及大学生的日常生活。语法讲解由易到难，每课安排几个重点，接触到的语法现象主要有各类冠词、各类形容词、宾语代词和副代词、直陈式现在时、复合过去时、未完成过去时、简单将来时，以及陈述句、疑问句、否定句和命令句，等等。每课的 Manière de dire（表达方式）和 Micro-conversation（小对话），旨在帮助学生根据场景和表达的需要练习对话，提高口语表达能力。第 20 课为复习课。

第Ⅱ册共 16 课。除最后一课为总复习外，每课均有两篇课文，大多为一篇对话，一篇叙述文，内容涉及法国社会生活的诸多方面。语法现象主要有关系代词、指示代词、被动态、形容词、副词的比较级和最高级、主从复合句、不定式句、无人称句、愈过去时、先将来时、条件式现在时、虚拟式现在时，等等。

语音阶段结束后，本教程仍在各课安排一定的时间做语音练习，补充讲解有关联诵、弱化 E、辅音的同化、长元音、重叠辅音、节奏重音的规则、各种句式的语调，以及朗读诗歌最基本的知识，等等。

练习形式多样，分口头、书面和听力三种，旨在帮助学生正确理解课文内容，掌握语言基础知识，熟练运用词汇和语法规则，打下扎实的基本功，逐步培养在现实生活中的语言交际能力。每课最后均附介绍法国文化背景的小资料，图文并茂。

本教程除文字材料外，还有配套的有声材料，包括每课词汇、课文的录音以及在语言实验室进行训练的内容。练习中有录音内容的题均用 标出。

《法语教程》(Ⅰ~Ⅱ) 经王庭荣教授、秦海鹰教授、杨国政副教授以及 Juliette Salabert 和 Guillaume Dutournier 两位外籍教师的审阅。他们对本书提出了许多宝贵的意见和建议，在此谨向他们表示诚挚的谢意。我们还要感谢为本书画插图的韩博先生和为本书的编辑出版付出辛勤劳动的责编沈浦娜女士。限于编者的水平，加之时间的仓促，本书一定存在许多不足和疏漏，恳请法语界同行和广大使用者不吝赐教，以利今后的修订。

编　者
二〇〇四年二月

ALPHABET FRANÇAIS
法语字母表

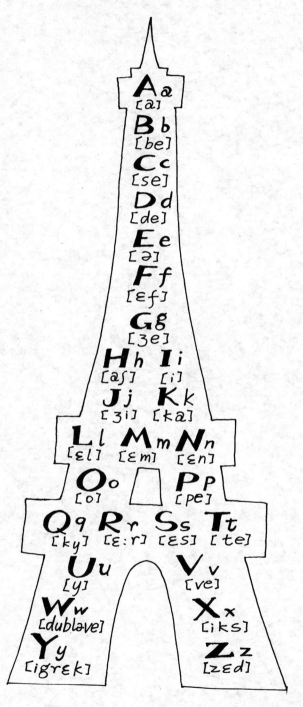

Aa Bb Cc Dd Ee Ff Gg Hh Ii Jj Kk Ll Mm Nn
Oo Pp Qq Rr Ss Tt Uu Vv Ww Xx Yy Zz

TABLEAU DES CONTENUS

Leçon	Titre	Phonétique et grammaire	Page
1	Bonjour, madame.	[a] [ɛ] [i] [m] [l] [s] [t]	1
2	Je suis chinois.	[y] [u] [e] [d] [ʃ] [ʒ] [n]	6
3	Je m'appelle Annie Thibault.	[ã] [o] [r] [f] [v] [z] [p] [b]	12
4	Qui est-ce?	[ɔ] [ə] [õ] [k] [g]	17
Bilan 1			22
5	Quelle heure est-il?	[œ] [ø] [ɛ̃] [j]	25
6	Bonne idée!	[ɥ] [w] [wa] [ij] [jɛ̃] L'article indéfini et l'article défini	31
7	C'est loin?	[ɲ] [wɛ̃] [sjõ] La conjugaison de 《être》	37
8	Allô, Annie?	La conjugaison de 《avoir》	43
Bilan 2			49
Annexes		元音口腔开张示意图，元音音素表，辅音音素表，拼写符号，标点符号，词类表，读音基本规则表，音素表	53
9	Très heureux de faire votre connaissance.	L'omission de l'article (1) La phrase interrogative Le présent de l'indicatif La conjugaison des verbes du premier groupe La conjugaison de 《faire》	62
10	J'adore ça!	L'article partitif La négation L'impératif Les adjectifs qualificatifs (1) La conjugaison des verbes du deuxième groupe La conjugaison de 《aller》, 《boire》, 《prendre》, 《vouloir》	78

Leçon	Titre	Phonétique et grammaire	Page
11	Ça coûte combien?	L'article contracté Les pronoms personnels compléments d'objet direct Les adjectifs qualificatifs (2) Le pronom personnel indéfini 《on》 L'omission de l'article (2) La conjugaison de 《sortir》, 《suivre》, 《pouvoir》, 《vendre》, 《voir》, 《devoir》	93
12	Ne quittez pas...	Le passé immédiat Le futur immédiat Les pronoms personnels compléments d'objet indirect L'attribut du C.O.D. La conjugaison de 《suffire》, 《savoir》, 《envoyer》, 《ouvrir》, 《venir》, 《connaître》	109
13	C'est une saison très agréable.	Les adjectifs démonstratifs Les phrases impersonnelles Le pronom adverbial 《en》 (1) L'adjectif interrogatif et l'adjectif exclamatif Les prépositions 《de》 et 《à》 La conjugaison de 《partir》, 《dire》	124
14	Je suis le cadet.	Les adjectifs possessifs Les pronoms toniques L'adjectif 《tout》 Les adverbes 《si》 et 《oui》 La conjugaison de 《vivre》, 《tenir》	140
15	C'est un vrai trésor!	Le passé composé (1) Le pronom adverbial 《y》 (1) Les adjectifs numéraux cardinaux et ordinaux La conjugaison de 《construire》, 《emmener》	157
16	Il n'y a plus de bus.	Le passé composé (2) L'emploi de l'infinitif (1) La date La conjugaison de 《accueillir》	174

Leçon	Titre	Phonétique et grammaire	Page
17	J'ai vu Gérard Depardieu!	L'imparfait Le pronom adverbial 《en》 (2) La phrase La conjugaison de 《sourire》	189
18	Tu as des cours dans la matinée?	Les verbes pronominaux L'emploi de l'infinitif (2) La conjugaison de 《dormir》	206
19	Tu fais du ski?	Le futur simple La mise en relief: C'est...que La conjugaison de 《retransmettre》	221
20	Révision		236
Annexe		Lexique	250

Leçon 1

Bonjour, madame.

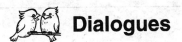
Dialogues

A

Marc: Salut, Alice!
Alice: Salut, Marc. Ça va?
Marc: Très bien. Et toi?
Alice: Ça va.

B

Marc: Bonjour, madame.
Adèle: Bonjour, Marc. Comment ça va?
Marc: Très bien, merci. Et vous?
Adèle: Moi aussi, merci.

Expressions pour la classe

— Ecoutez, s'il vous plaît. 请注意听!
— Regardez, s'il vous plaît. 请注意看!
— Répétez, s'il vous plaît. 请重复!

 ## Sons et lettres

	音 素	读音规则	例 词
元 音	[a]	a, à, â	ta, là, âme
	[ɛ]	ai, ei	taie, Seine
		è, ê	mère, fête
		e 在两个相同的辅音字母前	elle
		在闭音节中	merci
		-et 在词尾	lacet
	[i]	i, î, ï, y	il, île, haï, type
辅 音	[m]	m	mal
	[l]	l	laid
	[s]	s, ç	salle, leçon
		c 在 e, i, y 前	ceci, cycle
	[t]	t	tel

	[a]		[ɛ]			[i]	
[m]	ma	malle	mais	même		mie	mime
[l]	lame	lac	lait	laisse		lit	lilas
[s]	sale	ça	sel	cette		si	ici
[t]	ta	tac	tête	telle		titi	style

元音 [a]

法语的[a]与汉语普通话的"阿"音相似,但发音时,舌位靠前,舌尖抵下齿,口形略紧张。

Leçon 1 Bonjour, madame.

元音 [ɛ]

发[ɛ]时,各个发音部位与[a]相似,但开口度略小。[ɛ]是单元音,注意不要发成汉语的双元音"埃"。

元音 [i]

发[i]时,口腔张开度极小,舌尖抵下齿,唇形扁平,嘴角向两边拉。法语的[i]和汉语普通话的"衣"音相似,但发音时,口腔部位肌肉更紧张。

 Mots et expressions

salut *n.m.* 致意,(俗)你好;再见	madame *n.f.* 夫人,太太,女士
Ça va? (你)好吗?	comment *adv.* 怎样,如何
très *adv.* 很,非常	Comment ça va? (你)好吗?
bien *adv.* 好	merci *n.m.* 谢谢
et *conj.* 和,而	vous *pron.* 您;你们
toi *pron.* 你	moi *pron.* 我
bonjour *n.m.* 早上好,你好	aussi *adv.* 也,同样

 Notes

1. 法语是一种拼音文字。作为书写形式,法语采用拉丁字母,共有26个字母,其中6个元音字母(a,e,i,o,u,y)。语音形式的最小单位是音素。法语共有36个音素,其中17个辅音,3个半辅音(也称半元音)和16个元音(音素[ɑ]和[a],音素[œ̃]和[ɛ̃]的发音区别不大,已逐步被[a]和[ɛ̃]取代。因此,本书只介绍[a]和[ɛ̃]的发音方法。音素用国际音标标出,放在方括号内,如:lime [lim]。每一个音标代表一个音素。注意不要混淆音素和字母。
2. 字母e在词尾一般不发音,但使其前面的辅音字母发音,如:tête[tɛt]。
3. 两个相同的辅音字母连在一起时,通常读成一个音,如:salle[sal]。
4. 辅音字母在词尾一般不发音,如:lit[li]。但字母 r、l、f、c 则通常要发音,如:tir[tiːr],mal[mal],chef[ʃɛf],sac[sak]。ː为长音符号。
5. 开音节和闭音节:以元音音素结尾的音节为开音节,如:vous[vu];以辅音音素结尾的音节为闭音节,如:tour [tuːr]。

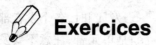 **Exercices**

I. Lisez les mots suivants(请读下列单词)：

A

sac	ami	Italie	tas	lice
saine	site	las	mâle	assis
mille	laide	lime	lisse	même
liste	tamis	mât	stèle	celle

B

latte	selle	silice	missile	limite
listel	tasse	malais	lamelle	système
stylet	malice	Sicile	satellite	styliste
masse	limace	milice	salami	mallette

II. Cherchez dans les dialogues des mots contenant les sons [a], [ɛ] ou [i]. Classez-les dans le tableau(找出对话中包含[a],[ɛ],[i]的单词并列入表中)：

[a]	[ɛ]	[i]

III. Lisez l'alphabet français(请读法语字母表)：

Aa Bb Cc Dd Ee Ff Gg Hh Ii Jj Kk Ll Mm
Nn Oo Pp Qq Rr Ss Tt Uu Vv Ww Xx Yy Zz

IV. Micro-conversation(小对话)：

1. — Bonjour, Alice, ça va?
   — Ça va bien, et toi?
   — Ça va.

2. — Bonjour, madame.
   — Bonjour, monsieur(先生). Comment allez-vous? (您好吗?)
   — Bien, merci. Et vous?
   — Moi aussi, merci.

Leçon 1 Bonjour, madame.

V. Trouvez la bonne réplique(接话):

1. Bonjour, madame.
2. Ça va bien?
3. Salut, Alice.
4. Et vous?
5. Comment allez-vous?

— Moi aussi, merci.
— Bonjour, monsieur.
— Très bien, merci, et vous?
— Salut, Marc.
— Oui(是), moi, ça va.

VI. Complétez le dialogue(填空):

1. — Salut, Marc.
   — _____, Alice.
   — Ça _____?
   — Très _____, et toi?
   — _____ va.

2. — _____, madame.
   — _____, monsieur.
   — Comment _____?
   — Très bien, _____. Et _____?
   — _____ aussi, merci.

VII. Regardez les images et jouez les scènes(看图表演).

VIII. Copiez les dialogues(抄写对话).

Je suis chinois.

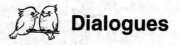 **Dialogues**

A

Annie : Tu es chinois?
Li Ming : Oui, je suis chinois.
Annie : Tu habites à Paris?
Li Ming : Oui, j'habite à Paris. Et toi, tu es ...?
Annie : Je suis française. J'étudie à Paris.

B

Adèle : Vous êtes étudiant?
Li Ming : Oui. Vous êtes aussi étudiante?
Adèle : Non, je suis journaliste. Qu'est-ce que vous étudiez?
Li Ming : J'étudie le français.

Leçon 2 Je suis chinois.

 Expressions pour la classe

— Lisez après moi !　　跟我读！
— A haute voix !　　　大声些！
— Pardon ?　　　　　对不起（请重复一遍）。

 Sons et lettres

	音 素	读音规则	例 词
元 音	[y]	u, û	mur, sûr
	[u]	ou, où, oû	jour, où, coût
	[e]	é	été
		-er, -ez在词尾	aller, cédez
		-es在单音节词中	les
辅 音	[d]	d	de
	[ʃ]	ch	Chine
	[ʒ]	j	je
		g在e, i, y前	nage, gilet, gymnaste
	[n]	n	nous

		[y]		[u]		[e]
[d]	dune	duc	doux	douce	délai	dîner
[ʃ]	chute	chuter	chou	chouchou	chez	tâcher
[ʒ]	jus	juste	joue	jour	génie	nager
[n]	nul	nue	nous	noulet	né	tanner

[t–d]	tu–dû	tout–doux	tes–des	tulle–dune
[l–n]	les–née	lit–nid	lasse–nasse	laine–naine
[ʃ–ʒ]	hache–âge	Chine–gilet	chaîne–gêne	mèche–neige

元音 [y]

发[y]时，开口度、舌位和口腔部位肌肉紧张度与[i]相同，但双唇必须突出成圆形。

法语的[y]和汉语普通话的"淤"音相似，但口腔部位肌肉更紧张。

元音　[u]

发[u]时，开口度很小，舌向后缩，双唇突出成圆形。法语的[u]和汉语普通话的"屋"音相似，但口腔部位肌肉更紧张。

元音　[e]

发[e]时，舌尖抵住下齿，唇形扁平，嘴角略向两边拉，舌位与[i]相似，但开口度略大于[i]。

Mots et expressions

tu　*pron.* 你	J'habite (à) ... 我住在……
Tu es ...　你是……	français, e *adj. et n.* 法国的；法国人
chinois, e *adj. et n.* 中国的；中国人	*n.m.* 法语
n.m. 汉语	J'étudie ... 我学习……
oui *adv.* 是	Vous êtes ... 您(你们)是……
je *pron.* 我	étudiant, e *n.* 大学生
Je suis ... 我是……	non *adv.* 不是
Tu habites (à) ... 你住在……	journaliste *n.* 记者
	Qu'est-ce que vous étudiez? 您学习什么？

Notes

1. 音节：法语单词由音节组成。音节以元音为基础，每个元音音素构成一个音节，如：ami[a-mi]。辅音一般和它后面的元音拼读构成音节，如：délice [de-lis]。划分音节时，在元音之间的两个相连的辅音分别属于前后两个音节，如：merci[mεr-si]。
2. 重音：法语单词的重音一般落在最后一个音节上，如：habiter[a-bi-te]。
3. 省音：少数以元音字母结尾的单音节词(如：je, me, te, se, le, la, de, ne, que...)遇到后面的单词以元音字母或哑音h开头时，其元音字母要省去，用省文撇"'"代替，并和下一个单词词首元音合成一个音节。如：J'habite ... = Je + habite ...；l'école = la + école。
4. 书写移行：

    1) 书写时尽可能避免在一个词的中间移行。不得已时，必须以音节为单位移行，并在前半个词后面加上连字符"-"，如：ha-bi-ter。

Leçon 2 Je suis chinois.

2) 相同的两个辅音字母移行时要分开,如:tas-se。
3) 不发音的字母e应和前面的辅音字母一起移行,如:goutte-lette。
4) 相邻的两个元音字母,不管是否同属一个音节,移行时不能分开,如:thé-âtre。

5. 专有名词的第一个字母要大写,如:la Chine, Paris, Sophie。
6. 句子开始的第一个字母要大写;法语的句号与汉语不同,是一个小黑点。如:Je suis étudiant.

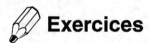 **Exercices**

I. Lisez les mots suivants(请读下列单词):

A

télé	nulle	moule	chêne	sèche
mule	nez	loup	date	manie
lâche	doute	tout	utile	sous
gîte	état	joule	chou	assez

B

étude	jouter	loucher	mouche	jucher
statue	douche	cherche	judas	Juliette
serrez	chère	dynastie	manège	fanatique
lécher	justice	damassé	dynamite	gymnastique

II. Cherchez dans les dialogues des mots contenant les sons [y], [u] ou [e]. Classez-les dans le tableau(找出对话中包含[y],[u],[e]的单词并列入表中):

[y]	[u]	[e]

III. Lisez ces sigles(请读下列首字母缩略词):

| TGV | 高速火车 | RER | 巴黎大区快速铁路网 |
| RATP | 巴黎独立运输公司 | SNCF | 法国国营铁路公司 |

IV. Répondez aux questions(回答问题)：

1. Tu es chinois(e)?
2. Tu es français(e)?
3. Tu habites à Paris?
4. Tu habites à Beijing?
5. Tu es étudiant(e)?
6. Tu es journaliste?
7. Qu'est-ce que tu étudies?
8. Qu'est-ce que vous étudiez?

V. Micro-conversation(小对话)：

1. — Salut, je suis étudiant. Et toi?
   — Moi aussi, je suis étudiante.
   — Je suis chinois.
   — Moi, je suis française.
   — Tu étudies le chinois?
   — Oui, j'étudie le chinois.

2. — Bonjour, vous êtes chinoise?
   — Oui, je suis chinoise. Et vous?
   — Je suis français. Je suis journaliste.
   — Moi, je suis étudiante.
   — Qu'est-ce que vous étudiez?
   — J'étudie le français et l'anglais(英语).
   — Vous habitez à Beida(l'Université de Pékin 北京大学)?
   — Oui, j'habite à Beida. Et vous?
   — J'habite à Tianjin.

VI. Complétez le dialogue(填空)：

— Bonjour! Tu _____ chinois?
— _____, je suis chinois.
Et _____?
— Je _____ français.

— Tu habites _____?
— Oui, _____ Beijing.
— _____ es étudiant?
— Non, _____ suis journaliste.

VII. Reliez la question à la réponse(连接问与答)：

1. Comment ça va?
2. Tu es chinois?
3. Tu habites à Paris?
4. Tu es française?
5. Tu es journaliste?
6. Qu'est-ce que vous étudiez?

— Oui, je suis française.
— J'étudie le chinois.
— Non, je suis étudiant.
— Ça va bien.
— Non, je suis français.
— Non, j'habite à Beijing.

Leçon 2 Je suis chinois.

VIII. Regardez les images et jouez les scènes(看图表演).

IX. Copiez les dialogues(抄写对话).

Je m'appelle Annie Thibault.

 **Dialogues**

Annie:	Bonjour, monsieur. Je m'appelle Annie Thibault.
L'employé:	Annie comment?
Annie:	THIBAULT.
L'employé:	Pardon? Vous pouvez épeler, s'il vous plaît?
Annie:	THIBAULT, T comme Thomas, H comme Henri, I comme Isabelle...
L'employé:	Bien, je comprends. Merci beaucoup.
Annie:	Je vous en prie.

Fanny:	Mon nom est Fanny. Et toi, tu t'appelles comment?
Philippe:	Philippe Henri.
Fanny:	Tu peux épeler?
Philippe:	Oui, H. E. N. R. I.
Fanny:	Henri? Comme le roi Henri III?
Philippe:	Oui, exact.

Leçon 3 Je m'appelle Annie Thibault.

 Expressions pour la classe

— Répondez à ma question.   请回答我的问题。
— Levez la main.   请举手。
— Arrêtez !   请停下。

 Sons et lettres

	音 素	读音规则	例 词
元 音	[ã]	am, an 后面不能紧跟 m, n em, en 或元音字母	lampe, cantine temps, tente
	[o]	o 在词尾开音节中 在 [z] 音前 ô au eau	mot chose côte auto beau
辅 音	[r]	r	rire
	[f]	f, ph	face, phare
	[v]	v	vélo
	[z]	z s 在两个元音字母之间	zéro usine
	[p]	p	pas
	[b]	b	bal

[ã] dans	fente	pente	champ	gens	tempe
[o] pot	lot	stylo	jaune	cadeau	beaucoup
[r] rare	rue	héros	genre	régie	route
[f-v] faux-veau		file-vile		fanfare-vandale	
[s-z] saut-réseau		sur-azur		sans-amusant	
[p-b] peau-beau		pour-bourg		pente-bande	

与字母 r 组合的辅音群：
[pr-br] âpre-sabre   prise-libre   prêt-braise
[tr-dr] très-dressé   trop-drôle   trace-drame

元音 [ɑ̃]

发[ɑ̃]音时，口形、唇形与发[a]相似，但舌头要向后缩，气流同时从口腔和鼻腔发出。

元音 [o]

发[o]时，开口度略大于[u]，舌向后缩，双唇比发[u]时更突出，更圆。

Mots et expressions

monsieur *n.m.* 先生	beaucoup *adv.* 很，非常
Je m'appelle ... 我叫……	Je vous en prie. 别客气！
employé, e *n.* 职员	mon *adj.* 我的
pardon *n.m.* 对不起	nom *n.m.* 名字；姓名
Vous pouvez épeler, s'il vous plaît? 劳驾，您能拼读一下吗？	Mon nom est ... 我(名)叫……
	Tu t'appelles comment? 你叫什么名字？
comme *conj.* 如同；作为	Tu peux épeler? 你能拼读一下吗？
Je comprends. 我明白。	roi *n.m.* 国王
	exact, e *adj.* 准确的

Notes

1. 字母h在词中不发音，在两个元音字母之间起分音作用，如：hôtel[otɛl]，cahier[kaje]。在词首时，有两种情况：
   1) 哑音h后面的元音要和前面的词联诵或省音，如：un hôpital[œ̃nopital]，l'hôpital[lopital]。
   2) 嘘音h(字典上用"＊"符号标出)后面的元音不能和前面的词联诵或省音，如：le héros[ləero]。
2. 鼻腔元音：发音时气流同时从口腔和鼻腔发出的元音叫鼻腔元音，其符号为[~]。由一个元音字母加辅音字母n或m拼读构成。条件是：它们后面不能紧跟元音字母或n，m，如：an[ɑ̃]，année[ane]，animal[animal]。
3. 辅音群：由一个辅音与后面紧跟的[r]或[l]结合而成，常见的有以下几种情况：[pl-bl]，[pr-br]，[tr-dr]，[kl-gl]，[kr-gr]，[fl-fr-vr]。拼读时两个辅音之间不能有停顿。
4. 节奏组：法语句子可以按意义和语法结构分成若干个节奏组。节奏组一般以实词为主，每个

Leçon 3 Je m'appelle Annie Thibault.

组可以包含两个或两个以上的词，各自表示一个完整的概念。每个节奏组的最后一个音读重音，组内其他单词不再体现原有的词尾重音。如：J'habite aussi à Paris. [ʒabitosi/apari]。

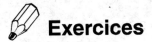 **Exercices**

I. Lisez les mots suivants（请读下列单词）：

A

rose	seau	peau	trente	paume
aube	lent	danse	pause	pauvre
entre	trop	menthe	roseau	France
chant	sot	tranche	veau	pampre

B

rouleau	chambre	badaud	éléphant	emphase
ranger	diplôme	hanter	tableau	artichaut
chameau	pantoufle	embellir	amasser	lentement
humanité	positive	ôter	amender	savamment

II. Cherchez dans les dialogues des mots contenant les sons [ɑ̃] ou [o]. Classez-les dans le tableau（找出对话中包含[ɑ̃]或[o]的单词并列入表中）：

[ɑ̃]	[o]

III. Lisez ces sigles（请读下列首字母缩略词）：

EDF 法国电力公司   GDF 法国煤气公司   TVA 增值税
SMIC 法定最低工资   HLM 廉租房

IV. Trouvez la bonne réplique（接话）：

1. Merci, Hélène !
2. Merci beaucoup, madame !
3. Tu es chinois ?
4. Tu t'appelles comment ?
5. Très bien, merci. Et vous ?

— Je m'appelle Roseline.
— Je t'en prie.
— Moi aussi.
— Je vous en prie.
— Oui, exact.

V. Micro-conversation(小对话)：

1. — Je m'appelle Michel. Tu t'appelles comment?
   — Mon nom est Louis.
   — Louis? Comme le roi Louis-Philippe?
   — Exact.

2. — Pardon, vous pouvez épeler votre(您的) nom?
   — DURAND, D comme David, U comme Ursule, R comme Roseline ...
   — Très bien, je comprends. Merci, monsieur.
   — Je vous en prie.

VI. Voici quelques prénoms(名字) **français, épelez-les**：

Arnaud	Clémence	Denis	Emilie	Florence
Guillaume	Henri	Isabelle	Juliette	Luc
Martin	Pierre	Rémi	Stéphane	Thomas
Valentine				

VII. Complétez le dialogue(填空)：

— Vous vous appelez comment?
— Je _____.
— Pardon? _____, s'il vous plaît?
— Henri, H. E. N. _____.

— Comme le _____ Henri III?
— Oui, _____.
— Merci beaucoup.
— Je _____ en prie.

VIII. Regardez les images et jouez les scènes(看图表演).

IX. Copiez les dialogues(抄写对话).

Qui est-ce?

Dialogues

A

Marc：Hé! Annie! Que fais-tu là?
Annie：Je regarde des photos.
Marc：Qui est-ce?
Annie：C'est mon oncle.
Marc：Il est encore jeune! Il a quel âge?
Annie：Il a quarante ans.

B

Paul：　Qui est ce beau garçon?
Nicole：C'est mon frère.
Paul：　Il est musclé!
Nicole：Oui, car il fait du sport.

 Expressions pour la classe

— Levez-vous! (debout)　起立!
— Asseyez-vous!　坐下!
— Ouvrez le livre à la page 4. 请把书翻到第4页。

Sons et lettres

音素		读音规则	例词
元音	[ɔ]	o 除了发[o]的情况外	porte
	[ə]	e 在单音节词中	me
		在词首开音节中	levez
	[ɔ̃]	om, on (后面不能紧跟m, n或元音字母)	rond, nom
辅音	[k]	c 在a, o, u和辅音字母前	cage, côté, cure, clair
		k	kaki
		qu	qui
	[g]	g 在a, o, u和辅音字母前	gare, gomme, légume, glisser
		gu 在e, i, y前	baguette, guitare, Guy

[ɔ] port   sotte   gorge   nord   bordé   dollar
[ə] le   te   ceci   petit   menu   lever
[ɔ̃] bon   son   pont   dont   front   pompe
[k–g] quand–gant   cadeau–gâteau   corse–gorge

与字母 r 组合的辅音群:
[kr–gr] crème–grève   créer–degré   cri–gris
[fr–vr] frais–vrai   frite–ouvrir   phrase–ouvrage

元音 [ɔ]

发[ɔ]时，口腔开口度略大于[o]，舌略向后缩，双唇成圆形。

元音 [ə]

[ə]的发音部位与[ɔ]相似，但双唇成圆形，下颚稍稍往前伸。

Leçon 4 Qui est-ce?

元音 [ɔ̃]

发[ɔ̃]时，口形、唇形与发[o]相同，但气流同时从口腔和鼻腔外出。

  Mots et expressions

Hé! *interj.* 嗳！哎！喂！	quel, quelle *adj.* 怎样的
Que fais-tu là? 你在做什么？	âge *n.m.* 年龄
Je regarde ... 我在看……	Il a quel âge? 他多大岁数？
photo *n.f.* 照片	quarante *adj.* 四十
qui? 谁？	an *n.m.* 年，年龄
Qui est-ce? 这是谁？	ce, cette *adj.* 这个
C'est ... 这是……	beau *adj.* 漂亮的
oncle *n.m.* 叔父，伯父	garçon *n.m.* 男孩；小伙子
il *pron.* 他	frère *n.m.* 兄弟
Il est ... 他是……	musclé, e *adj.* 肌肉发达的，(俗)强壮的
encore *adv.* 还是，再，又	car *conj.* 因为
jeune *adj.* 年轻的	sport *n.m.* 体育活动

  Notes

1. 清辅音和浊辅音：发清辅音时声带不振动，发浊辅音时声带振动。法语辅音中有六对清浊辅音：[p-b] [t-d] [k-g] [f-v] [s-z] [ʃ-ʒ]。

2. 连音：相邻的两个词之间如果没有停顿，前一词词尾的辅音与后一词词首的元音合读，构成一个音节。如：Il est là. [i-lɛ-la]。

3. 联诵：在同一个节奏组内，如果前一个词以不发音的辅音字母结尾，后一个词以元音字母开始，这时前一词词尾的辅音字母要发音，并与后一词词首的元音拼读，构成一个音节，如：les amis [le-za-mi]。

   注意：在联诵或连音时，有些词尾辅音字母的读音有变化，如：grand hôtel [grɑ̃-to-tɛl]。

4. [ə]只出现在开音节中，永远不读重音或长音。

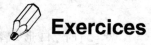 **Exercices**

I. Lisez les mots suivants(请读下列单词)：

mot–mort	nos–notre	l'eau–lors
car–quand	tard–tant	marbre–membre
pou–peau	chou–chaud	tout–tôt

B

chanson	revue	gauche	recette	galette
long	cloche	homme	refaire	propre
poste	demi	rançon	kilomètre	monotone
garde	ombre	bonne	tonne	guerre

II. La lettre c se prononce [k] ou [s]; cc se prononcent [k] ou [ks]. Classez les mots suivants dans le tableau(字母 c 读作[k]或[s];字母 cc 读作[k]或[s]。将下列单词列入表中)：

cerveau	cinq	succès	mercredi	accident	spectatrice
cure	climat	cartouche	cinéma	connaître	accepter
cahier	accord	octobre	cynique	rencontre	occidental

[k]	[s]	[ks]

III. Lisez ces sigles(请读下列首字母缩略词)：

ENA　　国家行政管理学院　　　　ENS　　高等师范学院
HEC　　高等商业学院　　　　　　ESSEC　高等经济及商业学院

IV. Répondez aux questions(回答问题)：

1. Que fais-tu là?
2. Qui est-ce?
3. Il a quel âge?
4. Il est jeune?

5. Qui est ce garçon?
6. Il est beau?
7. Il est étudiant?
8. Il étudie le français?

Leçon 4 Qui est-ce?

V. Micro-conversation（小对话）:

1. — Tu regardes des photos?
   — Oui.
   — Qui est-ce?
   — C'est mon frère.
   — Il est beau, ce garçon.
   — C'est exact.
   — Il a quel âge?
   — Il a dix-sept(十七) ans.

2. — Que fais-tu là?
   — Je regarde une photo.
   — Qui est-ce?
   — C'est mon oncle.
   — Il est musclé!
   — Oui, il est sportif(喜爱体育的；运动员).
   — Il a quel âge?
   — Il a quarante ans.

VI. Complétez les phrases（填空）:

1. Je _____ des photos.
2. Que _____-tu là?
3. Il fait _____.
4. Paul est _____ frère.
5. Il a _____ âge?
6. Il _____ musclé.
7. Mon oncle a _____ ans.
8. Qui est _____ beau garçon?

VII. Trouvez la bonne réplique（接话）:

1. Il est musclé!
2. Il a quel âge?
3. Que fais-tu là?
4. Qui est ce garçon?
5. C'est ton(你的) oncle?

— Je regarde une photo.
— Oui, c'est mon oncle.
— Il a trois ans.
— Oui, car il fait du sport.
— C'est mon frère.

VIII. Regardez les images et jouez les scènes（看图表演）.

IX. Copiez les dialogues（抄写对话）.

I. Ecoutez et répétez, puis mettez une croix (X) dans la bonne colonne(听后重复,并在正确栏内划叉):

J'entends [l].	J'entends [n].
1.	
2.	
3.	
4.	
5.	

J'entends [t].	J'entends [d].
1.	
2.	
3.	
4.	
5.	

J'entends [ʃ].	J'entends [ʒ].
1.	
2.	
3.	
4.	
5.	

II. Ecoutez et répondez comme dans l'exemple(听后依照例子回答):

A. Ex：Tu es étudiant?　　　　　— Oui, je suis étudiant.
　　　　　　　　　　　　　　　　ou(或)：Non, je suis journaliste.
　　1. _____
　　2. _____
　　3. _____
　　4. _____
　　5. _____
　　6. _____

Bilan 1

B. Ex：Tu habites à Beijing? 　　— Oui, j'habite à Beijing.
　　　　　　　　　　　　　　　　ou：Non, j'habite à Tianjin.
　　1. _____
　　2. _____
　　3. _____
　　4. _____
　　5. _____
　　6. _____
　　7. _____
　　8. _____

III. Ecoutez et transformez comme dans l'exemple
（听后依照例子做练习）：

　　Ex：journaliste　　　　　　　— Vous êtes journaliste.
　　1. _____
　　2. _____
　　3. _____
　　4. _____
　　5. _____
　　6. _____

IV. Ecoutez et répétez, puis mettez une croix (**X**)
　　dans la bonne colonne：

	J'entends [f].	J'entends [v].
1.		
2.		
3.		
4.		
5.		

	J'entends [p].	J'entends [b].
1.		
2.		
3.		
4.		
5.		

	J'entends [s].	J'entends [z].
1.		
2.		
3.		
4.		
5.		

	J'entends [k].	J'entends [g].
1.		
2.		
3.		
4.		
5.		

V. Ecoutez et répondez comme dans l'exemple：

Ex：Qui est-ce? (Henri)　　　　— C'est Henri.

1. _____
2. _____
3. _____
4. _____
5. _____
6. _____
7. _____
8. _____

VI. Ecoutez et transformez comme dans l'exemple：

Ex：Mon oncle est jeune.　　　→ Il est jeune.

1. _____
2. _____
3. _____
4. _____
5. _____
6. _____
7. _____
8. _____

Leçon 5

Quelle heure est-il?

 Dialogues

A

LI Ming: Annie, tu as l'heure?
Annie: Il est neuf heures deux.
LI Ming: Oh! j'ai un rendez-vous à neuf heures et demie.
Annie: Alors, dépêche-toi!

B

L'employé: Je suis désolé, madame. C'est fermé.
Danielle: Mais quelle heure est-il? Il est déjà midi?
L'employé: Il est midi cinq. On recommence à travailler à deux heures.
Danielle: Merci. A cet après-midi!
L'employé: Au revoir, madame.

 Expressions pour la classe

— Attention à la prononciation. 注意发音。
— Attention à l'intonation. 注意语调。
— Qui veut lire? 谁愿意朗读?

Sons et lettres

音素	读音规则	例词
元音 [œ]	eu, œu	heure, sœur
[ø]	eu, œu 在词尾开音节中 在 [z] 音前	deux, nœud heureuse
[ɛ̃]	aim, ain ein im, in 后面不能紧跟 m, n 或元音字母 ym, yn	faim, demain plein timbre, cousin symbole, syndicat
半元音 [j]	i, y 在元音前 -il 在元音后，并在词尾 -ill 在元音后	ciel, yeux travail bataille

[œ] peur   ardeur   cœur   leur   lenteur   professeur
[ø] ceux   bleu   preux   tisseuse   fameux   nageuse
[ɛ̃] gain   rein   train   matin   simple   printemps
[j] bail   seuil   ferraille   pieu   cahier   piano

与字母 l 组合的辅音群：
[pl-bl] place-blanc   plume-bleu   triple-lisible
[kl-gl] classe-glace   climat-glisser   cycle-règle
[fl] fleur   flot   fleuve   flocon   gonfler   réfléchir

元音 [œ]

[œ]的发音部位与[ɛ]相似，但双唇略向前伸成圆形，肌肉放松。

元音 [ø]

发[ø]时，开口度和舌位与[e]相似，双唇向前伸成圆形，肌肉紧张，下唇稍微往回收紧。

Leçon 5 Quelle heure est-il?

元音 [ɛ̃]

发[ɛ̃]时,口形、唇形与发[ɛ]相同,但气流同时从口腔和鼻腔发出。

半元音 [j]

[j]的发音方法和[i]基本相同,但肌肉更紧张,受阻部分更窄,气流通过时产生很强的摩擦。

 Mots et expressions

Tu as ...	你有……	C'est fermé.	关门了。
heure *n.f.*	小时;时间	mais *conj.*	但是
Tu as l'heure?	(现在)几点钟?	Quelle heure est-il?	几点钟了?
Il est ...	现在……(表示钟点)	déjà *adv.*	已经
J'ai ...	我有……	midi *n.m.*	中午十二点
rendez-vous *n.m.*	约会	après-midi *n.m. ou n.f.*	下午
à *prép.*	在……	on *pron.*	人们;我们
demi, e *adj.*	一半	on recommence (à)	我们重新开始
alors *adv.*	那么	travailler *v.i.*	工作
Dépêche-toi!	赶快吧!	A cet après-midi!	下午见!
désolé, e *adj.*	抱歉的	au revoir *n.m.*	再见

 Notes

1. 字母um,un应拼读成鼻腔元音[œ̃]。但是[œ̃]和[ɛ̃]区别不大,在现代法语中,前者已逐步被后者替代。
2. 法语语调:
   1) 在包含两个以上节奏组的陈述句中,语调一般先升后降,如:

   Je suis journaliste. Tu habites à Paris.

   2) 一般疑问句,语调上升;带有疑问词的疑问句,语调最高点一般在疑问词上,如:

   Vous êtes étudiant?   Quelle heure est-il?
3. 长音:
   1) 在以[r], [v], [z], [ʒ], [j], [vr]结尾的重读闭音节中,紧接在这些音前的元音读长音,如:mur[my:r], vive[vi:v], rose[ro:z], âge[a:ʒ], soleil[sɔlɛ:j], manœuvre[manœ:vr]。

2) 鼻腔元音和[o],[ø]在词尾闭音节中读长音,如:enfance[ɑ̃fɑ̃:s], crainte[krɛ̃:t], montre [mɔ̃:tr], faute[fo:t]。

法语中的长音只是象征性地比一般音略长一些。在句子中,它和重音一样,往往只在节奏组的最后一个音节里才有所体现。

4. 字母y在一般情况下读作[i],如:stylo[stilo]。在两个元音字母之间时,其作用相当于两个i,分别与前后的两个元音字母拼读,如:crayon = crai+ion [krɛ-jɔ̃]。

Chiffres et nombres

0	1	2	3	4	5
zéro	un, une	deux	trois	quatre	cinq
6	7	8	9	10	11
six	sept	huit	neuf	dix	onze
12	13	14	15	16	17
douze	treize	quatorze	quinze	seize	dix-sept

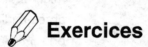

I. Lisez les mots suivants(请读下列单词):

A

rein–reine	copain–copine	Martin–Martine
fin–fine	aucun–aucune	commun–commune
sain–saine	plein–pleine	prochain–prochaine
pan–pain	mont–main	sans–son–saint

B

seul	meurt	creuse	maille	lundi
jeu	brun	labeur	alliance	nouille
peur	vanille	espion	feuille	fermier
corail	vœu	sapeur	parfum	danseuse

II. La lettre g se prononce [g] ou [ʒ]. Classez les mots suivants dans le tableau (字母 g 读作[g]或[ʒ]。把下列单词列入表中):

| gens | gifle | regret | gomme | régime |
| gris | gare | légume | escargot | gymnase |

Leçon 5 Quelle heure est-il?

gilet	manger	glace	langue	Portugal
[g]		[ʒ]		

III. Lisez ces sigles(请读下列首字母缩略词)：

DEUG　　普通高等教育文凭(大学第一阶段毕业证书)
DESS　　高等专业学习文凭(大学第三阶段文凭之一)
DEA　　深入学习文凭(大学第三阶段文凭之一)
CV　　履历

IV. Quelle heure est-il?

(Répondez à partir des indications.)

Ex. Il est une heure.　　1:00
Il est _____ .　　2:10
Il est _____ .　　3:05
Il est _____ .　　4:10
Il est _____ .　　5:02
Il est _____ .　　6:02
Il est _____ .　　7:04
Il est _____ .　　8:06
Il est _____ .　　9:10
Il est _____ .　　10:10
Il est _____ .　　11:30
Il est _____ .　　12:14
Il est _____ (et quart 一刻钟).　　14:15

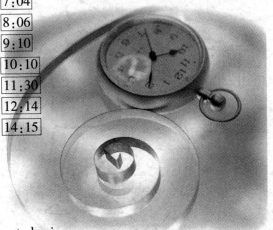

V. Micro-conversation(小对话)：

1. — Salut, Pascal. Tu as l'heure?
   — Il est trois heures et quart.
   — Oh! J'ai un cours(课) à trois heures et demie.
   — Alors, dépêche-toi!

2. — Je suis désolée, monsieur. C'est fermé.
   — Comment? C'est fermé? Mais quelle heure est-il?
   — Il est midi dix.
   — Eh bien, vous recommencez à travaillez à quelle heure?

— A deux heures.
— Bon, à cet après-midi, madame.
— Au revoir, monsieur.

VI. Lisez les phrases suivantes et faites attention à l'intonation(朗读下列句子并注意语调):

1. Tu as un rendez-vous?
2. Tu t'appelles comment?
3. Qui est-ce?
4. C'est Pascal, mon oncle.
5. Vous étudiez le chinois?
6. Fanny a quel âge?
7. Ce garçon est beau!
8. Mon frère est journaliste.

VII. Trouvez la bonne réplique(接话):

1. Tu as l'heure?
2. Tu as des frères?
3. Mon nom est Denis, D comme David.
4. Il est déjà midi? J'ai un rendez-vous à midi et quart.
5. On commence (开始) à travailler à quelle heure?

— Dépêche-toi!
— A huit heures.
— Je comprends.
— Il est onze heures.
— Oui, j'ai deux frères.

VIII. Regardez les images et jouez les scènes(看图表演).

IX. Copiez les dialogues(抄写对话).

Leçon 6

Bonne idée!

Dialogues

A

Hélène: Demain, c'est l'anniversaire de la fille de Marie.
Pierre: Quel âge a-t-elle?
Hélène: Elle a huit ans. Qu'est-ce qu'on lui offre? Une jupe?
Pierre: Non, elle en a beaucoup.
Hélène: Alors, des bandes dessinées. Elle adore ça.
Pierre: D'accord, mais quoi?
Hélène: *Les Aventures de Tintin.*
Pierre: Bonne idée!

B

Pierre et Hélène: Joyeux anniversaire, Isabelle! Tiens, c'est un cadeau pour toi.
Isabelle: Oh! merci. Qu'est-ce que c'est?
Pierre: Devine!
Isabelle: Des disques?
Pierre: Non!
Isabelle: Des livres?
Pierre: Oui, ce sont des bandes dessinées: *Les Aventures de Tintin.*
Isabelle: Oh, chouette! Merci beaucoup!

Expressions pour la classe

— Chacun à son tour.　　　每人轮着做。
— C'est à qui?　　　　　　该轮到谁了？
— Venez au tableau.　　　 到黑板前面来。
— Retournez à votre place. 回到座位上去。

 ## Sons et lettres

	音　素	读音规则	例　词
半元音	[ɥ]	u 在元音前	duel
	[w]	ou 在元音前	oui
	[wa]	oi	fois
	[ij]	ill 在辅音后	fille
	[jɛ̃]	ien	bien

[ɥ] lui	nuit	puis	fruit	puisse	nuage
[w] doué	ouaté	nouer	louange	mouette	Louis
[wa] loi	voix	droit	soie	moine	poire
[ij] bille	millet	brille	pillard	famille	sillage
[jɛ̃] lien	mien	rien	chien	ancien	parisien
[i-j] lit-lieu		si-sieste		vie-viande	
[y-ɥ] nu-nuit		mu-muet		tu-tuile	
[u-w] sous-souhait		doux-douane		fou-fouetter	

　　半元音 [ɥ] 和 [w] 的发音方法与它们相对应的 [y] [u] 基本相同，但肌肉更紧张，受阻部分更窄，气流通过时产生很强的摩擦。

Leçon 6 Bonne idée!

 Mots et expressions

demain *adv.* 明天	bon, bonne *adj.* 好
anniversaire *n.m.* 生日，周年纪念日	idée *n.f.* 主意
fille *n.f.* 女儿；女孩	joyeux, se *adj.* 快乐的
Qu'est-ce qu'on lui offre? 送她什么？	tiens *interj.* 喏,拿着；啊！瞧！
jupe *n.f.* 裙子	cadeau *n.m.* 礼物
elle *pron.* 她	pour *prép.* 为了
Elle en a beaucoup. 她有很多（裙子）。	Qu'est-ce que c'est? 这是什么？
bande dessinée *n.f.* 连环画	Devine! 猜猜！
Elle adore ça. 她非常喜欢这个。	disque *n.m.* 唱片
d'accord *loc. adv.* （我）同意	livre *n.m.* 书
quoi *pron. interr.* 什么	Ce sont ... 这些是……
Les Aventures de Tintin 《丁丁历险记》	chouette *adj. ou interj.* 好极了

 Notes

1. 半元音（半辅音）[j] 发音情况小结：

    [j] 1) i 或 y +元音，如：ciel[sjɛl], yeux[jø]。

    2) 元音 + il（词尾），如：pareil[parɛ:j], œil[œ:j]。

    3) 元音 + ill，如：paille[pa:j], travailler[travaje]。

    [ij] 1) 辅音 + ill，如：famille[famij], fille[fij]。

    2) 辅音群 + i +元音，如：crier[krije], ouvrier[uvrije]。

    但是：mille[mil], ville[vil], village[vila:ʒ]。

2. 法语的名词有阴阳性和单复数之分，名词前的冠词可以表示其性、数：

阳性单数	阴性单数	复数（阳、阴性）
un garçon	une fille	des garçons des filles
un livre	une photo	des livres des photos

复数的构成一般是在单数名词后面加字母s，但有些名词例外，如以-eau结尾的名词变复数时要加字母x：un cadeau, des cadeaux。 以-s结尾的名词变复数时不必加s：un fils(儿子), des fils。不定冠词(l'article indéfini) **un, une, des** 表示名词是泛指的。表示确指的名词前要用定冠词(l'article défini) **le, la, les**。

阳性单数	阴性单数	复数（阳、阴性）	
le garçon	la fille	les garçons	les filles
le livre	la photo	les livres	les photos

Ex: C'est un livre. C'est le livre de Marc.
（这是一本书。这是马克的书。）

介词de表示领属关系，意思是"……的"。

定冠词le, la后面的名词若以a, e, i, o, u或哑音h开始，则要省音，如: l'amie, l'hôtel。

Chiffres et nombres

18	19	20	21	22	23
dix-huit	dix-neuf	vingt	vingt et un(e)	vingt-deux	vingt-trois
24	25	26	27	28	29
vingt-quatre	vingt-cinq	vingt-six	vingt-sept	vingt-huit	vingt-neuf
30	31	32	40	50	60
trente	trente et un(e)	trente-deux	quarante	cinquante	soixante

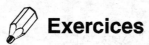

Exercices

I. Lisez les mots et les phrases suivants（请读下列单词和句子）:

A

bruit   boîte   puer   ruine   duel   gloire   proie   depuis   fillette   aérien
tien   sillon   fouet   ouaté   huile   musicien   pluie   toueur   voilà   pillage

B

1. Il fait nuit. Il fait noir. Il fait nuit noire à Paris.

2. Je suis ici depuis huit jours.

II. Voici les mots contenant les sons [o] ou [ɔ]. Classez-les dans le tableau
（下面是包含[o]或[ɔ]的一些单词，请将这些单词列入表中）:

euro   pilote   forme   studio   dispose   clôture   aéroport   reportage
autant   police   maudit   drogue   positif   beauté   priorité   autocar

Leçon 6 Bonne idée!

[o]	[ɔ]

III. Lisez ces sigles(请读下列首字母缩略词)：

AFP   法新社   RFI   法国国际广播电台
CNRS   国家科学研究中心   INSEE   国家统计和经济研究所

IV. Complétez avec un article qui convient(用适当的冠词填空)：

1. C'est _____ livre, c'est _____ livre de Marie.
2. Ce sont _____ disques, ce sont _____ disques de Paul.
3. C'est _____ bande dessinée, c'est _____ bande dessinée d'Hélène.
4. Ce sont _____ jupes, ce sont _____ jupes de Juliette.
5. Je regarde _____ photo, c'est _____ photo de mon oncle.
6. Je suis étudiant, j'étudie _____ français.

V. Micro-conversation(小对话)：

1. — C'est un cadeau pour moi?
   — Oui.
   — Qu'est-ce que c'est?
   — Ce sont des bandes dessinées.
   — C'est encore *Les Aventures de Tintin*?
   — Non, c'est *Astérix*（高卢英雄阿斯泰里克斯）.

2. — Adèle, j'ai un cadeau pour toi.
   — Un cadeau pour moi?
   — Oui.
   — Oh! Merci. C'est quoi? Une jupe?
   — Non, c'est un sac à main(手袋).
   — Oh! Il est très beau! Merci beaucoup, Pascal.

VI. Posez la question qui convient(提出合适的问题)：

1. _____ ? — C'est une Française.   6. _____ ? — Ce sont des livres.
2. _____ ? — C'est un disque.   7. _____ ? — C'est une bande dessinée.
3. _____ ? — C'est un employé.   8. _____ ? — Ce sont des étudiants.
4. _____ ? — C'est un cadeau pour toi. 9. _____ ? — C'est la fille de Marie.
5. _____ ? — C'est mon oncle.   10. _____ ? — Ce sont des crayons(铅笔).

VII. Complétez les phrases(填空):

1. Qu'est-ce _____ c'est?
2. Ce _____ des livres.
3. C'est un cadeau _____ la fille de Marie.
4. Elle en _____ beaucoup.
5. Isabelle _____ huit ans.
6. Ce sont _____ disques.

VIII. Regardez les images et jouez les scènes(看图表演).

IX. Copiez les dialogues(抄写对话).

Leçon 7

C'est loin?

 DIALOGUES

A

Annie : Où vas-tu après l'examen ?
Marc : Je vais à la montagne !
Annie : Tout seul ?
Marc : Non, avec Agnès.

B

Li Ming : Pardon, madame, où est la place de la Nation, s'il vous plaît ?
La dame : Vous continuez tout droit. Puis, vous prenez la deuxième rue à gauche. Au bout, c'est la place de la Nation.
Li Ming : C'est loin ?
La dame : Non, c'est tout près.
Li Ming : Merci beaucoup, madame.
La dame : Je vous en prie.

Expressions pour la classe

— Est-ce que je peux vous poser une question?　我可以向您提一个问题吗?
— Comment dit-on en français "唱片"?　"唱片"法语怎么说?
— Comment ça s'écrit?　这怎么写?

Sons et lettres

音素		读音规则	例词
辅音	[ɲ]	gn	ligne
	[wɛ̃]	oin	soin
	[sjɔ̃]	tion（t前没有s）	nation

[ɲ]　digne　　vigne　　gagner　　peignons　　signal　　agneau
[wɛ̃]　coin　　foin　　loin　　moins　　point　　besoin
[sjɔ̃]　attention　　émotion　　intonation　　précaution　　révolution　　exposition

Mots et expressions

où　*adv.*　哪儿,在哪里?
Où vas-tu?　你去哪里?
après　*prép.*　在……以后
examen　*n.m.*　考试
Je vais (à) ...　我去……
montagne　*n.f.*　山,山脉
tout　*adv.*　非常,完全地
seul, e　*adj.*　单独的;惟一
avec　*prép.*　和,与
place　*n.f.*　广场;地方

Où est la place de la Nation?　去民族广场怎么走?
dame　*n.f.*　夫人,女士
Vous continuez tout droit.　您继续往前走。
puis　*adv.*　然后
rue　*n.f.*　街
Vous prenez la deuxième rue à gauche.
　您拐进左手第二条街。
gauche　*n.f.*　左,左边;左手
bout　*n.m.*　尽头,终点
loin　*adv.*　远
près　*adv.*　近

Leçon 7 C'est loin?

📖 Notes

1. 字母-stion读[stjɔ̃]，如：question[kɛstjɔ̃]。
2. 字母x的读法：
   1) 一般读[ks]，如：luxe[lyks]。
   2) 在少数词中读[s]，如：six[sis]。
   3) 在少数词中读[z]，如：sixième[sizjɛm]。
   4) 在词首ex-, inex- 后随元音时读[gz]，如：examen[ɛgzamɛ̃]；inexact[inɛgzakt]。

Chiffres et nombres

61	62	70	71	80
soixante et un(e)	soixante-deux	soixante-dix	soixante et onze	quatre-vingts
81	90	91	100	200
quatre-vingt-un(e)	quatre-vingt-dix	quatre-vingt-onze	cent	deux cents

Conjugaison

être (是)

Je suis	chinois(e).
Tu es	français(e).
Il est	chinois.
Elle est	française.
Nous sommes	étudiants(es).
Vous êtes	journaliste(s).
Ils sont	professeurs(教师).
Elles sont	employées.

在上述主系表结构中，表语要与主语性、数一致。

I. Lisez les mots et les phrases suivants（请读下列单词和句子）：

signe	joindre	mignon	adjoint	montagne
notion	moindre	lointain	solution	vignoble
pointu	coincer	gestion	témoin	situation

1. Il va à la campagne.(他去乡下。)
2. La place de la Nation est loin?
3. L'Italie(意大利)? C'est loin.
4. Loin des yeux, loin du cœur.(人远情疏。)
5. On danse sur le Pont d'Avignon.(人们在阿维尼翁桥上跳舞。)

II. La lettre x se prononce [ks], [gz], [s] ou [z]. Classez les mots suivants dans le tableau(字母 x 读作[ks], [gz], [s] 或 [z]。请将下列单词列入表中)：

boxe	dix	examen	exemple	excellent
taxi	luxe	exprès	inexact	exercice
exil	axial	exiger	soixante	deuxième
axe	texte	six	exotique	exemplaire

[ks]	[gz]	[s]	[z]

III. Lisez ces sigles（请读下列首字母缩略词）：

| PDG | 董事长兼总经理 | SA | 股份有限公司 |
| PME | 中小型企业 | PNB | 国民生产总值 |

IV. Trouvez l'autre partie de la phrase（找到句子的另一部分）：

1. Je vous   → à la montagne?
2. Vous prenez   → tout droit.
3. Vous continuez   → la place d'Italie?
4. Vas-tu   → en prie.

Leçon 7 C'est loin?

5. Vas-tu à → avec Nicole.
6. Tiens, ce sont → c'est?
7. Qu'est-ce que → des livres pour toi.
8. Je vais à la place de la Nation → la deuxième rue à gauche.

V. Micro-conversation(小对话):

1. — Charles, où vas-tu demain?
   — Je vais à Bordeaux.
   — Tout seul?
   — Non, avec des camarades de classe(同班同学).
   — Vous êtes combien(多少人)?
   — Nous sommes quatre.

2. — Pardon, monsieur, où est la Place Tian An Men, s'il vous plaît?
   — Vous continuez tout droit. Puis, vous prenez la première rue à gauche. Au bout, c'est la Place Tian An Men.
   — Est-ce loin?
   — Non, c'est tout près.
   — Merci beaucoup, monsieur.
   — Je vous en prie. Bon après-midi!

VI. Répondez aux questions(回答问题):

1. Où vas-tu demain?
2. Où vas-tu après l'examen?
3. La place de la Nation est tout près?
4. La Place Tian An Men est loin?
5. Tu vas à la montagne après l'examen?
6. Tu vas à la rue Wangfujing tout seul?
7. Vous étudiez le français avec Sophie?
8. Avec qui tu fais du sport?

VII. Complétez avec le verbe 《être》 à la forme qui convient(用 être 的适当形态填空):

1. Elle _____ française.
2. Il _____ chinois.
3. Je _____ étudiant.
4. Tu _____ journaliste.
5. Ils _____ employés.
6. Nous _____ chinois.
7. Elles _____ étudiantes.
8. Vous _____ Madame Durand?
9. Li Ming _____ journaliste.
10. Marie et Paul _____ professeurs.

VIII. Regardez les images et jouez les scènes(看图表演).

IX. Dictée(听写).

Leçon 8

Allô, Annie?

 Dialogues

A

Marc: Allô, Annie? Marc à l'appareil.
Annie: Salut, Marc.
Marc: Tu es libre ce soir?
Annie: Euh ... oui. Pourquoi?
Marc: J'ai deux billets pour *L'Etudiante*.
Annie: Super! C'est à quelle heure?
Marc: Sept heures et demie.
Annie: Alors, rendez-vous à sept heures devant le cinéma!
Marc: D'accord. A ce soir!

B

Caroline: Allô! C'est toi Marc?
Marc: Oui, Caroline. Où es-tu?
Caroline: Je suis déjà à la gare.
Marc: Oh! Excuse-moi. Ne bouge pas! J'arrive tout de suite.

Expressions pour la classe

— Vous avez compris? 你们懂了吗?
— Oui, j'ai compris. 是的，我懂了。
— Non, je n'ai pas compris. 不，我没懂。

Mots et expressions

allô! *interj.* 喂！（电话用语）	devant *prép.* 在……前
appareil *n. m.* 仪器；电话机	cinéma *n. m.* 电影院
qn à l'appareil 是某某人（电话用语）	A ce soir! 今晚见！
libre *adj.* 自由的；空闲的	gare *n. f.* 火车站
euh *interj.* 噢！嗯！唔！	Excuse-moi. 对不起。
pourquoi *adv.* 为什么	Ne bouge pas! 别动！别走开！
J'ai deux billets pour *L' Etudiante*.	arriver *v. i.* 到达
我有两张《女大学生》的电影票。	tout de suite *loc. adv.* 立刻，马上
Super! *adj. inv.* （俗）太棒了！	

Conjugaison

avoir (有)

J'ai	un livre.
Tu as	des livres.
Il a	une amie française.
Elle a	des amis chinois.
Nous avons	des disques.
Vous avez	une photo.
Ils ont	des photos.
Elles ont	des jupes.

上述句子为主动宾结构，un livre, des jupes … 是动词avoir的直接宾语。

Leçon 8　Allô, Annie?

Notes

字母 e 在不同情况下的几种读音:

读　音	条　件	例　词
[ɛ]	1. 在闭音节中 2. 在两个相同的辅音字母前 3. -et 在词尾 4. ê, è	merci elle carnet tête, mère
[e]	1. é 2. -er, -ez 在词尾 　(但:-er 在单音节词中读[ɛːr]) 3. -es 在单音节词中 4. 在某些单词词首 eff-, ess-, dess-, desc-	été cahier, chez mer[mɛːr] des effet, essence, dessert, descendre
[ə]	1. 在词首开音节中 2. 在单音节词中 3. 在词中"辅辅 e 辅"时	cheval que appartem**e**nt
[a]	在 mm 或 nn 前(在某些词中)	femme
不发音	1. 在词尾 2. 在元音字母前或后 3. 在词中"元辅 e 辅元"时	carte Jeanne sam**e**di

Exercices

I. La lettre e se prononce différemment selon les contextes. Classez les mots suivants dans le tableau(字母 e 在不同情况下发音不同。请将下列单词列入表中):

te　　　　mes　　　　belle　　　　verbe　　　　aller
blé　　　　fer　　　　fête　　　　père　　　　gilet
neige　　　venir　　　paire　　　　tenace　　　médecin
Jean　　　dessin　　　gaieté　　　solennel　　　vendredi

[ɛ]	[e]	[ə]	[a]	不发音

II. Trouvez la bonne réplique（接话）：

1. Tu t'appelles comment? — Je vous en prie.
2. Que fais-tu là? — Il est midi et quart.
3. Merci beaucoup, madame. — Ce sont des appareils photo(照相机).
4. Qui est-ce? — Je m'appelle Xavier.
5. Quelle heure est-il? — Nous sommes à la gare.
6. Qu'est-ce que c'est? — Je regarde des images.
7. On va au cinéma ce soir? — C'est mon frère.
8. Où êtes-vous? — Bonne idée!

III. Lisez ces sigles（请读下列首字母缩略词）：

UE	欧洲联盟	ONU	联合国
OMC	世界贸易组织	UNESCO	联合国教科文组织
OPEP	石油输出国组织	FMI	国际货币基金组织

IV. Posez des questions sur les mots en italique（就斜体词提问）：

1. _____ ? — Il est *trois heures*.
2. _____ ? — Je vais *à la gare*.
3. _____ ? — Je m'appelle *Marie*.
4. _____ ? — C'est *une photo*.
5. _____ ? — C'est *mon oncle*.
6. _____ ? — Ce sont *des disques*.
7. _____ ? — Ce sont *des journalistes*.
8. _____ ? — Il a *dix-huit ans*.
9. _____ ? — J'étudie *le français*.
10. _____ ? — Je vais *à la place d'Italie*.

V. Indiquez les liaisons comme dans l'exemple et lisez les phrases（依例画出联诵线并朗读句子）：

Ex: C'est‿un cahier.

1. C'est un employé.
2. C'est une montagne.
3. Vous êtes très occupé(忙碌)?
4. C'est un appareil.
5. Ils adorent ça.
6. Ils sont arrivés.(他们到了。)
7. C'est intéressant(有趣).
8. Elle est absente(缺席).

Leçon 8 Allô, Annie?

VI. Complétez avec les verbes 《avoir》 ou 《être》(用 avoir 或 être 填空)：

1. Tu _____ l'heure?
2. Tu _____ libre ce soir?
3. Je _____ à la gare.
4. Je _____ des bandes dessinées.
5. Nous _____ des amis français.
6. Vous _____ des livres.
7. Ils _____ un professeur chinois.
8. Elles _____ rendez-vous.
9. Il _____ journaliste.
10. Elles _____ étudiantes.

VII. Complétez les mots(填空)：

1. Comm_____ tu t'appelles?
2. Qu'est-ce qu'el_____ regarde?
3. Tu habi_____ à Shanghai?
4. Au revoir, mons_____.
5. C'est l'anniv_____ saire de Céline.
6. Ce sont des bandes des_____ nées.
7. Vous pren_____ la deux_____ rue à gauche.
8. J'arri_____ tout de_____ te.

VIII. Faites des phrases comme dans l'exemple(依例造句)：

Ex.: suis/je/chinois → Je suis chinois.

1. à Beijing/habites/tu
2. étudies/tu/Paris/à
3. le/étudiez/vous/chinois
4. neuf/travailler/on/à/commence/heures/à
5. dessinées/des/sont/bandes/ce
6. rendez-vous/ai/à/j'/heures/dix/un
7. la Place/vais/Tian An Men/je/à
8. vas/demain/où/tu/après-midi
9. gare/à/j'/tout/arrive/la/suite/de
10. avons/pour/nous/trois/*L'Etudiante*/billets

47

IX. Regardez les images et jouez les scènes(看图表演).

X. Dictée(听写).

Bilan 2

I. Ecoutez et répétez, puis mettez une croix dans la bonne colonne(听后重复，并在正确栏内划叉)：

J'entends [œ].	J'entends [ø].
1.	
2.	
3.	
4.	
5.	
6.	

J'entends [ɛ̃]	[ɑ̃]	[ɔ̃].
1.		
2.		
3.		
4.		
5.		
6.		
7.		
8.		
9.		

II. Ecoutez et répondez comme dans l'exemple(听后依照例子回答)：

Ex：Quelle heure est-il? (huit)　　— Il est huit heures.

1. _____
2. _____
3. _____
4. _____
5. _____
6. _____
7. _____

8. _____
9. _____
10. _____

III. Ecoutez et répondez comme dans l'exemple(听后依照例子回答)：

Ex：Qu'est-ce que c'est? (un livre)   — C'est un livre.
      Qu'est-ce que c'est? (des livres)   — Ce sont des livres.

1. _____
2. _____
3. _____
4. _____
5. _____
6. _____
7. _____
8. _____

IV. Ecoutez et répétez, puis mettez une croix dans la bonne colonne(听后重复，并在正确栏内划叉)：

J'entends [jɛ̃].	J'entends [wɛ̃].
1.	
2.	
3.	
4.	
5.	

J'entends [aj].	J'entends [ɛj].
1.	
2.	
3.	
4.	
5.	

J'entends [ks].	J'entends [gz].
1.	
2.	
3.	
4.	
5.	

Bilan 2

V. Ecoutez et répondez comme dans l'exemple(听后依照例子回答):

Ex: Où vas-tu? (la montagne) — Je vais à la montagne.

1. _____
2. _____
3. _____
4. _____
5. _____
6. _____

VI. Ecoutez et transformez comme dans l'exemple(听后依照例子做练习):

Ex: Marc est à la gare. → Il est à la gare.

1. _____
2. _____
3. _____
4. _____
5. _____
6. _____
7. _____
8. _____
9. _____
10. _____

VII. Lisez les mots suivants(请读下列单词):

[e–ɛ–a]	fée–fait–fa	chez–chèque–chaque
	ses–sel–salle	téléphone–thèse–tasse
[i–y–u]	dis–dû–doux	riz–rue–roue
	pire–pur–pour	mie–mur–mou
[o–ɔ]	beau–bonne	faux–fol
	nos–note	peau–port
[ø–œ–ə]	peu–peur–petit	chanteuse–chanteur–chemin
	vœu–veuve–venu	malheureuse–malheur–menu
[ɛ̃–ɔ̃–ã]	frein–front–franc	grimper–gronder–grandir
	train–trompe–trempe	simple–sombre–semble
[i–j]	lit–lieu vie–vieux	six–sieste
[y–ɥ]	nu–nuit pu–puer	mu–muet
[u–w]	loup–louis sous–souhait	doux–douer
[p–b]	pont–bon–plombier	pale–balle–palombe
	passe–basse–passable	pour–bourg–poubelle

[t–d]	thé–dé–tendu		tout–doux–tiédir
	ton–don–tondre		tôt–dos–tordre
[f–v]	fou–vous–fauve		fer–verre–fève
	fin–vin–faveur		faux–veau–fauvette
[s–z]	basse–base–saisir		douce–douze–seize
	lisse–lise–seizième		assis–Asie–cerise
[k–g]	car–gare–cagoule		case–gaz–cargo
	coup–goût–Congo		comme–gomme–collègue
[ʃ–ʒ]	chez–j'ai–charger		chou–joue–changer
	chose–j'ose–chômage		cache–cage–chantage
[m–n–ɲ]	mie–ni–mignon		mal–naval–mignard
	mon–non–compagnon		moyen–noyer–peigne
[l–r]	la–rat–larme		lu–rue–luire
	loi–roi–loir		lit–riz–lire
[kl–gl]	cycle–aigle	climat–gloire	bicyclette–épingle
[kr–gr]	cruel–gru	crayon–grain	recruter–engrais
[pl–bl]	place–blâme	plan–blanc	triple–lisible
[pr–br]	prix–brie	protégé–broder	prudent–bruyant
[tr–dr]	trois–droit	treize–dresser	pupitre–mordre
[fr–vr–fl]	frais–vrai–flèche	offrir–ouvrir–réfléchir	

Annexes

元音口腔开张示意图

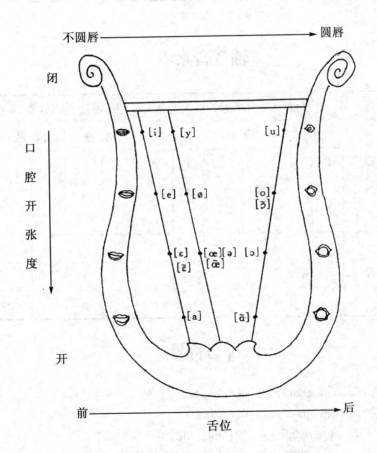

元音音素表

口腔张开度	舌的升降	舌前部 非圆唇音		舌前部 圆唇音		舌后部 圆唇音	
		口腔音	鼻腔音	口腔音	鼻腔音	口腔音	鼻腔音
闭	高	i		y		u	
半闭	次高	e		ø		o	õ
半开	次低	ɛ	ɛ̃	œ ə	œ̃	ɔ	
开	低	a					ɑ̃

辅音音素表

发音方法	部位	双唇音 清 浊		唇齿音 清 浊		齿音 清 浊		硬颚音 清 浊		软颚音 清 浊		小舌音 浊
口腔音	爆破音	p	b			t	d			k	g	
	摩擦音			f	v	s	z	ʃ	ʒ			
	舌边音						l					
	颤音											r
	半辅音				w, ɥ				j			
鼻腔音			m				n		ɲ			

拼写符号

1. "´" 闭音符 (l'accent aigu), 如: bébé, épée。
2. "ˋ" 开音符 (l'accent grave), 如: très, là。
3. "^" 长音符 (l'accent circonflexe), 如: âme, île。
4. "¨" 分音符 (le tréma), 放在元音字母上面, 表示与前面相邻的元音字母分开发音, 如: maïs [mais], Noël [nɔɛl]。

   [注意] 1. 字母 i 上如加其他符号, 原有的一点取消, 如: île, haïr。

   2. 大写字母上的符号可以省去, 如: état → Etat。

5. "ç" 软音符 (la cédille), 放在字母 c 下面, 表示 c 读 [s], 如: ça[sa], garçon [garsɔ̃]。

6. "'"省文撇(l'apostrophe),用在省音中,如:l'amie, c'est。

7. "-"连字符(le trait d'union),用来连接单词,如:Qu'est-ce que c'est?

标点符号

1. . 句号 (le point)
2. , 逗号 (la virgule)
3. ; 分号 (le point-virgule)
4. : 冒号 (les deux points)
5. ? 问号 (le point d'interrogation)
6. ! 叹号 (le point d'exclamation)
7. … 省略号 (les points de suspension)
8. — 破折号 (le tiret)
9. ( ) 括号 (les parenthèses)
10. 《 》引号 (les guillemets)
11. [ ] 方括号(les crochets)
12. * 星号 (l'astérisque)

词 类 表

词 类	说 明	例 词
1. 名词(le nom)	表示人和事物的名称。	journaliste, sac, Chine
2. 冠词(l'article)	表示名词的性和数,指明名词是确指还是泛指。	le, la, les, un, une, des
3. 形容词(l'adjectif)	修饰或限定名词:1) 品质形容词; 2)非品质形容词。	grand, petit, mon, ce, quel
4. 代词(le pronom)	替代名词。	je, le, il, moi, toi, lui, eux, qui
5. 动词(le verbe)	表示动作或状态。	regarder, habiter, être
6. 副词(l'adverbe)	修饰动词、形容词或别的副词。	bien, comment
7. 介词(la préposition)	引入一个词,并说明这个词和前面那个词的关系。	à, de, en, pour
8. 连词(la conjonction)	连接两个或两个以上的词、词组或句子,并说明并列或从属关系。	et, mais, parce que
9. 叹词(l'interjection)	表示惊讶、高兴、痛苦等感情。	Oh! Tiens!

读音基本规则表

说明：表内"*"代表鼻腔元音后面不能紧跟元音字母或 m, n。

字　母	音　素	说　明	举　例
a, à, â	[a]		sa, voilà, âne
ai, aî	[ɛ]		baisse, maître
aim	[ɛ̃]	*	faim, daim
ain	[ɛ̃]	*	main, pain
am	[ɑ̃]	*	lampe, chambre
an	[ɑ̃]	*	dans, anglais
au	[o]		aube, cause
b	[b]		bol, beau
c	[s]	在 e, i, y 前	ceci, cycle
	[k]	在 a, o, u 及辅音字母前 在词尾	café, code, cure, clé lac
ç	[s]		garçon, français
cc	[k]	在 a, o, u 及辅音字母前	occasion; accru
	[ks]	在 e, i, y 前	accent, accident
ch	[ʃ]		chez, chic
	[k]	在个别词中	orchestre, technique
d	[d]		madame, dos
e	[ɛ]	在闭音节中 在两个相同辅音字母前	merci, avec elle, chapelle
	[ə]	在单音节词中 在词首开音节中 在词中"辅辅 e 辅"时	le, de regard, devant vendredi, fortement
	不发音	在词尾 在元音字母前或后 在词中"元辅 e 辅元"时	perte, carte remerciement promenade
é	[e]		télé, désiré
è, ê	[ɛ]		mère, même
eau	[o]		peau, tableau
eff-	[e]	在某些单词词首	effet
ei	[ɛ]		neige, peine
ein	[ɛ̃]	*	teint, plein
em	[ɑ̃]	*	temps, emploi

续表

字　母	音　素	说　明	举　例
emm	[am]	在少数词中	femme, récemment
en	[ɑ̃]	*	enfant, entrer
-er	[e]	在词尾	aller, mener
-es	[e]	在少数单音节词中	les, ses
ess-	[e]	在某些单词词首	essai, essayer
-et	[ɛ]	在词尾	carnet, fôret
eu	[ø]	在词尾开音节中	bleu, deux
		在[z]音前	creuse, heureuse
	[œ]	除以上两种情况外	neuf, heure
-ez	[e]	在词尾	partez, nez
f	[f]		faire, fête
g	[ʒ]	在 e, i, y 前	genre, gilet, gymnase
	[g]	在 a, o, u 及辅音字母前	gare, gomme, légume, grave
gn	[ɲ]		ligne, peigne
h		不发音	habiter, héros
i	[i]		livre, midi
	[j]	在元音前	ciel
ï, î	[i]		naïf, île
ien	[jɛ̃]	*	bien, mien
il	[j]	在词尾,并在元音后	soleil, réveil
	[i]	在词尾,并在辅音后	gentil, fusil
ill	[j]	在元音后	travailler
	[ij]	在辅音后	fille, bille
	[il]	在个别词中	ville, tranquille
im	[ɛ̃]	*	impossible, simple
in	[ɛ̃]	*	cinq, fin
j	[ʒ]		jardin, je
k	[k]		kaki, kilo
l	[l]		lecture, lire
m	[m]		midi, mur
n	[n]		nom, nord
o	[o]	在词尾开音节中	stylo, vélo
		在[z]音前	reposer, rose
	[ɔ]	除上述情况外	porte, cloche
ô	[o]		hôtel, pôle
œu	[ø]	同 eu	nœud, vœu
	[œ]	同 eu	œuvre, sœur

续表

字　母	音　素	说　明	举　例
oi, oî	[wa]		moi, boîte
oin	[wɛ̃]	*	coin, loin
om	[ɔ̃]	*	nom, pompe
on	[ɔ̃]	*	bon, son
ou	[u]		jour, nous
	[w]	在元音前	oui, ouest
où, oû	[u]		où, goût
oy	[waj]	在词中元音前	moyen, voyons
p	[p]		pire, repas
ph	[f]		phare, photo
q	[k]		coq, cinq
qu, qû	[k]		quatre, piqûre
r	[r]		rire, jour
s	[s]		séjour, silence
	[z]	在两个元音字母之间	valise, chaise
sc	[s]	在 e, i, y 前	scène, science
	[sk]	在 a, o, u 及辅音字母前	escargot, escrime
t, th	[t]		table, thé
u	[y]		plume, utile
	[ɥ]	在元音前	huit, fruit
û	[y]		mûr, sûr
um	[œ̃]	*	humble, parfum
	[ɔm]	在少数词词尾	opium, maximum
un	[œ̃]	*	brun, lundi
	[ɔ̃]	在少数词中	acupuncture
v	[v]		vous, vue
w	[v]		wagon
	[w]	在个别外来词中	tramway
x	[ks]		texte, luxe
	[gz]	在词首 ex-, inex- 后随元音时	exemple, inexact
	[s]	在少数词中	six, Bruxelles
	[z]	在少数词中	deuxième, sixième
y	[i]		stylo, type
	[j]	在元音前	il y a, yeux
	[ij]	在两个元音字母间	crayon, voyage
ym, yn	[ɛ̃]	*	sympathie, syndicat
z	[z]		gaz, zéro

音 素 表

音 素	拼 法	说 明	举 例
[i]	i, î, ï, y		midi, île, naïf, type
[y]	u, û		mur, sûr
[e]	é		cité
	-er	在词尾	marcher
	-ez	在词尾	assez
	-es	在少数单音节词中	les
	e	在词首 desc-, dess-, eff- 中	descendre, dessert, effet
[ɛ]	è		mère
	ê		fête
	e	1. 在闭音节中 2. 在两个相同辅音字母前	cherche belle
	ei		neiger
	-et	在词尾	navet
	ai, aî		vrai, maître
	ay, ey		tramway, trolley
[ø]	eu, œu	在词尾开音节中	deux, nœud, heureux
	eu	在[z]音前	creuser
[œ]	eu, œu	除上述发[ø]的情况外	heure, sœur
	ue	在c, g后	cueillir, orgueil
[ə]	e	1. 在单音节词中 2. 在"辅辅 e 辅"中 3. 在词首开音节中	me entreprise premier
[a]	a, à, â		carte, voilà, pâle
	e	在少数词中,位于mm, nn前	femme, solennel
[o]	o	在词尾开音节中 在[z]音前 在-otion中	marmot chose notion
	ô		côte
	au		chaud
	eau		beau

续表

音 素	拼 法	说 明	举 例
[ɔ]	o	除上述发[o]的情况外	porte
	au	在[r]音前	aurore
	u	在词尾 -um中	album
[u]	ou		joujou
	où		où
	oû		goût
[ɛ̃]	im	*	timbre
	in	*	vin
	aim	*	faim
	ain	*	pain
	ein	*	plein
	ym	*	symbole
	yn	*	syndicat
	en	1. 在i后	bien
		2. 在é后	européen
[œ̃]	um	*	humble
	un	*	lundi
[ɑ̃]	am	*	lampe
	an	*	français
	em	*	temps
	en	*	encore
	em, en	在词首	emmener, ennui
[ɔ̃]	om	*	nom
	on	*	oncle
	un, um	在少数词中	secundo, lumbago
[j]	i, ï, y	在元音前	ciel, faïence, yeux
	il	在元音后并在词尾	travail
	ill	在元音后	bataille
[ij]	ill	在辅音后	fille
[ɥ]	u	在元音前	nuage
[w]	ou	在元音前	oui
	w	在少数词中	tramway
[wa]	oi, oy		bois, moyen
	œ	在个别词中	mœlle
[wɛ̃]	oin	*	point
[p]	p, pp		porte, rapport

续表

音　素	拼　法	说　明	举　例
[b]	b, bb		blanc, abbé
[t]	t, tt, th		table, attente, théâtre
[d]	d, dd		doux, addition
[f]	f		fil
	ph		phrase
[v]	v		vous
	w		wagon
[k]	c, cc	在a，o，u和辅音字母前	carte, accord, culture
	c	在词尾	avec
	ch	在个别词中	psychologie, technique
	qu		quel
	k		kilo
[ks]	x		fixer, phénix
	cc	在e，i，y前	accent, accident
[g]	g	在a，o，u和辅音字母前	gare, gorge, légume
	gu	在e，i，y前	guerre, guide, Guy
[gz]	x	在词首ex-，inex-后随元音时	examiner, inexact
[s]	s, ss		si, passer
	ç		leçon
	c, sc	在e，i，y前	civil, science, sceau
	t	在少数词中	patient
	x	在少数词中	dix
[z]	z		zéro
	s	在两个元音字母之间	magasin
	x	在少数词中	sixième
[ʃ]	ch		Chine
[ʒ]	j		jour
	g	在e，i，y前	rouge, agir, gymnastique
[m]	m, mm		me, pomme
[n]	n, nn, mn		nous, année, automne
[ɲ]	gn		campagne
[l]	l, ll		lait, ville
[r]	r, rr		rare, correct

Leçon 9

Très heureux de faire votre connaissance.

Dialogues

A

Devant la maison de Bruno, Antoine rencontre deux jeunes filles, Marina et Li Ying.

Antoine: Bonjour, mesdemoiselles.

Marina: Bonjour, monsieur. Est-ce que c'est la maison de Bruno?

Antoine: Oui, c'est ici. Vous êtes...

Marina: Nous sommes des amies de Bruno, nous venons pour fêter son anniversaire[1]. Et vous?

Antoine: Moi aussi. Je m'appelle Antoine, je suis ingénieur. Je travaille avec Bruno dans la société Oval.

Marina: Enchantée. Moi, c'est Marina, je suis italienne. J'étudie l'histoire à l'université.

Antoine: Qui est-ce? (en montrant Li Ying[2])

Marina: C'est Li Ying. Elle est chinoise.

Antoine: Que fait-elle dans la vie?

Marina: Elle est peintre, elle fait un séjour à Paris en ce moment. Elle parle un peu français.

Antoine (s'adressant à Li Ying[3]): Très content de faire votre connaissance. Vous aimez Paris?

Li Ying: Oui, j'adore Paris, la Tour Eiffel, Notre-Dame de Paris, les musées...

Leçon 9 Très heureux de faire votre connaissance.

B

M.⁴ Bruno Leblanc, directeur de la société Oval, entre avec deux stagiaires dans un bureau.

Bruno: Bonjour, tout le monde. Je vous présente deux stagiaires⁵, Céline et Pascal.

Patricia: Bonjour. Moi, c'est Patricia, je suis économiste. Voici François, informaticien, Antoine, ingénieur, et voilà Nicole, secrétaire.

Pascal: Enchanté.

Céline: Très contente de faire votre connaissance⁶.

Bruno: Pascal, tu étudies l'informatique, n'est-ce pas? Tu travailles alors avec François. Céline, tu étudies ...?

Céline: L'économie.

Bruno: Alors tu travailles avec Patricia. Messieurs Dames, ce soir on organise une soirée avec buffet pour les stagiaires dans la salle 156.

Vocabulaire

maison *n.f.* 住宅；家
rencontrer *v.t.* 遇见
mademoiselle *n.f.* 小姐
mesdemoiselles *n.f.pl.* 小姐们
ici *adv.* 这里，此地
ami, e *n.* 朋友
fêter *v.t.* 庆祝
ingénieur *n.m.* 工程师
société *n.f.* 公司；社会
enchanté, e *adj.* 荣幸的，高兴的
italien, ne *adj. et n.* 意大利的；意大利人
    n.m. 意大利语
histoire *n.f.* 历史；故事
université *n.f.* 大学

vie *n.f.* 生活
peintre *n.m.* 画家
faire *v.t.* 做，干
séjour *n.m.* 逗留
en ce moment *loc. adv.* 目前
parler *v.i. ou v.t.* 说，讲；议论
un peu *loc. adv.* 一点，一些
content, e *adj.* 高兴的
connaissance *n.f.* 认识，了解
aimer *v.t.* 爱，喜爱
musée *n.m.* 展览馆，博物馆
directeur, trice *n.* 经理，主任
entrer *v.i.* 进来
stagiaire *n.* 实习生

bureau *n.m.* 办公室	informatique *n.f.* 信息科学;信息技术
tout le monde 大家	N'est-ce pas? 是不是?
présenter *v.t.* 介绍	économie *n.f.* 经济
économiste *n.* 经济学家	messieurs *n.m.pl.* 先生们
voici *prép.* 这儿是	organiser *v.t.* 组织,安排
informaticien, ne *n.* 电脑工程师	soirée *n.f.* 晚间;晚会
voilà *prép.* 那儿是,这儿是	buffet *n.m.* 冷餐招待会
secrétaire *n.* 秘书	salle *n.f.* 大厅

Noms propres

la Tour Eiffel	埃菲尔铁塔
Notre-Dame de Paris	巴黎圣母院

Notes

1. ...nous venons pour fêter son anniversaire.
   我们来给他过生日。

2. en montrant Li Ying
   指着李英

3. s'adressant à Li Ying
   对李英说

4. M. 是monsieur的缩写。
   Mme是madame的缩写。
   Mlle是mademoiselle的缩写。

5. Je vous présente...我向你们介绍……代词vous在此为动词的间接宾语。

6. 以下为省略句,省去了主语和系词:Enchanté(e). Très content(e) de faire votre connaissance.
   很高兴认识你(你们)。

Vocabulaire complémentaire

Pays(国家):
la France 法国	la Chine 中国
le Japon 日本	le Canada 加拿大

Leçon 9 Très heureux de faire votre connaissance.

l'Allemagne (*n.f.*)　德国
l'Espagne (*n.f.*)　西班牙

les Etats-Unis (*n. m. pl.*)　美国
l'Italie (*n.f.*)　意大利

Nationalités（民族）：
Japonais, e　日本人
Espagnol, e　西班牙人
Américain, e　美国人

Allemand, e　德国人
Canadien, ne　加拿大人

Langues（语言）：
l'allemand *n.m.*　德语
l'espagnol *n.m.*　西班牙语

le japonais　日语

Professions（职业）：
un médecin　医生
un musicien/une musicienne　音乐家
un/une architecte　建筑师

un professeur　教师；教授
un vendeur/une vendeuse　售货员
un/une interprète　翻译

Un peu de phonétique
La liaison obligatoire（必须联诵）

1. 代词主语+动词

    vous‿êtes　　on‿organise　　nous‿aimons　　ils‿habitent

2. 冠词或限定词+名词

    un‿étudiant　　son‿anniversaire　　cet‿ingénieur

3. 修饰成分+被修饰成分

    très‿adorable　　deux‿heures　　le premier‿étage

［注意］联诵中的语音变化：

(1) -s, -x 读作[z]

　　vous‿êtes [vu-zɛt]　　deux‿heures [dø-zœːr]

(2) -d 读作[t]

　　un grand‿homme　[œ̃-ɡrɑ̃-tɔm]

(3) -f 在 an, heure 前读作 [v]

neuf ans [nœ–vɑ̃]   neuf heures [nœ–vœːr]

4. 介词+名词

dans un bureau   en Italie   chez un professeur

5. 代词+动词   动词+代词

Ils vous adorent.   Vas-y.   J'en ai trois.

Manière de dire

pour se présenter（自我介绍）	pour présenter quelqu'un（介绍某人）
— Je m'appelle Nicolas Mallet. — Moi, c'est Nicolas Mallet. — Et moi, c'est Nicolas. — Mon nom, c'est Mallet. — Je me présente：Nicolas Mallet. — Je suis architecte. — Je suis canadien.	— C'est Patricia Faret. — Je te/vous présente Patricia Faret. — Patricia Faret.（+geste 手势） — Voilà/voici Patricia Faret. — Elle s'appelle Patricia Faret, elle est économiste. — Mme Patricia Faret, économiste.

Micro-conversation

A	B
Thierry：Je m'appelle Thierry. C'est quoi votre nom? *Yoko*：Mon nom, c'est Yoko. Je suis japonaise. Vous êtes français? *Thierry*：Non. Je suis canadien. Qu'est-ce que vous faites à Beijing? *Yoko*：Je travaille pour une société japonaise. Je suis informaticienne. Et vous? *Thierry*：Je suis étudiant de chinois à Beida (l'Université de Pékin). Est-ce que vous parlez un peu chinois? *Yoko*：Oui, mais très peu.	*M.Tuval*：Monsieur Lafont est là? *La secrétaire*：Vous avez rendez-vous? *M.Tuval*：Oui, je suis Michel Tuval. *M.Lafont*：Bonjour, cher（亲爱的）ami! Comment ça va? Je te présente mademoiselle Sophie Dutour, ma（我的）secrétaire. *M.Tuval*：Enchanté, mademoiselle. Vous êtes la fille de Joseph Dutour, ingénieur de la société Moulinet? *La secrétaire*：Oui, c'est mon père. Vous êtes son（他的）médecin? *M.Tuval*：C'est exact.

Leçon 9 Très heureux de faire votre connaissance.

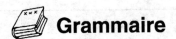

I. L'omission de l'article(1)〔冠词的省略(1)〕

1. 表示国籍、职业、身份等做表语的名词前不用冠词:

   Marina est **étudiante**, elle est **italienne**.

   Attention:

   C'est **une** étudiante.

   Voici **une** Italienne.

2. 作呼语的名词前不用冠词:

   Camarades, je vous présente monsieur Yang, votre professeur.

3. 作同位语的名词前不用冠词:

   Bruno, **directeur** de la société Oval, entre dans son bureau.

4. 绝大多数城市名前不用冠词:

   J'habite à **Paris**.

   Il fait un séjour à **Berlin**(柏林) en ce moment.

II. La phrase interrogative(疑问句)

1. 一般疑问句

法语中的一般疑问句,也就是说需要用oui或者non来回答的疑问句,有三种提问形式,下面以陈述句《Vous aimez Paris.》为例:

疑问句形式	例　句
1. 主谓语颠倒,加连字符	Aimez-vous Paris?
2. Est-ce que + 陈述句	Est-ce que vous aimez Paris?
3. 通过语调上升的变化	Vous aimez Paris?

第三种提问方式最口语化,第一种提问方式最正式。

Attention:

- Aime-t-il(elle) Paris? 单数第三人称需在主谓语间加字母t。
- 名词做主语时,第一种提问方式为:

  Li Ying aime-t-elle Paris?

  Les étudiants travaillent-ils demain?

  Bruno est-il directeur?

2. 有疑问代词或副词的疑问句

	Question	Réponse
就直接宾语提问	**Que** regardes-tu? **Qu'est-ce que** tu regardes? Tu regardes **quoi**?	Je regarde une photo.
就地点状语提问	**Où** habitez-vous? **Où** est-ce que vous habitez? Vous habitez **où**?	J'habite à Paris.

III. Le présent de l'indicatif（直陈式现在时）

直陈式现在时表示说话时发生的动作或状态，如：

François **regarde** le cadeau.

Elle **habite** à Berlin.

Julie **est** étudiante, elle **adore** la Chine.

IV. La conjugaison des verbes du premier groupe（第一组动词的变位）

法语中以-er结尾的动词(除aller外)均为第一组动词，其变位是规则的，如：

aimer	
j'aime	nous aim**ons**
tu aim**es**	nous aim**ez**
il aime	ils aim**ent**
elle aime	elles aim**ent**

去掉词尾**-er**，分别加上**-e**，**-es**，**-e**，**-ons**，**-ez**，**-ent**。manger: nous mangeons。
Attention：

répéter		appeler	
je répète	nous répétons	j'appelle	nous appelons
tu répètes	vous répétez	tu appelles	vous appelez
il répète	ils répètent	il appelle	ils appellent
elle répète	elles répètent	elle appelle	elles appellent

不规则动词faire的变位

faire	
je fais	nous faisons
tu fais	vous faites
il fait	ils font
elle fait	elles font

Leçon 9 Très heureux de faire votre connaissance.

 Exercices

I. **Conjuguez les verbes suivants au présent de l'indicatif**（把下列动词变为直陈式现在时）：

1. rencontrer M. Leblanc （une Italienne, la fille de Marie）
2. travailler à Beijing （à la maison, dans une société）
3. étudier le français （l'anglais, la leçon 9）
4. habiter （à） Paris （Berlin, ici）
5. aimer la France （la Chine, ce musée）
6. parler allemand （espagnol, italien）
7. organiser une soirée （une fête, une réunion 会议）
8. faire une dictée （les exercices, un séjour à Paris）

II. **Lisez les dialogues et répondez aux questions**（朗读对话并回答问题）：

 A

1. Où est-ce qu'Antoine rencontre Marina et Li Ying?
2. Est-ce qu'Antoine est étudiant?
3. Est-ce que Marina est française?
4. Qu'est-ce qu'elle étudie?
5. Est-ce que Li Ying fait un séjour à Paris?
6. Que fait-elle dans la vie?
7. Est-ce que Li Ying parle français?
8. Aime-t-elle Paris?
9. Est-ce que Marina et Li Ying sont des amies de Bruno?
10. Antoine travaille-t-il avec Bruno?

B

1. Qu'est-ce que Bruno fait dans la vie?
2. Est-ce qu'il entre dans un bureau avec deux stagiaires?
3. Est-ce que Patricia est secrétaire?
4. Qui est informaticien?
5. Est-ce que Céline étudie l'informatique?
6. Qui étudie l'informatique?
7. Est-ce que Pascal travaille avec François?
8. Et Céline, elle travaille avec qui?

9. Qu'est-ce qu'on organise le soir?
10. Où est-ce qu'on organise la soirée?

III. Formez le féminin des noms de personnes à partir de la forme du masculin（由阳性名词变阴性名词）：

Ex：un ami → une amie

1. un Chinois → une _____
2. un Japonais → une _____
3. un Allemand → une _____
4. un Espagnol → une _____
5. un architecte → une _____
6. un secrétaire → une _____
7. un journaliste → une _____
8. un interprète → une _____

Attention：

un vendeur → une vendeuse
un directeur → une directrice
un Italien → une Italienne

IV. Formez le pluriel des mots suivants（由单数名词变复数名词）：

Ex：un étudiant → des étudiants

1. un disque → des _____
2. un Chinois → des _____
3. une amie → des _____
4. un professeur → des _____
5. un bureau → des _____
6. un oncle → des _____
7. une secrétaire → des _____
8. un ingénieur → des _____
9. une société → des _____
10. un cadeau → des _____

Attention：

monsieur → messieurs
madame → mesdames
mademoiselle → mesdemoiselles

V. Complétez avec un article（用冠词填空）：

1. As-tu _____ frère?
2. Est-ce que vous avez _____ disques?
3. Il a _____ maison?
4. Vous aimez _____ Chine?
5. Fêtent-ils _____ anniversaire de Bruno?
6. Est-ce que Céline étudie _____ économie?
7. Antoine travaille dans _____ société Oval.
8. Est-ce qu'elle a _____ jupes?

Leçon 9 Très heureux de faire votre connaissance.

9. Marina rencontre _____ ingénieur.
10. Tu étudies _____ informatique?
11. C'est _____ fille de Madame Durand.
12. Où est _____ place de la Nation?
13. Aiment-ils _____ sport?
14. Ils font _____ stage dans cette société.
15. Ils entrent dans _____ Musée de Shanghai.
16. Voici _____ disques. Ce sont _____ disques de Juliette.

VI. Transformez les nom-sujets en pronoms-sujets（把名词主语变为代词主语）:

Ex：Paul est canadien. → Il est canadien.

1. Nicolas est français.
2. Yoko est japonaise.
3. Marina est italienne.
4. Li Ying est chinoise.
5. Thierry est étudiant.
6. Sylvie est musicienne.
7. Claudia est professeur.
8. Li Ying et Zhang Qiang sont chinois.
9. Peter et Eric sont allemands.
10. Alice et Martine sont vendeuses.

VII. Répondez comme dans l'exemple（依例回答）:

A

Ex：Qui est-ce? (étudiant) — C'est un étudiant.
                               — Ce sont des étudiants.

Qui est-ce?   — C'est...
                               — Ce sont...

peintre,   stagiaire,   amie,   économiste,   médecin,
ingénieur,   journaliste,   vendeur,   informaticienne,   musicien

B

Ex：Qu'est-ce que c'est? (livre) — C'est un livre.
                                    — Ce sont des livres.

Qu'est-ce que c'est?   — C'est...
                                    — Ce sont...

jupe,   disque,   photo,   appareil,   maison,
bureau,   musée,   salle,   cadeau,   université

VIII. Transformez en questions les phrases suivantes（把下列句子变成疑问句）:

1. Elle parle chinois.
2. Nous sommes des amis de Véronique.

3. Pascal étudie à l'université.
4. Ils sont japonais.
5. Marcel et Sylvie travaillent à Madrid(马德里).
6. Nous faisons un séjour à Berlin.
7. Il est content de faire la connaissance de ce professeur.
8. Elle aime la France.
9. Elle habite à Shanghai.
10. Li Ying rencontre un économiste.

IX. Posez des questions sur la partie en italique（就斜体字部分提问）：

1. J'étudie *le français*.
2. Il regarde *des photos*.
3. Elle travaille *à Paris*.
4. Nous habitons *à Beida*.
5. Martine aime *le sport*.
6. Ils font un stage *à Beijing*.
7. Li Ying adore *les musées*.
8. Ils fêtent l'anniversaire de Julie *dans la salle*.
9. L'employé s'appelle *Luc Durand*.
10. La fille de Marie a *huit* ans.

X. Mettez les verbes entre parenthèses au présent de l'indicatif（把括号内的动词变为直陈式现在时）：

A

1. Nous _____ un rendez-vous à huit heures. (avoir)
2. _____-tu des bandes dessinées? (avoir)
3. _____-elles à Montréal? (habiter)
4. Antoine _____ la connaissance de Marina. (faire)
5. Il _____ Simon à Céline. (présenter)
6. Tout le monde _____ anglais. (parler)
7. Vous _____ 12, rue Hai Dian. (habiter)
8. Les étudiants _____ des exercices. (faire)
9. Je _____ avec Marina et Bruno. (travailler)
10. Elle _____ la question. (répéter)

Leçon 9 Très heureux de faire votre connaissance.

B

1. Vous _____ M.Legrand? (être)
2. Oui, je _____ Legrand. (être)
3. Moi, je m'_____ Sabine Dupont. (appeler)
4. Pardon, vous vous _____ comment? (appeler)
5. Vous _____ l'allemand? (étudier)
6. Non, j'_____ le français. (étudier)

XI. Complétez avec les prépositions《à, avec, de, dans, pour》(用介词填空)：

1. François travaille _____ Pascal.
2. Mme Legrand est professeur _____ l'Université de Pékin.
3. Li Ying et Marina sont des amies _____ Michel?
4. Nous organisons une soirée _____ les amis français.
5. Sabine et Marcel travaillent _____ une grande société.
6. Oh! J'ai un rendez-vous _____ neuf heures et demie.

XII. Reconstituez les phrases(重组句子)：

1. Charles / bonjour / peintre / m'appelle / je / je suis
2. Pascal / est / c'est / il / à Berlin / un stage / il fait / français
3. madame / c'est / la maison de Nicole / pardon / est-ce que
4. Faisons / nous / à Beijing / un séjour
5. le / devant / bureau / deux / M. Dubois / jeunes filles / rencontre
6. aime / de / n'est-ce pas / les musées / tout le monde / Paris

XIII. Mettez les répliques en ordre(按顺序排列对话)：

1. Enchantée, moi, c'est Alice Talienne.
2. Non, je suis Luc Jannin.
3. Non, je m'appelle Talienne.
4. Ah, très content de faire votre connaissance.
5. Bonjour, vous êtes Alain Dubois?
6. Excusez-moi, vous pouvez épeler, s'il vous plaît?
7. T. A. L. I. E. N. N. E.
8. Pardon, vous êtes italienne?

XIV. Faites une présentation (做介绍):

Ex: C'est Marc, un Français, il est économiste et il habite à Paris.

Nom et prénom	Pays	Nationalité	Profession	Ville(城市)
Sylvie Roma	Canada	?	musicienne	Montréal(蒙特利尔)
Yoko Ozawa	Japon	?	professeur	Tokyo(东京)
Claudia Baumann	Allemagne	?	vendeuse	Berlin
Juan Lopez	Espagne	?	journaliste	Madrid
Li Ying	Chine	?	peintre	Beijing
Paul Leman	France	?	médecin	Paris

XV. Posez des questions sur les personnes suivantes (就以下人物提问):

Ex: Qui est-ce?　　　　　　　　　　— C'est Alice.
　　Quel âge a-t-elle?　　　　　　　— Elle a 25 ans.
　　Que fait-elle dans la vie?　　　 — Elle est peintre.
　　Où habite-t-elle?　　　　　　　 — Elle habite à Paris.

Paul Dubois	56 ans	ingénieur	travailler à Berlin
Julie Chardin	22 ans	secrétaire	habiter à Madrid
Nicole Evette	49 ans	musicienne	faire un séjour à Paris
Simon Cellier	30 ans	architecte	faire un stage à Tokyo

XVI. Ecoutez et indiquez vrai ou faux selon les deux dialogues de la leçon 9 (听后指出对错):

	1	2	3	4	5	6	7	8	9	10
Vrai										
Faux										

XVII. Ecoutez et mettez une croix quand vous entendez une question (听到疑问句时划叉):

	1	2	3	4	5	6	7	8	9	10
Question										

XVIII. Ecoutez et trouvez la nationalité (说出国籍):

Ex. J'habite à Berlin. → Je suis allemand.

Leçon 9 Très heureux de faire votre connaissance.

XIX. Ecoutez et transformez en questions les phrases suivantes(听后把下列句子变成疑问句):

Ex: Il étudie le chinois. → Est-ce qu'il étudie le chinois?

XX. Ecoutez et trouvez les questions(听后提出问题):

Ex: Elle est journaliste. → Que fait-elle dans la vie?

XXI. Ecoutez et remplissez les fiches(听后填卡片):

Nom	Prénom	Age	Profession	Nationalité	Adresse（地址）

XXII. Ecoutez: il s'agit d'un homme ou d'une femme? (分辨题)

	homme（男）	femme（女）
1		
2		
3		
4		
5		
6		
7		
8		

XXIII. Ecoutez et complétez(听后填空):

Alice et Claudia sont deux jeunes _____. Alice est _____ et Claudia,_____. Alice a _____ ans et Claudia, _____ ans. Elles sont_____. Alice est_____, elle parle français, _____ et allemand, elle est très _____ de faire un _____ à Paris. Et Claudia, elle étudie _____ à l'université. Les deux jeunes filles _____ beaucoup _____ France. Ce soir, elles ont un rendez-vous à _____ heures devant le cinéma Rex.

XXIV. Jouez la conversation selon l'exemple(依例表演对话):

— Aimez-vous la France?
— Pardon?
— Est-ce que vous aimez la France?
— Vous pouvez répéter, s'il vous plaît?
— Vous aimez la France?
— Oh, oui, j'aime la France.

étudier l'histoire, fêter l'anniversaire de Marina, organiser une soirée, travailler dans une société, aimer les musées, parler anglais, habiter à Berlin

XXV. Résumez les deux dialogues en quelques phrases(用几句话概述两篇对话).

XXVI. Rédigez un petit texte en utilisant les mots suivants(用下列词写一篇短文):
Habiter, travailler, avoir, être, présenter, aimer, parler.

XXVII. Saluez votre voisin(e) et présentez-vous(向邻座致意并做自我介绍):
Journaliste, médecin, architecte, interprète, musicien, professeur, vendeur, étudiant

XXVIII. Regardez les images et jouez les scènes.

XXIX. Amusement sonore:
Barbara et Barbazan bavardent en buvant une bière dans un bar de Brest.
Alerte! Arlette halète.

XXX. Dictées 1 et 2.

Leçon 9 Très heureux de faire votre connaissance.

 Un peu de civilisation

Fiche d'inscription 注册登记表

Nom	Mallet
Prénom	Nicolas
Né	le 18 juillet 1971
	à Paris
Nationalité	française
Profession	architecte
Adresse	95, rue du Chevaleret
	75013 Paris

Carte de visite 名片

editis

Alain Kouck
Président du Directoire

31, rue du Colisée-75383 Paris cedex 08-France
Tél：33(0)1 53 53 38 37-Fax:33(0)1 53 53 32 86-alain.kouck@editis.com

Leçon 10

J'adore ça!

Dialogues

A

Wang Gang, étudiant chinois, mange pour la première fois au Resto-U[1] à Paris avec Louise.

Louise: Fais comme moi. Prends un couteau, une fourchette, une cuillère et un verre.

Wang: D'accord. Mais... qu'est-ce que je prends?

Louise: Regarde! comme entrée, il y a[2] de la salade verte, de la salade de tomates...

Wang: Je prends une salade de tomates. Et toi? Qu'est-ce que tu choisis?

Louise: Je n'aime pas les tomates. Je prends une salade verte. Maintenant, le plat principal: du bifteck, du poulet... Tiens, du couscous, j'adore ça! Tu veux goûter?

Wang: Volontiers.

Louise: Et comme dessert, qu'est-ce que tu préfères, gâteau, yaourt ou fruit?

Wang: Un yaourt. Qu'est-ce qu'on boit?

Louise: De l'eau.

Leçon 10　J'adore ça!

B

M. et Mme Leblanc dînent chez un couple chinois, M. et Mme Zhang.

Mme Zhang: A table³, chers amis! C'est un petit repas très simple.
M. Zhang: Bon appétit⁴!
Mme Leblanc: Comment un 《petit repas très simple》? Il y a tant de plats!
M. Leblanc: Oui, c'est vrai.
Mme Zhang: Ce sont des plats bien chinois. Ça, c'est du tofu; ça, c'est du poisson à la vapeur...
M. Zhang: Vous voulez goûter l'alcool de riz?
*Les Leblanc*⁵: Avec plaisir.
Les Zhang: A votre santé⁶!
Les Leblanc: A la vôtre⁷!
Mme Zhang: Voici des raviolis.
M. Leblanc: Encore des raviolis? C'est très bon.
Mme Leblanc: La cuisine chinoise est vraiment délicieuse!

Vocabulaire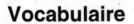

manger *v.t.* 吃; 吃饭	choisir *v.t.* 挑选
premier, ère *adj.* 第一的	maintenant *adv.* 现在
fois *n.f.* 次	plat *n.m.* 一盘菜
couteau *n.m.* 刀	principal, e *adj.* 主要的
fourchette *n.f.* 叉	bifteck *n.m.* 牛排
cuillère *n.f.* 匙, 勺	poulet *n.m.* 童子鸡
verre *n.m.* 玻璃杯; 玻璃	couscous *n.m.* 古斯古斯(北非的一种菜式)
entrée *n.f.* 第一道菜(冷菜)	vouloir *v.t.* 愿意
salade *n.f.* 生菜	goûter *v.t.* 品尝
vert, e *adj.* 绿的	volontiers *adv.* 乐意地
tomate *n.f.* 西红柿	dessert *n.m.* 餐后点心

préférer *v.t.* 更喜欢	appétit *n.m.* 胃口，食欲
gâteau *n.m.* 糕点	tant (de) *adv.* 那么多
yaourt *n.m.* 酸奶	vrai, e *adj.* 真的
ou *conj.* 或者	bien *adv.* 很,十分,完全；真正
fruit *n.m.* 水果	tofu *n.m.* 豆腐
boire *v.t.* 喝	poisson *n.m.* 鱼
eau *n.f.* 水	vapeur *n.f.* 蒸气
dîner *v.i.* 吃晚饭	alcool *n.m.* 酒精；烧酒
chez *prép.* 在……家里；在……国家	riz *n.m.* 稻；大米；米饭
couple *n.m.* 一对夫妇	plaisir *n.m.* 愉快,高兴,乐趣
table *n.f.* 桌子	santé *n.f.* 健康
cher, ère *adj.* 亲爱的；昂贵的	ravioli *n.m.* 饺子
petit, e *adj.* 小的	cuisine *n.f.* 菜肴；厨房
repas *n.m.* 一顿饭	vraiment *adv.* 真正地
simple *adj.* 简单的	délicieux, se *adj.* 美味的

Notes

1. Resto-U(restaurant universitaire) 大学餐厅
2. il y a... 有…… 这是一个无人称句，il y a 后可加名词或代词。
3. A table! 请入席！
4. Bon appétit! 祝你吃得香！
5. Les Leblanc 布鲁诺夫妇。人名前加定冠词les，表示某某夫妇或某某一家。人名用作复数时一般不加s。
6. A votre santé! 祝您健康！
7. A la vôtre! 祝您健康！

Vocabulaire complémentaire

fromage *n.m.* 干酪	excellent, e *adj.* 极好的
café *n.m.* 咖啡；咖啡馆	thé *n.m.* 茶
jus d'orange *n.m.* 橙汁	pain *n.m.* 面包
sandwich *n.m.* 三明治	viande *n.f.* 肉
bière *n.f.* 啤酒	vin *n.m.* 葡萄酒
petit déjeuner *n.m.* 早饭,早餐	déjeuner *v.i.* 吃午饭,用午餐；
dîner *n.m.* 晚饭,晚餐	*n.m.* 午饭,午餐

Leçon 10 J'adore ça!

Un peu de phonétique
La liaison défendue（禁止联诵）

1. 名词主语+动词：

   Les Français / aiment le fromage.

   Les étudiants / entrent dans la salle.

2. 在倒装句中,主语不能与后面的表语、过去分词等联诵：

   Sont-ils / interprètes?

   Avez-vous / étudié la leçon 9?

3. 以嘘音h开头的词,oui和数词un，huit，onze等不能与前面的词联诵,连词et不能与后面的词联诵：

   le / héros   mais / oui   cent / un   dans / huit jours

   C'est le / onze mai.   un vendeur et / une vendeuse

   Attention：dix-huit, vingt-huit, dans‿un mois

4. 词末的辅音字母前有一个发音的r时,该字母不与后面的词联诵：

   vers / elle   fort / intéressant

   Attention：leurs‿amis   plusieurs‿années   Quand sort-il?

Manière de dire

Jean **aime**	
Pascal **aime beaucoup**	le fromage.
Adèle **adore**	

Ce dîner est	très bon.
	excellent.
	délicieux.

Luc **aime** le bifteck, mais son frère **préfère** le poisson.

Qu'est-ce que vous **préférez**, la musique（音乐）ou la peinture（绘画）?

Comment **trouvez**（觉得）-vous le repas? — Très bon.

Micro-conversation

A	B
— Qu'est-ce que tu aimes comme dessert? — J'adore le yaourt. Pas toi? — Ah non. Je n'aime pas ça. Je préfère les fruits. — Qu'est-ce que tu bois après le repas? — Du café. Et toi, qu'est-ce que tu préfères, le café ou le thé? — Moi, je bois du jus d'orange. Je trouve ça délicieux. Et puis, c'est très bon pour la santé.	— Vous aimez Paris, Zhang? — Beaucoup! J'adore Paris: les cafés, les rues, les cinémas, les musées... — Moi, je n'aime pas les grandes (大的) villes, je préfère les petites villes, c'est beau, c'est super! — C'est vrai. Mais il n'y a pas de cinéma dans les petites villes, moi, j'adore ça.

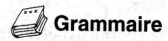
Grammaire

I. L'article partitif（部分冠词）

1. Formes（形式）

	阳性单数(masculin singulier)	阴性单数(féminin singulier)	复数(pluriel)
形式	du (de l')	de la (de l')	des

2. Emploi（用法）

在表示物质或抽象概念等不可数名词前使用部分冠词,意思是"一些","一点儿":

Je mange **du** poisson. 我吃(一点儿)鱼(肉)。 Je mange **des** épinards. 我吃(一些)菠菜。

Je prends **de la** salade. 我吃(一些)生菜。/我取(一些)生菜。

试比较：

J'aime la salade. 我喜欢(吃)生菜。

Je prends une salade. 我吃一份生菜。

II. La négation（否定式）

否定式一般由 ne + pas 两个部分构成,分别放在动词的前后:

Phrase affirmative(肯定句)	Phrase négative（否定句）
Pierre parle très bien chinois.	Pierre **ne** parle **pas** très bien chinois.
Il est français.	Il **n'**est **pas** français.

Leçon 10　J'adore ça!

ne 后面的动词如果以元音（如 entrer）或哑音 h（如 habiter）开头，ne → n'：Je **n'en**tre pas dans le bureau. Il **n'ha**bite pas à Beijing.

III. L'impératif（命令式）

命令式是一种表达命令或请求的语式，只用于第二人称单数和复数及第一人称复数。把直陈式现在时的主语去掉，便构成命令式：

Tu fais	→ Fais !	Tu prends	→ Prends !
Nous faisons	→ Faisons !	Nous prenons	→ Prenons !
Vous faites	→ Faites !	Vous prenez	→ Prenez !

Attention：

1. 动词第二人称单数若以 es 结尾，在变成命令式时要去掉 s，如：
   Tu **regardes** les photos.　→　**Regarde** les photos !
   Tu **offres** un cadeau.　→　**Offre** un cadeau !

2. 动词 aller 第二人称单数的命令式为：Tu vas　→　**Va** !

3. 命令式的否定形式：**Ne** dîne **pas** au Resto-U !
   　　　　　　　　　　Ne dînons **pas** au Resto-U !
   　　　　　　　　　　Ne dînez **pas** au Resto-U !

IV. Les adjectifs qualificatifs(1) 〔品质形容词(1)〕

1. 形容词和名词一样，也有阴阳性和单复数之分。一般在阳性形容词后面加字母 e 构成阴性，在单数后面加字母 s 构成复数，如：un musicien excellent，une photo excellent**e**；des musiciens excellent**s**，des photos excellent**es**。

2. 形容词除在句中做表语（l'attribut）外，还可做形容语（l'épithète）。形容词要与它修饰的名词性数一致：

    C'est un repas simple.
    Je rencontre des étudiantes italiennes.

3. 法语中大部分形容词放在名词之后，但有些形容词放在名词前面，如：grand（大的），petit, jeune, beau, bon, vrai, premier：un beau garçon, la première fois。

V. La conjugaison des verbes du deuxième groupe（第二组动词的变位）

第二组动词指以 -ir 结尾的大多数动词，其变位规则如下：去掉词尾 -ir，分别加词尾 -is, -is, -it, -issons, -issez, -issent。

choisir	
je chois**is**	nous chois**issons**
tu chois**is**	vous chois**issez**
il chois**it**	ils chois**issent**
elle chois**it**	elles chois**issent**

不规则动词 aller, boire, prendre, vouloir 的变位：

Conjugaison			
aller		boire	
je vais	nous allons	je bois	nous buvons
tu vas	vous allez	tu bois	vous buvez
il va	ils vont	il boit	ils boivent
elle va	elles vont	elle boit	elles boivent
prendre		vouloir	
je prends	nous prenons	je veux	nous voulons
tu prends	vous prenez	tu veux	vous voulez
il prend	ils prennent	il veut	ils veulent
elle prend	elles prennent	elle veut	elles veulent

Exercices

I. Conjuguez les verbes suivants au présent de l'indicatif：

1. manger au Resto-U (chez Louise, à la maison)
2. préférer le poisson (la viande, les fruits)
3. goûter l'alcool de riz (le couscous, le tofu)
4. dîner avec un ami (à 19 h, avec un couple français)
5. choisir du poulet (un yaourt, un livre)
6. boire de l'eau (du vin, du jus d'orange)
7. prendre un couteau (une fourchette, du pain)
8. vouloir du riz (de la salade, parler)

II. Lisez les dialogues et répondez aux questions：

A

1. Où Wang Gang mange-t-il avec Louise?
2. Est-ce qu'il mange pour la première fois au Resto-U?
3. Qu'est-ce que Wang Gang choisit comme entrée?
4. Louise prend-elle aussi une salade de tomates? Pourquoi?
5. Qu'est-ce que Louise prend comme plat principal?
6. Louise adore-t-elle le couscous?

Leçon 10 J'adore ça!

7. Wang Gang veut-il goûter ce plat?
8. Qu'est-ce qu'il y a comme dessert?
9. Qu'est-ce que Wang Gang préfère comme dessert?
10. Est-ce qu'ils boivent de l'eau?

B

1. Où dînent M. et Mme Leblanc?
2. Y a-t-il des plats bien français au dîner?
3. Qu'est-ce qu'ils mangent au dîner?
4. Est-ce que c'est un petit repas simple?
5. Ce couple français mange-t-il avec appétit?
6. Qu'est-ce qu'ils boivent?
7. L'alcool de riz est-il bien chinois?
8. M. Leblanc adore-t-il les raviolis?
9. Les Leblanc aiment-ils la cuisine chinoise?
10. La cuisine chinoise est-elle vraiment délicieuse?

III. Complétez avec un article convenable:

1. Je prends _____ poisson, j'aime _____ poisson.
2. Il prend _____ eau, il n'aime pas _____ vin.
3. Elle veut _____ fruit, elle aime _____ fruits.
4. Veux-tu _____ pain ou _____ riz?
5. Tu prends encore _____ salade?
6. Qu'est-ce que tu bois, _____ jus d'orange ou _____ thé?
7. Je prends _____ café, j'adore _____ café.
8. Il veut _____ bifteck, il adore _____ viande.

IV. Répondez comme dans l'exemple:

Ex: Louise est-elle chinoise? — Non, elle n'est pas chinoise.

A

1. Wang Gang est-il professeur?
2. Antoine est-il peintre?
3. Marina est-elle espagnole?
4. Est-ce que c'est une petite table?
5. Le couscous est-il un plat français?
6. Marina et Antoine sont-ils anglais?

B

1. Louise aime-t-elle les tomates?
2. Voulez-vous goûter ce plat?
3. Tu choisis cette bande dessinée?
4. Préférez-vous le poulet?
5. Céline et Li Ying travaillent-elles à l'université?
6. M. et Mme Leblanc dînent-ils chez un couple japonais?

V. **Transformez à l'impératif**(变成命令式):

Ex: vous / travailler ici (+)　　— Travaillez ici!
　　　　　　　　　　(−)　　— Ne travaillez pas ici!

1. nous / fêter l'anniversaire de Louise (+)
2. tu / regarder la photo de Paul (+)
3. vous / entrer dans ce café (−)
4. tu / prendre un verre (+)
5. vous / parler français (+)
6. nous / répéter le dialogue (+)
7. nous / boire à votre santé (+)
8. nous / manger au Resto-U (−)
9. vous / déjeuner tout de suite (−)
10. tu / dîner chez moi (+)
11. vous / choisir un fruit (+)
12. nous / prendre des raviolis (+)
13. vous / goûter ce vin (−)
14. vous / faire comme moi (−)
15. nous / faire du sport (+)
16. tu / aller à la montagne (−)

VI. **Complétez avec le verbe 《choisir》**（用动词 choisir 填空）:

1. Je _____ un plat bien français.
2. Tu _____ une salade verte.
3. Il _____ un disque.
4. Elle _____ une jupe simple.
5. Nous _____ une petite salle.
6. Vous _____ un grand bureau.
7. Ils _____ du poisson comme plat principal.
8. Elles _____ la cuisine chinoise.

VII. **Mettez les verbes entre parenthèses à la forme qui convient**:

1. Il y a du thé et du café, qu'est-ce que tu _____ ? (préférer)
2. Nous avons faim(饿), nous _____ manger. (vouloir)
3. A quelle heure _____-vous le soir? (dîner)
4. Le directeur de la société est jeune, il _____ 30 ans. (avoir)
5. Il est canadien, il _____ français et anglais. (parler)
6. Je _____ un yaourt. (prendre)

Leçon 10 J'adore ça!

VIII. Faites votre menu en choisissant des mots dans le tableau（选择表中的词订出菜单）：

thé	salade de tomates	poulet	fromage	pain
café	salade verte	poisson	fruit	riz
eau		bifteck	yaourt	pain à la vapeur（馒头）
vin		couscous	gâteau	raviolis
jus d'orange		œuf（鸡蛋）		sandwich

Pour le petit déjeuner, je prends _____

Pour le déjeuner, _____

Pour le dîner, _____

IX. Complétez le dialogue avec un article convenable：

L'enfant（孩子）：Maman（妈妈）！ Qu'est-ce qu'il y a à manger（有什么吃的）pour le dîner?

La mère（母亲）：Ecoute！Il y a _____ bifteck, _____ poulet...

L'enfant：_____ poulet? J'adore ça. Quoi encore?

La mère：_____ poisson.

L'enfant：Je n'aime pas _____ poisson. Je préfère _____ viande.

La mère：Il y a aussi _____ salade de fruits.

L'enfant：C'est très bien. J'aime _____ fruits.

X. Formez des phrases comme dans l'exemple（依例造句）：

Ex：Louise / prendre / verre, cuillère

— Louise prend un verre et une cuillère.

1. Wang Gang / choisir / poulet, salade verte
2. Céline / goûter / alcool de riz, tofu
3. Marina / boire / jus d'orange, jus de tomate
4. Li Ying et Wang Gang / choisir / couscous, vin
5. Antoine et Marc / boire / lait, café
6. M. et Mme Leblanc / prendre / pain, fromage

XI. Complétez avec un mot qui convient：

1. — Tu aimes _____ cuisine française?

— Oui, beaucoup.

— Tu _____ libre ce soir?

— Oui.

    — Tu _____ manger ce soir chez moi?
    — Avec _____ .

2. — Que fait François dans la _____ ?
    — Il _____ ingénieur.
    — Où travaille-t-il?
    — Dans _____ société à Paris.
    — _____ société?
    — _____ société Oval.

3. — _____ mangez-vous à midi?
    — _____ salade et _____ bifteck.
    — Vous n'aimez pas _____ poisson?
    — Je préfère _____ viande.
    — _____ allez-vous après le déjeuner?
    — Je vais en classe (去上课).

4. — Qu'est-ce que _____ regardes?
    — _____ photo.
    — _____ est-ce?
    — C' _____ mon directeur.
    — _____ il s'appelle?
    — Bruno Leblanc.

XII. **Quels sont les goûts**(口味;爱好) **de monsieur et madame Leblanc?** （勒勃朗夫妇爱好什么?）

Répondez comme l'indiquent les signes (+) et (−)〔依照(+)、(−)所示回答〕:

(+ + +) adorer		
(+ +) aimer beaucoup		
(+) aimer un peu		
(−) ne pas aimer		
(− −) ne pas aimer du tout (一点也不喜欢)		
	M. Leblanc	Mme Leblanc
1. le thé	−	+ +
2. le vin	+ +	+
3. la salade	+ +	+ +
4. le jus de fruit	− −	+ +
5. la viande	+ + +	−
6. le poisson	− −	+ + +
7. le sport	+ + +	+
8. le cinéma	− −	−
9. les musées	−	+ +
10. la montagne	+ +	+ +

Leçon 10 J'adore ça!

XIII. Formez des phrases comme dans l'exemple :

Ex : une table / la salle → Il y a une table dans la salle.

1. de l'eau / le verre
2. des tomates / la salade
3. des fruits / le gâteau
4. des étudiants / la rue
5. des stagiaires / le musée
6. des ingénieurs / le bureau

XIV. Reconstituez les phrases :

1. repas / simple / un / très / c'est / petit
2. amie / première / Li Ying / chez / pour / mange / fois / la /son
3. une / entrée / il / comme / salade / choisit / verte
4. délicieux / et / vraiment / raviolis / le / sont / tofu / les
5. à / ne...pas / poisson / il / le / vapeur / la / aime
6. a / fruits / encore / et / un / il / gâteau / y / des

XV. Mettez les répliques en ordre :

1. Qu'est-ce que c'est?
2. Voici le poisson à la vapeur.
3. Oui, et aussi des raviolis.
4. A table, chère amie!
5. J'adore la cuisine chinoise.
6. Ce sont des plats bien chinois.
7. Oh, il y a tant de plats!
8. C'est du tofu. Tu veux goûter?
9. Il y a encore du poisson?
10. Volontiers. Ah! C'est délicieux.

XVI. Ecoutez et indiquez vrai ou faux selon les deux dialogues de la leçon 10 :

	1	2	3	4	5	6	7	8	9	10
Vrai										
Faux										

XVII. Ecoutez et répondez à l'impératif (用命令式回答) :

Ex : — Je prends un fruit pour toi?
— Oui, prends un fruit pour moi.

XVIII. Ecoutez et mettez une croix quand vous entendez une phrase à l'impératif (听到命令句时划叉) :

1	2	3	4	5	6	7	8	9	10

XIX. Ecoutez et mettez une croix quand vous entendez un article partitif(听到部分冠词时划叉)：

1	2	3	4	5	6	7	8	9	10

XX. Ecoutez et répondez aux questions selon l'exemple：

Ex：— Est-ce que tu es chinoise? (japonaise)
— Non, je ne suis pas chinoise, je suis japonaise.

XXI. Ecoutez et complétez les phrases(补足句子)：

1. Le matin, je prends _____.
2. A midi, il mange _____.
3. Les Chinois aiment _____.
4. Nous habitons _____.
5. Les étudiants parlent _____.

XXII. Ecoutez et complétez：

J'étudie _____ à Paris. Le matin, je mange _____ les Français, je prends _____ et _____. A midi, je _____ au Resto-U. Il y a du poisson, _____, du poulet et _____. Les _____ aiment beaucoup ce _____. C'est _____. Comme _____, je prends un _____ ou un _____. Le soir, je _____ faire la cuisine _____ moi, je fais des _____ chinois _____ comme le tofu, et je bois un _____ verre _____.

XXIII. Ecoutez et répondez：Qu'est-ce qu'ils prennent?

	François	Sabine	Alain
couscous			
salade verte			
bifteck			
yaourt			
fruit			
fromage			
salade de tomates			
poisson			

Leçon 10 J'adore ça!

XXIV. Dites ce que vous aimez manger et ce que vous n'aimez pas manger(说说你爱吃什么,不爱吃什么).

XXV. Résumez les deux dialogues en quelques phrases.

XXVI. Rédigez un petit texte en utilisant les mots suivants:

Prendre, goûter, vouloir, préférer, choisir, manger.

XXVII. Regardez les images et jouez les scènes.

XXVIII. Imaginez les dialogues:

1. Deux étudiants au Resto-U.
2. 《Qu'est-ce qu'on mange ce soir?》 (Dialogue entre la mère et le fils 母子对话)

XXIX. Amusement sonore:

Didon dîne, dit-on, du dos d'un dodu dindon.
Ton thé t'a-t-il ôté ta toux?

XXX. Dictées 1 et 2.

 ## Un peu de civilisation

Menu 菜单

hors-d'œuvre
salade verte
* * *
plat principal
bifteck frites
ou
moules frites
* * *
fromage
ou
dessert
tarte
glace

Mac'Burger

hamburger	0,75 eur
frites : petite barquette	1,10 eur
grande barquette	1,90 eur
glace(chocolat, fraise ou caramel)	1,50 eur
un verre de Coca-Cola	1,50 eur

Carte des boissons 酒水单

Boisson		**Bière**	
café	1,70 eur	française	2,90 eur
thé	2,00 eur	belge	3,30 eur
chocolat	2,90 eur	anglaise	3,00 eur
eau minérale	2,80 eur		

Ça coûte combien?

 Dialogues

Mme Leblanc va au marché du quartier.

Le marchand: Bonjour, madame. Vous désirez?
Mme Leblanc: Vous avez des concombres?
Le marchand: Bien sûr.
Mme Leblanc: Je ne les vois pas.
Le marchand: Là, près des courgettes. Vous en voulez combien[1]?
Mme Leblanc: Deux, s'il vous plaît.
Le marchand: Et avec ça?
Mme Leblanc: Pour faire mon gâteau, je voudrais[2] aussi six œufs, un demi-litre de lait, de la farine...
Le marchand: Ici, on ne vend pas de farine...
Mme Leblanc: Ah! il me faut[3] encore des pommes. Ça coûte combien?
Le marchand: Pas cher, deux euros le kilo[4]. Regardez-les, elles sont belles! Vous en voulez combien?
Mme Leblanc: Deux kilos, s'il vous plaît.
Le marchand: C'est tout?
Mme Leblanc: Oui, je vous dois combien[5]?
Le marchand: Ça fait 7 euros.

Mme Leblanc: Tenez, les voilà.
Le marchand: Merci. Au revoir, madame. Bonne journée!

B

Antoine et Li Ying entrent dans une boutique de vêtements.
La vendeuse: Bonjour, monsieur, bonjour, mademoiselle. Je peux vous aider?
Antoine: Mademoiselle veut acheter une jupe.
La vendeuse: Suivez-moi, les jupes sont là.
Antoine: Regardez la jupe bleue, là, elle est jolie.
Li Ying: Je vais l'essayer.
Elle entre dans la cabine d'essayage.
Antoine (à la vendeuse): Vous avez des pantalons?
La vendeuse: Non. Les pantalons, on peut les trouver au nouveau magasin, juste à côté du restaurant 《Les deux frères》.
Antoine: Je vous remercie.
Li Ying sort de la cabine avec la jupe.
Li Ying: La jupe est belle, mais un peu serrée. Je fais du 40⁶.
Antoine: Voilà un 40, mais de couleur rouge.
Li Ying: La jupe rouge, non, je ne l'aime pas. On va chercher ailleurs.

Vocabulaire

marché *n. m.* 市场	œuf *n. m.* 鸡蛋
quartier *n. m.* 街区, 街道	demi-litre *n. m.* 半升
marchand, e *n.* 商贩	lait *n. m.* 牛奶
désirer *v. t.* 希望, 愿意, 想	farine *n. f.* 面粉
concombre *n. m.* 黄瓜	combien (de) *adv.* 多么; 多少
bien sûr *loc. adv.* 当然	vendre *v. t.* 出售
voir *v. t.* 看见	pomme *n. f.* 苹果
près de *loc. prép.* 靠近, 邻近	coûter *v. i.* 值(多少钱)
courgette *n. f.* 小西葫芦	euro *n. m.* 欧元

Leçon 11 Ça coûte combien?

kilo *n. m.* 公斤,千克(kilogramme 的缩写)	essayage *n. m.* 试衣
tout *pron. indéf.* 一切	pantalon *n. m.* 长裤
devoir *v. t.* 欠;应该;想必	trouver *v. t.* 找到;觉得
tenez *interj.* 喏,拿着	nouveau, elle *adj.* 新的
journée. *n. f.* 一天	magasin *n. m.* 商店
boutique *n. f.* 店铺	juste *adv.* 恰好
vêtement *n. m.* 衣服	à côté de *loc. prép.* 在……旁边
pouvoir *v. t.* 能够	restaurant *n. m.* 餐馆
aider *v. t.* 帮助	remercier *v. t.* 感谢
acheter *v. t.* 购买	sortir *v. i.* 走出
suivre *v. t.* 跟随;随堂上课	serré, e *adj.* 绷紧的
bleu, e *adj.* 蓝色的	couleur *n. f.* 颜色
joli, e *adj.* 漂亮的	rouge *adj.* 红色的
essayer *v. t.* 试穿;试验	chercher *v. t.* 寻找
cabine *n. f.* 小房间	ailleurs *adv.* 在别处

Notes

1. Vous en voulez combien? 您要多少?
2. Je voudrais... 我要…… voudrais 是 vouloir 的条件式现在时,口气比较委婉。
3. il me faut... 我需要…… 这是一个无人称句,il faut 后是直接宾语,me 为间接宾语人称代词。
4. 2 euros le kilo. 2欧元1公斤。le 在此是"每……","一……"的意思。
5. je vous dois combien? 我该付您多少钱?
6. Je fais du 40. 我的尺码是40号。

Vocabulaire complémentaire

bon marché *adj. inv.* 价格便宜的	bouteille *n. f.* 瓶
orange *n. f.* 橙	quelque chose *pron. indéf.* 某物,某事
autre chose 别的东西;另一回事	payer *v. t.* 付钱
robe *n. f.* 连衣裙	pomme de terre 土豆
achat *n. m.* 购买	chemise *n. f.* 衬衫
aide *n. f.* 帮助	

Un peu de phonétique
La liaison facultative（自由联诵）

有些联诵比较自由，可联可不联，主要有以下几种情况：

1. 复数名词和后面的形容词不联诵，有时为了强调数的区别，可以联诵：
   des langues / étrangères

2. 连词 et 可与前面的词联诵：
   professeurs / et étudiants

3. 某些副词和其后面的成分：
   pas / encore   assez / intéressant
   trop / épais   Il a bien / écouté.

4. 连词 mais 和其后的成分：
   mais / un jour

5. 某些介词和其补语：
   avant / une heure   après / une journée

6. 动词或助动词和其后的成分：
   Nous sommes / étudiants.   Ils sont / au bureau. Je suis / arrivé avec Paul.

一般而言，在演说、朗读时联诵较多，普通会话时联诵较少，且有逐渐减少的趋势。

Leçon 11 Ça coûte combien?

Manière de dire

Le vendeur(卖主)	L'acheteur(买主)
— Vous désirez?	— Je cherche des bandes dessinées.
— Qu'est-ce que vous désirez?	— Avez-vous de la farine?
— Est-ce que je peux vous aider?	— Je voudrais trois kilos de tomates.
— Vous désirez quelque chose?	
	— Combien ça fait?
— Ça fait...	— Combien ça coûte?
— Ça coûte...	— C'est combien?
— Ce pantalon coûte...	— Combien je vous dois?
	— Combien coûte ce pantalon?
— C'est tout?	— C'est cher.
— Et avec ça?	— Ce n'est pas cher.
— Vous désirez autre chose?	— C'est bon marché.

Micro-conversation

A	B
La vendeuse: Monsieur, vous désirez quelque chose?	*La dame*: Bonjour, monsieur. Avez-vous du vin de Bordeaux(波尔多)?
Eric: Je cherche un vélo(自行车).	*Le vendeur*: Oui, on en a. Une bouteille?
La vendeuse: Un vélo pour dames ou pour messieurs?	*La dame*: Quatre, s'il vous plaît.
Eric: C'est pour moi.	*Le vendeur*: Bien, madame. Et avec ça?
La vendeuse: Vous avez une couleur préférée?	*La dame*: Je voudrais aussi des oranges. Est-ce que vous en avez?
Eric: Non, pas vraiment.	*Le vendeur*: Bien sûr. Regardez, elles sont très belles.
La vendeuse: Le rouge, ça vous va?	*La dame*: C'est combien le kilo?
Eric: Je préfère le bleu. Il coûte cher?	*Le vendeur*: 3 euros.
La vendeuse: Pas très cher, 100 euros.	*La dame*: C'est un peu cher. Bon alors, trois kilos d'oranges.

A	B
Eric : Bon, je le prends.	*Le vendeur* : Vous voulez autre chose? *La dame* : Non, c'est tout. Je vous dois combien? *Le vendeur* : Ça fait 24 euros, s'il vous plaît.

Grammaire

I. L'article contracté(缩合冠词)

de + article défini	de + le = du	de + les = des
à + article défini	à + le = au	à + les = aux

Ex :

C'est le livre **du** professeur.

Voici le bureau **des** stagiaires.

Alice va **au** cinéma.

Attention : Le professeur présente les étudiants **à l'ami** français.

II. Les pronoms personnels compléments d'objet direct (直接宾语人称代词)

直接宾语(C.O.D.)人称代词可以代替及物动词的直接宾语,在句中置于有关动词之前,如:

Julie Jobert regarde Pierre Laforgue. Elle le regarde.

Je veux vendre la maison. Je veux la vendre.

Elle **me**（我）regarde. Elle **te**（你）regarde. Elle **le/la**（他/她）regarde.	Elle **nous**（我们）regarde. Elle **vous**（您,你们）regarde. Elle **les**（他们,她们）regarde.

Attention :

· **me, te, le, la** devant voyelle ou *h*(muet) → **m', t', l'** :

Elle **m'**aime. — Elle **t'**aime. — Elle **l'**aime.

· 直接宾语人称代词在否定句中的位置:Vous comprenez le professeur?

— Non, je ne **le** comprends pas.

· 直接宾语人称代词在命令式中的位置,me 在命令式肯定句中变为 moi:

Leçon 11 Ça coûte combien?

Excuse-moi !	Ne me cherche pas !
Excuse-le ! Excuse-la !	Ne le cherche pas ! Ne la cherche pas !
Excuse-nous !	Ne nous cherche pas !
Excuse-les !	Ne les cherche pas !

III. Les adjectifs qualificatifs(2) 〔品质形容词(2)〕

1. 少数形容词的性数变化是特殊的，如：beau，nouveau：

阳性单数	un **beau** garçon, un **bel** homme un **nouveau** magasin, un **nouvel** ami	复数	de **beaux** garçons, de **beaux** hommes de **nouveaux** magasins, de nouveaux amis
阴性单数	une **belle** fille une **nouvelle** boutique		de **belles** filles de **nouvelles** boutiques

这两个形容词阳性单数有两种形式，以元音或哑音 h 开头的阳性单数名词前要用 bel，nouvel。

Attention：不定冠词 des +复数形容词+复数名词时，**des** 要变成 **de**。

2. 有些形容词既可以放在名词前，又可以放在名词后，如：un excellent musicien, un musicien excellent.

3. 有些形容词因位置的不同，意思会发生变化，如：un grand homme（伟大的人）/un homme grand（个子高大的人）；un cher（亲爱的）ami ／ un vêtement cher（贵的）.

4. 有些形容词可以有补语，由介词 de 或 à 引出，如：

Je suis enchanté **de** faire votre connaissance. 我很高兴认识您。

Elle est très contente **de** vous. 她对您很满意。

IV. Le pronom personnel indéfini *on* （泛指人称代词 *on*）

On 在句子中只能作主语，动词用第三人称单数，主要有三种含义：

1. **On** ne travaille pas le dimanche. 人们星期天不工作。

2. **On** frappe à la porte, tu entends？ 有人敲门，你听见了吗？

3. 在口语中，on 可以代替 nous：

Nicole et moi, **on** va au cinéma ce soir. 我和尼科尔，我们今晚去看电影。

V. L'Omission de l'article(2)〔冠词的省略(2)〕

1. 作直接宾语的名词前的不定冠词或部分冠词，在否定句中要变为 de，如：

Paul prend **du** jus d'orange? — Non, Paul ne prend pas **de** jus d'orange.

As-tu **des** livres français? — Non, je n'ai pas **de** livres français.

2. 数量副词 beaucoup de, un peu de, tant de 后面的名词不用冠词，计量名词+de 后的名词也不用冠词，如：

Il y a tant **de** plats ! 　　Je boit un peu **de** vin.
J'achète un litre **de** lait. 　　Il achète un kilo **de** pommes.

3. 指称国家、大洲的阴性名词与介词连用时往往不用冠词，如：
   Il est **en** France.
   Nous allons **en** Italie.
4. de + nom sans article 起形容词作用，表示种类、材料、用途等特征，如：
   un professeur **de** français 一位法语教师
   une cabine **d'**essayage 一个试衣间
   une boutique **de** vêtements 一个服装店
   une jupe **de** couleur rouge 一条红色的裙子

Conjugaison				
sortir		suivre	
je sors	nous sortons	je suis	nous suivons
tu sors	vous sortez	tu suis	vous suivez
il sort	ils sortent	il suit	ils suivent
elle sort	elles sortent	elle suit	ils suivent
pouvoir		vendre	
je peux	nous pouvons	je vends	nous vendons
tu peux	vous pouvez	tu vends	vous vendez
il peut	ils peuvent	il vend	ils vendent
elle peut	elles peuvent	elle vend	elles vendent
voir		devoir	
je vois	nous voyons	je dois	nous devons
tu vois	vous voyez	tu dois	vous devez
il voit	ils voient	il doit	ils doivent
elle voit	elles voient	elle doit	elles doivent

 Exercices

I. Conjuguez les verbes suivants au présent de l'indicatif：

1. aller à la montagne (au magasin, aux Etats-Unis)
2. voir un ami (un médecin, le directeur)
3. pouvoir sortir (rester ici, parler maintenant)
4. acheter des pommes (des disques, deux concombres)

Leçon 11 Ça coûte combien?

5. essayer une jupe (un pantalon, des vêtements)
6. vendre une maison (des œufs, du lait)
7. sortir de la salle (du bureau, de la boutique)
8. suivre le professeur (la vendeuse, cette rue)

II. Lisez les dialogues et répondez aux questions(朗读对话并回答问题):

1. Où va madame Leblanc?
2. Combien de concombres achète-t-elle?
3. Est-ce qu'elle achète aussi des courgettes?
4. Qu'est-ce qu'elle veut encore?
5. Est-ce qu'elle trouve de la farine au marché?
6. Le marchand vend-il des pommes?
7. Sont-elles belles?
8. Combien coûtent-elles?
9. Mme Leblanc achète-t-elle un kilo de pommes?
10. Elle doit combien au marchand?

1. Avec qui Li Ying entre-t-elle dans une boutique de vêtements?
2. Qu'est-ce qu'elle veut acheter?
3. Où essaie-t-elle la jupe bleue?
4. Comment est la jupe?
5. Li Ying aime-t-elle la jupe rouge?
6. Elle l'achète ou non?
7. Que cherche Antoine?
8. Où est-ce qu'on vend les pantalons?
9. Ce nouveau magasin est-il à côté de la boutique?
10. Antoine remercie-t-il la vendeuse?

III. Transformez les phrases à la forme négative (把句子变成否定式):

1. On vend de la farine au marché.
2. Mme Leblanc trouve des œufs.
3. Elle achète des courgettes.
4. Li Ying cherche un pantalon.
5. Antoine achète une jupe.
6. Marc boit de l'eau.

7. Alice voit des livres français.
8. Ils suivent un cours d'anglais(英语课).
9. Elles mangent un gâteau.
10. Ils prennent du riz.

IV. Complétez avec un article contracté（用缩合冠词填空）：

A

1. Je vais _____ cinéma.
2. Tu travailles _____ musée du Louvre.
3. Il mange _____ Resto-U.
4. Elle va _____ Japon.
5. Nous présentons Céline _____ étudiants.
6. Vous allez _____ bureau.
7. Ils vont _____ marché.
8. Elles trouvent un beau pantalon _____ nouveau magasin.

B

1. Le marché _____ quartier est loin d'ici.
2. Il habite près _____ cinéma.
3. Voilà le livre _____ professeur.
4. Le restaurant est à côté _____ musée.
5. Les stagiaires sortent _____ bureau.
6. Voyez-vous les vendeuses _____ magasin?
7. Nous venons _____ Etats-Unis.
8. Voici le bureau _____ employés.

V. Ecrivez correctement les adjectifs entre parenthèses（正确写出括号内的形容词）：

1. La cuisine chinoise est (délicieux).
2. Votre maison est (grand).
3. Nous étudions la (premier) leçon.
4. C'est une (bon) interprète.

5. Ce sont des musiciennes (anglais).
6. C'est un (nouveau) étudiant.
7. Elle n'aime pas la couleur (vert).
8. Il y a une (grand) salle à côté du bureau.
9. Je vois deux (jeune) filles.
10. Elle a des jupes (bleu).

Leçon 11 Ça coûte combien?

11. Les photos sont très (beau).
12. Les boutiques ne sont pas (petit).
13. Les garçons sont (jeune).
14. Ils ont une (joli) maison.
15. Allons voir la (beau) Tour Eiffel.

VI. Complétez les phrases avec un pronom C.O.D.（用直接宾语人称代词填空）:

1. Sabine? Je ne _____ vois pas.
2. Pardon, monsieur. Pouvez-vous _____ aider?
3. La jupe est jolie. Je _____ prends.
4. Les pommes sont belles. Regardez- _____.
5. Voici un plat chinois. Vous voulez _____ goûter?
6. M. et Mme Leblanc _____ aident beaucoup. Je vais _____ remercier.
7. Ce pantalon est un peu serré. Je ne veux pas _____ prendre.
8. La robe verte est très jolie. Je veux _____ acheter.

VII. Répondez en employant un pronom C.O.D.（用直接宾词人称代词回答）:

1. Marie adore le vin français?
2. Vous aimez les fruits?
3. Ils cherchent Alice et Marc?
4. Ils aiment les musées?
5. Tu vas voir Pascal?
6. Vous essayez ce pantalon?
7. Tu choisis cette jupe?
8. Aides-tu les nouveaux étudiants?
9. Voulez-vous me suivre?
10. Tu es content de rencontrer Li Ying?

VIII. Formez des phrases comme dans l'exemple:

Ex: le marchand / vendre / tomates, concombres
→ Le marchand vend des tomates et des concombres.

1. Mme Leblanc / acheter / œufs, pommes de terre
2. Antoine / essayer / chemise, pantalon
3. Li Ying / sortir / cabine d'essayage
4. Les deux jeunes filles / suivre / vendeuse
5. Les secrétaires / aller / bureau
6. Les informaticiens / pouvoir / aider les stagiaires

IX. Complétez les phrases en choisissant l'un des verbes donnés(用给出的动词填空)：

acheter, vendre, pouvoir, vouloir, sortir, entrer

1. Est-ce que tu _____ m'aider?
   — Non, je ne _____ pas, je ne suis pas libre en ce moment.
2. Il est midi. Les employés _____ du bureau pour déjeuner.
3. Ils _____ une jolie maison dans le quartier.
4. M. et Mme Martin _____ dans un restaurant avec Nicole.
5. _____-vous essayer la jupe rouge?
6. On _____ des concombres au marché.

X. Complétez le dialogue avec un mot qui convient：

— Bonjour, monsieur! Je voudrais _____ concombre et _____ demi-kilo de pommes de terre, s'il vous plaît.
— _____ Voilà.
— Et les tomates, _____ coûte combien?
— 3 euros _____ kilo.
— Oh! C'est cher!
— Oui, mais elles sont belles.
— _____ courgettes sont chères aussi?
— Elles sont bon marché.
— Et les oranges, _____ coûtent combien?
— 1 euro _____ kilo.
— D'accord, _____ kilo d'oranges.

XI. Retrouvez la question(提出问题)：

1. _____?
   — Je voudrais des courgettes et des tomates.
2. _____?
   — Ça fait 8 euros.
3. _____?
   — La robe bleue? Elle coûte 20 euros.
4. _____?
   — Je voudrais encore un litre de lait.
5. _____?
   — Bien sûr, vous pouvez l'essayer.

Leçon 11 Ça coûte combien?

XII. Formez des phrases comme dans l'exemple：

Ex：bureau / directeur → C'est le bureau du directeur.

1. société / m. Leman
2. appareils / informaticien
3. salle / étudiants
4. cabine / ingénieurs
5. maison / médecin
6. photos / musicienne
7. jupes / filles
8. boutique / mon oncle
9. magasin / Mme Morin
10. restaurant / université

XIII. Répondez aux questions à la forme négative(用否定式回答问题)：

1. Y a-t-il des étudiants dans la salle de classe?
2. Est-ce qu'on vend de la farine au marché?
3. Organisez-vous une soirée demain?
4. Voulez-vous du café?
5. Prenez-vous du thé?
6. La fille de Marie fait-elle du sport?
7. Prennent-ils de la salade?
8. Veux-tu acheter des pommes?
9. Voit-elle des peintres au musée?
10. Pouvons-nous trouver des maisons dans la montagne?

XIV. Mettez les répliques en ordre：

1. Merci, madame. Au revoir.
2. Dans la boutique de vêtements, au bout de cette rue.
3. Euh... Ce n'est pas pour moi, c'est pour une fille très grande.
4. Bonjour, mademoiselle. Qu'est-ce que vous désirez?
5. Je suis désolée. Je n'ai pas de grande taille.
6. La jupe rouge, là, vous l'aimez?
7. Je voudrais une jupe.
8. Au revoir, mademoiselle. Bonne journée!
9. Où est-ce que je peux en trouver?

XV. Complétez les phrases：

1. Li Ying est _____ de faire votre connaissance.

2. Bonjour, madame Durand. Tout va bien _____ vous?
3. Elle achète deux bouteilles _____ vin rouge.
4. La robe a une _____ couleur. Regardez-_____.
5. Il mange _____ pain et boit un verre _____ lait.
6. M. Wang nous offre _____ beau cadeau, remercions-_____.
7. Voyez-vous _____ salle 206? Elle est juste _____ bureau du directeur.
8. Ici, on ne vend pas _____ vêtements pour dames. Allons chercher _____.

XVI. Ecoutez et indiquez vrai ou faux selon les deux dialogues de la leçon 11:

	1	2	3	4	5	6	7	8	9	10
Vrai										
Faux										

XVII. Ecoutez et répondez avec un pronom C.O.D.:

Ex: Vous aimez la France? — Oui, je l'aime.

XVIII. Ecoutez et mettez une croix quand vous entendez un article contracté(听到缩合冠词时划叉):

1	2	3	4	5	6	7	8	9	10

XIX. Ecoutez et répondez selon l'exemple:

Ex: Est-ce que la maison de Bruno est grande? — Oui, il a une grande maison.

XX. Ecoutez et répondez aux questions selon l'exemple:

Ex: Est-ce que tu manges du pain? (du riz) — Non, je ne mange pas de pain, je mange du riz.

XXI. Ecoutez: Qu'est-ce qu'ils achètent? Et combien ils paient? (他们买什么？付多少钱？)

	Qu'est-ce qu'ils achètent?	Combien ils paient?
Patricia		
Marina		
Mme Leblanc		
Antoine		
Pascal		

Leçon 11 Ça coûte combien?

XXII. Ecoutez et complétez:

　　　　Madame Leblanc fait des achats au _____, car Li Ying vient _____ à la maison. Elle prend un _____ de courgettes, 4 _____ et 12 _____. Elle achète encore un _____ et _____ poissons. Elle ne _____ pas de fromage: Li Ying n'_____ pas ça. Mais elle achète des _____ et des _____. Elle va encore au _____ près de chez elle pour acheter deux bouteilles de _____.

XXIII. Ecoutez et répondez selon l'exemple:

　　Ex: Où allez-vous? (Canada). → Je vais au Canada.

XXIV. Ecoutez et répondez selon l'exemple:

　　Ex: Cherchez-vous un restaurant? (grand) — Oui, je cherche un grand restaurant.

XXV. Résumez les deux dialogues en quelques phrases.

XXVI. Rédigez un petit texte en utilisant les mots suivants:

　　Acheter, essayer, chercher, pouvoir, vendre, sortir, aller, désirer.

XXVII. Regardez les images et jouez les scènes.

XXVIII. Imaginez les dialogues:

1. M. et Mme Leblanc font des achats au marché.
2. Vous allez dans un magasin de cadeaux.

XXIX. Amusement sonore:

Dis-moi, gros et gras gardien: combien de grands gorilles gardes-tu dans ton garage?

Quatre coqs coquets croquent quatre coquilles croquantes.

XXX. Dictées 1 et 2.

Un peu de civilisation

Ticket de caisse 购物收费小票

```
        GALERIES LAFAYETTE
    40 Bld HAUSSMANN 75009 PARIS
       Tel : 01-42-82-34-56
       Siret B54 209 406 5

       20      01     0258 0032 151

  228 FOULARD/CHAPEAU *ART 1      10,00 €
      38473740

  TOTAL           EUR         10,00
  TOTAL           FRF         65,60
      EUR 1 = FRF 6,55957

  ESPECES EUR                 10.00 0

  XXXXXXXXXXXXXXXXXXXXXXXXXXXXXXX
  tva à 19,60%                 1,64 €
        TOTAL TVA              1,64 €
        TOTAL HT               8,36 €
  XXXXXXXXXXXXXXXXXXXXXXXXXXXXXXX

     ticket à conserver par le client

        MERCI DE VOTRE VISITE
     THANK YOU FOR SHOPPING WITH US

       LE 20/03/2004 A 18H55
```

Janvier 2002, le franc français disparaît. Les échanges ont lieu en euros.

1 euro = environ 6,56 F.

euro 欧元(€)

Leçon 12

Ne quittez pas...

 **Dialogues**

A

Wang Gang vient d'arriver en France. Il téléphone au Crédit lyonnais.

L'employée : Allô! Crédit lyonnais, bonjour.

Wang : Bonjour, madame. Je voudrais ouvrir un compte dans votre banque.

L'employée : Eh bien, vous pouvez prendre rendez-vous avec Mme Lambert, du service clientèle[1].

Wang : Très bien.

L'employée : Ne quittez pas, je vous passe Mme Lambert[2]... Je suis désolée, monsieur, Mme Lambert est en ligne, elle va vous rappeler dans quelques minutes. Vous voulez bien nous laisser votre numéro de téléphone?

Wang : Oui, c'est le 01 44 76 58 94.

Trois jours plus tard[3], dans le bureau de Mme Lambert.

Mme Lambert : Montrez-moi votre passeport et votre carte de séjour, s'il vous plaît. Vous souhaitez ouvrir un compte courant[4] ou un compte sur livret[5]?

Wang: Les deux.

Mme Lambert: Vous voulez aussi un chéquier et une carte bleue[6]?

Wang: Un chéquier, ça me suffit. Quand est-ce que je peux l'avoir?

Mme Lambert: Venez le chercher dans une semaine.

B

Wang: Allô! C'est moi, Wang Gang.

Marina: Salut, Wang. Tu es déjà de retour?

Wang: Oui, je rentre de Venise.

Marina: Comment est-ce que tu trouves cette ville?

Wang: Magnifique! Je vais te raconter mon voyage un de ces jours[7]. Je t'appelle pour te demander un renseignement. Tu connais l'adresse électronique de Nicole? J'ai un message à lui envoyer aujourd'hui[8].

Marina: Attends un peu. Je vais consulter mon carnet. L'adresse de Nicole... Ah, la voilà! Ecoute bien, c'est Nicole/point/L/arobase/spidernet/point/fr.

Wang: Merci beaucoup. Tu sais, j'ai quelque chose pour toi, un petit souvenir... A bientôt donc!

Vocabulaire

venir v.i. 来	quelques adj. indéf. pl. 几个,少量
téléphoner v.i. 打电话	minute n.f. 分钟
ouvrir v.t. 打开,开	laisser v.t. 留;留下
compte n.m. 账户	numéro n.m. 号,号码
banque n.f. 银行	téléphone n.m. 电话
service n.m. 服务;处,科,部门	jour n.m. 天,日
clientèle n.m. (集合名词)顾客	plus adv. 更
quitter v.t. 离开	tard adv. 晚
passer v.t. ou v.i. 传递;度过;到……去	montrer v.t. 出示,给……看
ligne n.f. 线路,线	passeport n.m. 护照
rappeler v.t. 再打电话给某人	carte n.f. 卡片;证件
dans prép. (表示时间)……之后	souhaiter v.t. 希望;祝愿

Leçon 12 Ne quittez pas...

sur *prép.* 在……上面；关于
chéquier *n. m.* 支票簿
suffire *v. i.* 足够
quand *adv. interr.* 什么时候
semaine *n. f.* 星期
retour *n. m.* 返回
rentrer *v. i.* 回来；回家
ville *n. f.* 城市
magnifique *adj.* 极美的；宏伟壮丽的
raconter *v. t.* 讲述
voyage *n. m.* 旅行
appeler *v. t.* 叫，招呼；打电话给某人
demander *v. t.* 问；要求
renseignement *n. m.* 情况

connaître *v. t.* 认识，了解
adresse *n. f.* 地址
électronique *adj.* 电子的
message *n. m.* 信件，邮件
envoyer *v. t.* 寄，送
aujourd'hui *adv.* 今天
attendre *v. t.* 等待
consulter *v. t.* 查询
carnet *n. m.* 记事本
arobase *n. m.* 符号@
savoir *v. t.* 知道；会
souvenir *n. m.* 纪念品；回忆
bientôt *adv.* 不久，马上
à bientôt 回头见

Noms propres

le Crédit lyonnais 里昂信贷银行   Venise 威尼斯

Notes

1. avec Mme Lambert, du service clientèle 跟客服部的朗贝尔夫人
2. Ne quittez pas, je vous passe Mme Lambert... 请稍等，我请朗贝尔夫人接电话……
3. Trois jours plus tard 三天后
4. compte courant 结算账户
5. compte sur livret 储蓄账户
6. carte bleue 蓝卡（信用卡的一种）
7. un de ces jours 近日
8. J'ai un message à lui envoyer aujourd'hui. 今天我有封邮件要发给她。
   avoir qch + infinitif 表示有什么事要做。动词不定式必须是及物动词，句中变位动词 avoir 的直接宾语也是动词不定式的直接宾语。

Vocabulaire complémentaire

universitaire *adj.* 大学的
client, e *n.* 顾客,客户
sous *prép.* 在……下面
matin *n.m.* 早上

chose *n.f.* 东西,事情
lettre *n.f.* 信
bonsoir *n.m.* 晚安

Un peu de phonétique
Les voyelles nasales dans la liaison(鼻化元音在联诵中)

1. 保留鼻化元音：

en été　　　　　　　son oncle　　　　　　un étudiant
[ɑ̃-ne-te]　　　　　　[sɔ̃-nɔ̃kl]　　　　　　[œ̃-ne-ty-djɑ̃]

bien entendu　　　　rien à faire
[bjɛ̃-nɑ̃-tɑ̃-dy]　　　　[rjɛ̃-na-fɛːr]

2. 失去鼻化元音：

bon appétit　　　　　en plein hiver　　　　le Moyen-Age
[bɔ-na-pe-ti]　　　　　[ɑ̃-plɛ-ni-vɛːr]　　　　[lə-mwa-jɛ-naːʒ]

Manière de dire

Demander des renseignements	
— Pardon, monsieur, pour aller à la Place Tian An Men, s'il vous plaît?	— Vous avez l'heure?
— Excusez-moi, madame, la rue Mouffetard, s'il vous plaît?	— Est-ce que tu connais l'adresse de M. Leblanc?
— Pardon, mademoiselle, où est l'Université de Wuhan?	— Est-ce que la banque ouvre aujourd'hui, s'il vous plaît?
— Vous pouvez me montrer le Louvre, s'il vous plaît?	— Je peux vous demander un renseignement?
— Le Restaurant universitaire, c'est ici?	
— Comment on va à la Tour Eiffel, s'il vous plaît?	

Leçon 12 Ne quittez pas...

Micro-conversation

A	B
—Allô? Philippe? —Non, c'est son père. C'est de la part de qui?（您是哪一位？） —De Camille, est-ce que je peux parler à Philippe, s'il vous plaît? —Bien sûr. Une minute. —Salut, Philippe, c'est Camille à l'appareil. Bon anniversaire! —Merci. Qu'est-ce que tu attends pour venir? —Où habites-tu? C'est à quelle adresse? —Tu es où maintenant? —Devant le Café Joseph. —Eh bien, tu prends la première rue à gauche, et c'est 8, rue Saint-Pierre.	—Allô? Excusez-moi, madame, je voudrais parler à Mme Morin, s'il vous plaît. —C'est moi-même(我就是).Vous êtes monsieur...? —Jean-Marie Constant. Je cherche une maison, et... —Oui, j'ai une maison à vendre en banlieue（在郊区）. Vous voulez l'acheter? —Je ne sais pas. Elle est chère? —Non, mais elle n'est pas très grande. —Elle est loin de Paris? —Pas très loin. —Vous pouvez me montrer cette maison? —Oui, je vous attends demain matin à dix heures.

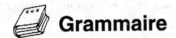
Grammaire

I. Le passé immédiat（最近过去时）

最近过去时表示过去刚刚完成的动作。它的构成是：*venir + de + infinitif*.

Ex：Nous venons d'offrir un cadeau d'anniversaire à Marie.

　　C'est un bon livre, je viens de l'acheter.

动词 venir 在这里起半助动词的作用，已失去原意，试比较：

Je viens de Paris. 我从巴黎来。/ Je viens d'arriver à Paris. 我刚到巴黎。

II. Le futur immédiat（最近将来时）

最近将来时表示即将发生的动作或状态，口语中用的很多。它的构成是：*aller + infinitif*.

Ex：Pierre et Julie vont dîner dans un restaurant chinois demain soir.

　　La photo de ce garçon? Je vais la montrer à mon oncle.

动词 aller 在这里起半助动词的作用，已失去原意，试比较：

Il va au musée. 他去博物馆。/ Il va visiter le musée ce soir. 他今晚将参观博物馆。

Attention：aller + infinitif 也有去做……的意思，例如：Attendez-moi, je vais acheter un

113

journal. 等等我, 我去买份报纸。

III. Les pronoms personnels compléments d'objet indirect（间接宾语人称代词）

1. Formes

Singulier		Pluriel	
me (m')	我	nous	我们
te (t')	你	vous	你们；您
lui	他；她	leur	他们；她们

2. Emploi

间接宾语(C.O.I)人称代词代替由介词 à 引出的及物动词的间接宾语。和直接宾语人称代词一样，间接宾语人称代词也放在相关动词的前面。

Ex：

a) — Est-ce que Bruno présente les nouveaux stagiaires **à Patricia**?

— Oui, Bruno **lui** (= à Patricia) présente les nouveaux stagiaires.

b) — Allez-vous téléphoner **aux professeurs**?

— Oui, je vais **leur** (= aux professeurs) téléphoner bientôt.

IV. L'attribut du C.O.D.（直接宾语的表语）

法语中有些动词的直接宾语可以有表语，表示该宾语的特征、状态以及句子主语对宾语的印象或看法等。faire, choisir, voir, trouver, savoir, nommer(任命)便属于这类动词。

Ex： — Comment trouvez-vous les jupes de Céline?

— Je les trouve très jolies.

On vient de la nommer directrice.

Attention：直接宾语的表语要与直接宾语同性同数。

attendre 的变位同 vendre, offrir 的变位同 ouvrir。

Conjugaison			
suffire		savoir	
je suffis	nous suffisons	je sais	nous savons
tu suffis	vous suffisez	tu sais	vous savez
il suffit	ils suffisent	il sait	ils savent
elle suffit	elles suffisent	elle sait	elles savent
envoyer		ouvrir	
j'envoie	nous envoyons	j'ouvre	nous ouvrons
tu envoies	vous envoyez	tu ouvres	vous ouvrez
il envoie	ils envoient	il ouvre	ils ouvrent
elle envoie	elles envoient	elle ouvre	elles ouvrent

Leçon 12 Ne quittez pas...

Conjugaison			
venir		connaître	
je viens	nous venons	je connais	nous connaissons
tu viens	vous venez	tu connais	vous connaissez
il vient	ils viennent	il connaît	ils connaissent
elle vient	elles viennent	elle connaît	elles connaissent

 Exercices

I. Conjuguez les verbes suivants au présent de l'indicatif:

1. montrer une photo (la carte de séjour, le chéquier) à Pierre
2. ouvrir un compte (un livre, la porte 门)
3. demander un renseignement (un service, une adresse) à l'employé
4. envoyer une carte (une lettre, des vêtements) à ce garçon
5. attendre un ami (une jeune fille, le retour de Wang Gang)
6. connaître ce médecin (les employés de la banque, ce pays)
7. venir de France (du Canada, en Chine)
8. savoir l'anglais (le nom du professeur, faire la cuisine)

II. Lisez les dialogues et répondez aux questions:

A

1. Dans quelle banque Wang Gang veut-il ouvrir un compte?
2. Téléphone-t-il au Crédit Lyonnais?
3. Avec qui Wang Gang peut-il prendre un rendez-vous?
4. Qui est Mme Lambert?
5. Quand Wang Gang voit-il Mme Lambert?
6. Wang Gang lui montre-t-il son passeport?
7. Est-ce qu'il souhaite ouvrir un compte courant?
8. Veut-il aussi une carte bleue?
9. Est-ce qu'un chéquier lui suffit?
10. Quand est-ce que Wang Gang peut avoir son chéquier?

B

1. A qui Wang Gang téléphone-t-il?
2. De quelle ville rentre-t-il?

3. Comment trouve-t-il cette ville?
4. Aujourd'hui, va-t-il raconter son voyage à Marina?
5. Pourquoi appelle-t-il Marina?
6. Marina connaît-elle l'adresse électronique de Nicole?
7. Qu'est-ce que Marina cousulte?
8. Quelle est l'adresse électronique de Nicole?
9. Wang a-t-il un message à envoyer à Nicole?
10. Est-ce que Wang a quelque chose à offrir à Marina?

III. Répondez aux questions suivantes:

1. Qu'est-ce que tu vas faire après le cours?
2. Qu'est-ce que vous allez faire après le déjeuner?
3. Qu'est-ce que les étudiants vont faire ce soir?
4. Qu'est-ce que tu vas faire après le dîner?
5. Qu'est-ce que vous allez faire demain?
6. Est-ce qu'on va organiser une soirée pour les nouveaux stagiaires?
7. Ce couple chinois va-t-il faire des raviolis pour les Leblanc?
8. Mme Leblanc va-t-elle acheter de la farine?
9. Li Ying va-t-elle rentrer en Chine?
10. Wang Gang va-t-il envoyer un message à Nicole?

IV. Transformez comme dans l'exemple:

Ex: Marie arrive à la gare. → Elle vient d'arriver à la gare.

1. Sophie ouvre le livre.
2. L'employée téléphone à Wang Gang.
3. Mme Lambert rappelle son client.
4. Wang Gang prend rendez-vous avec Mme Lambert.
5. Patricia quitte le bureau.
6. Antoine et Li Ying entrent dans le restaurant.
7. Les jeunes filles sortent du magasin.
8. Paul et Alice prennent le petit déjeuner.
9. Les étudiants font un stage dans cette société.
10. Il rentre d'Allemagne.

V. Répondez comme dans l'exemple:

Ex: Est-ce que tu vas voir le médecin?
— Non, je viens de le voir.

1. Est-ce que tu vas voir la secrétaire?

Leçon 12 Ne quittez pas...

2. Est-ce que tu vas rappeler Marie et Yves?
3. Est-ce que vous allez prendre votre chéquier?
4. Est-ce que Mme Yang va consulter son carnet?
5. Est-ce que Mme Zhou va envoyer la lettre?
6. Est-ce qu'ils vont demander le numéro de téléphone de M. Tian?

**VI. Qu'est-ce qu'ils viennent de faire? Qu'est-ce qu'ils font?
Qu'est-ce qu'ils vont faire?
Rédigez de courts récits selon l'exemple**（依例写短文）：

Ex：

Un moment avant （之前）	Maintenant	Un moment après （之后）
Marc prend un verre. ↓	Il boit du jus de fruits. ↓	Il téléphone à Louis. ↓
Il vient de prendre un verre.	Il est en train de（正在）boire du jus de fruits.	Plus tard, il va téléphoner à Louis.

Michel achète un disque.	Il écoute ce disque.	Il montre ce disque à Yves.
Alice arrive en Chine.	Elle déjeune.	Elle téléphone à son amie chinoise.
Eric sort du bureau.	Il attend l'autobus（公共汽车）.	Il arrive à la gare.
Wang Lin quitte la maison.	Il cherche le Crédit Lyonnais.	Il ouvre un compte courant.
M. et Mme Leblanc entrent dans une boutique.	Ils essayent des pantalons.	Ils achètent deux pantalons.
Les amis trouvent la maison des Zhang.	Ils boivent du thé.	Ils dînent au restaurant.

VII. Transformez les phrases selon l'exemple：

Ex：Bruno fait des cadeaux à Wang et Li.
→ Il leur fait des cadeaux.

1. Antoine présente Céline à Marina et Alice.
2. Pascal montre un beau pantalon à son frère.
3. Nicole téléphone à Céline.
4. Marina demande un service à son amie.
5. Il montre la carte d'étudiant à l'employée.
6. Le professeur raconte son voyage aux étudiants.
7. Je passe du pain à mon oncle.

8. La vendeuse vient de vendre des chemises aux clients.

9. Nicole souhaite bon voyage à Wang Gang.

10. Nous envoyons des messages aux amis français.

VIII. Répondez en employant le pronom C.O.I.（用间接宾语人称代词回答）：

1. Est-ce qu'elle montre son passeport à l'employé?

2. Est-ce que tu parles à Wang Gang?

3. Est-ce qu'il envoie un message à Paul?

4. Est-ce qu'ils offrent un cadeau à Hélène?

5. Est-ce que le marchand vend des pommes à Mme Leblanc?

6. Est-ce que tu vas téléphoner à M. et Mme Leblanc?

7. Voulez-vous me raconter votre voyage?

8. Pouvez-vous laisser votre numéro de téléphone à Li Ying et Marina?

9. Est-ce que je peux demander un renseignement à la secrétaire?

10. Peux-tu répéter encore une fois l'adresse électronique aux ingénieurs?

IX. Remplacez les mots soulignés par un pronom（用一个代词替代划线词）：

1. Tu prends ce carnet?   — Oui, je prends <u>ce carnet</u>.

2. Tu aimes le français?   — Oui, j'adore <u>le français</u>.

3. C'est l'anniversaire de Julie. Pascal offre un cadeau <u>à Julie</u>.

4. Es-tu contente de connaître Marina?

   — Oui, je suis contente de connaître <u>Marina</u>.

5. Wang Gang rencontre Marina. Il raconte son voyage <u>à Marina</u>.

6. Pierre cherche Alice, mais il ne trouve pas <u>Alice</u>.

7. Comment trouvez-vous la place Tian An Men?

   — Je trouve <u>la place Tian An Men</u> magnifique.

8. Comment trouve-t-elle ce pantalon?

   — Elle trouve <u>ce pantalon</u> un peu serré.

X. Trouvez la réplique avec 《pronom + voilà》（用代词 + **voilà** 回答）：

Ex：Où est votre professeur d'anglais?   — Le voilà.

1. Où est ton professeur de français?

2. Où est votre boutique?

3. Où sont Marie et Paul?

4. Où est ton appareil photo?

5. Où est votre cabine d'essayage?

6. Où sont M. et Mme Durand?

Leçon 12 Ne quittez pas...

XI. Complétez avec un infinitif（用动词不定式填空）:

1. J'ai un petit souvenir à te _____.
2. Après la classe（课后）, j'ai deux dialogues à _____.
3. Il a un renseignement à vous _____.
4. Avez-vous une maison à _____?
5. Nous avons des photos à te _____.
6. Les étudiants ont-ils des exercices à _____?

XII. Complétez avec une préposition:

1. Les ingénieurs travaillent _____ cette salle.
2. Il y a des pommes et des tomates _____ la table.
3. Le marché n'est pas loin _____ ici.
4. Je voudrais prendre un rendez-vous _____ le directeur.
5. Il va rentrer de Venise _____ deux jours.
6. Le directeur consulte son carnet, puis parle _____ l'employée.
7. Où est mon crayon? Ah! il est _____ ce carnet.
8. Antoine est un ingénieur français, il vient _____ France.

XIII. Complétez avec une de ces expressions:

être en ligne	plus tard	un de ces jours
être de retour	un peu	dans quelques minutes

1. Venez chercher votre carte bleue _____.
2. Parlez-vous allemand? — Oui, je parle _____.
3. M. le directeur n'est pas là, mais il arrive _____.
4. Marc va nous raconter son voyage: il _____.
5. Vous voulez parler avec la secrétaire? Je suis désolé, elle _____ maintenant.
6. Caroline arrive à la gare; cinq minutes _____, Marc arrive aussi.

XIV. Répondez comme dans l'exemple:

Ex: Une pomme, ça te suffit? (une orange)

— Non, je veux aussi une orange.

1. Un livre, ça te suffit? (un disque)
2. Un yaourt, ça te suffit? (du fromage)
3. Six œufs, ça lui suffit? (un demi-litre de lait)
4. Deux concombres, ça vous suffit? (un kilo de tomates)
5. Un bureau, ça leur suffit? (une salle de réunion 会议室)
6. Un chéquier, ça vous suffit? (une carte bleue)

XV. Complétez avec un de ces verbes :

| souhaiter | savoir | connaître |
| suffire | ouvrir | envoyer |

1. Veux-tu encore du riz? — Non, ça me _____.
2. Paul, je te présente Marina, étudiante italienne. — Très content de vous _____.
3. Wang Lan _____ faire un voyage en France.
4. Mme Durand _____ quelques livres d'histoire à sa fille.
5. On va _____ un restaurant dans ce quartier.
6. _____-vous le nom de l'employé? — Oui, c'est Guy Dubois.

XVI. Ecoutez et indiquez vrai ou faux selon les deux dialogues de la leçon 12 :

	1	2	3	4	5	6	7	8	9	10
Vrai										
Faux										

XVII. Ecoutez et répondez avec un pronom C.O.I. (用间接宾语回答)：

Ex: Est-ce que tu peux téléphoner à Céline? — Oui, je peux lui téléphoner.

XVIII. Ecoutez et mettez une croix quand vous entendez un pronom C.O.I. (听到间接宾语时划叉)：

1	2	3	4	5	6	7	8	9	10

XIX. Ecoutez et répondez avec le passé immédiat (用最近过去时回答)：

Ex: Est-ce que tu vas appeler Céline? — Non, je viens de l'appeler.

XX. Ecoutez et répondez avec le futur immédiat (用最近将来时回答)：

Ex: Est-ce que tu viens d'appeler Li Ying? — Non, je vais l'appeler.

Leçon 12 Ne quittez pas...

XXI. Ecoutez et remplissez la grille（填表）:

	A qui veut-on téléphoner?
1	
2	
3	
4	
5	
6	

XXII. Ecoutez et remplissez la grille : Quel renseignement demande-t-on?（填表：询问内容）

1	
2	
3	
4	
5	
6	
7	
8	

XXIII. Ecoutez et complétez :

Céline : _____, c'est Antoine?

Antoine : Oui, c'est moi, Céline.

Céline : _____, Antoine, _____ je ne peux pas aller _____ toi pour _____ ton anniversaire.

Antoine : Comment ça? Tu ne _____ pas venir?

Céline : Non, un ami chinois _____ arriver en France. Il ne _____ pas la France, donc il va venir _____ moi pour des _____. Je suis _____.

Antoine : Mais tu peux _____ venir avec lui, on va _____ attendre.

Céline : Merci. A _____.

XXIV. Ecoutez les numéros de téléphone suivants et notez-les(记下电话号码)：

XXV. Résumez les deux dialogues en quelques phrases.

XXVI. Rédigez un petit texte en utilisant les mots suivants：

Venir de + infinitif, aller + infinitif, suffire, savoir, envoyer, ouvrir, montrer, passer, laisser, connaître.

XXVII. Imaginez les dialogues：

1. Vous expliquez(解释)à un étranger comment on téléphone en Chine et de Chine à l'étranger.
2. Marina téléphone à Antoine pour un renseignement.

XXVIII. Regardez les images et jouez les scènes.

XXIX. Amusement sonore：

Un chasseur, qui chasse sans son chien, fait sécher ses chaussettes sur une souche sèche.

XXX. Dictées 1 et 2.

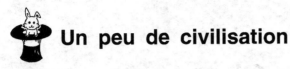 Un peu de civilisation

Un numéro de téléphone français a 10 chiffres, comme 01 46 74 34 98.
Le zéro, le numéro de la région et le numéro de l'abonné.
De l'étranger vers la France, on fait le 0033, l'indicatif de la région sans le zéro, et le numéro de l'abonné.
Exemple: Pour appeler le musée du Louvre, on fait(compose) le 0033-1-40205760.
De la France vers l'étranger, on fait le 00 pour sortir de France, le numéro du pays, l'indicatif de la ville et le numéro de l'abonné.
Exemple: Pour appeler le département de français de l'Université de Pékin, on fait le 0086-10-62751678. Attention! Les numéros de téléphone des portables commencent par 06 ou 07.

Leçon 13

C'est une saison très agréable.

Dialogues

A

Nicole : Wang, c'est bientôt les vacances. Tu vas rentrer en Chine cet été ?

Wang : Non. Et toi, qu'est-ce que tu comptes faire ?

Nicole : Stéphane et moi, on prévoit de faire un voyage à Beijing. On part dans deux semaines. Toi, tu viens de Beijing, peux-tu nous donner des informations sur le climat là-bas ?

Wang : Absolument. A Beijing, il fait très chaud en été, avec beaucoup de soleil, surtout au mois d'août.

Nicole : Y-a-t-il beaucoup de touristes en cette saison ?

Wang : Oui, il y en a énormément.

Nicole : Quel temps fait-il alors en automne ?

Wang : C'est une saison très agréable. Il fait souvent très beau. Mais il pleut beaucoup.

Nicole : Et en hiver, il fait très froid à Beijing ?

Wang : Oui, il neige, et parfois il gèle.

Nicole : Alors il faut aller à Beijing au printemps ?

Wang : Mais au printemps il y a souvent beaucoup de vent. Tu vois, rien n'est parfait

Leçon 13 C'est une saison très agréable.

en ce monde.

Antoine: Marina, tu viens avec nous demain pour le pique-nique?

Marina: Euh, je ne sais pas… C'est où le pique-nique?

Antoine: A la campagne.

Marina: Il va faire froid demain? Est-ce que je prends un pull?

Antoine: Oui, tu peux en prendre un.

Marina: Que dit la météo pour la journée de demain?

Antoine: Dans cinq minutes, on va annoncer les prévisions météorologiques à la télé.

《Demain, dans la matinée, temps couvert sur l'ensemble du pays sauf sur la Côte d'Azur. Il va faire 14 à 20 degrés. Dans l'après-midi, le ciel va rester nuageux sur la côte ouest. Dans le nord, ciel nuageux. Pluie sur la Bretagne…》

Vocabulaire

vacances *n.f.pl.* 假期
été *n.m.* 夏季
compter *v.t.* ou *v.i.* 计算；打算
prévoir(de) *v.t.* 预见；准备
partir *v.i.* 动身，出发
donner *v.t.* 给予
information *n.f.* 情况
climat *n.m.* 气候
là-bas *adv.* 在那儿
absolument *adv.* 绝对地，当然；非……不可
chaud, e *adj.* 热的；保暖的
soleil *n.m.* 太阳；阳光
surtout *adv.* 特别，尤其

mois *n.m.* 月
août *n.m.* 八月
touriste *n.* 旅游者
saison *n.f.* 季节
en *prép.* 在……(表示地点)；在……时候，在……时间内
énormément (de) *adv.* 庞大地；非常
sauf *prép.* 除了
temps *n.m.* 天气；时间
automne *n.m.* 秋季
agréable *adj.* 宜人的
souvent *adv.* 经常地
pleuvoir *v. impers.* 下雨

hiver *n. m.* 冬季
froid, e *adj.* 冷的；不保暖的
neiger *v. impers.* 下雪
parfois *adv.* 有时
geler *v. impers.* 结冰
printemps *n. m.* 春季
vent *n. m.* 风
rien (ne)... *pron. indéf.* 没有什么东西，没有什么事情
parfait, e *adj.* 完美的
monde *n. m.* 世界；人世；人，人们
pique-nique *n. m.* 野餐
campagne *n. f.* 田野；乡下
pull (pull-over 的缩写) *n. m.* (俗)套头衫
dire *v. t.* 说
météo *n. f.* 气象学；气象台

annoncer *v. t.* 宣布
prévision *n. f.* 预见，预报
météorologique *adj.* 气象的
télé (télévision 的缩写) *n. f.* (俗)电视；电视机
matinée *n. f.* 上午
couvert, e *adj.* 布满的；阴(天)的
ensemble *n. m.* 全部；总体
côte *n. f.* 海岸
degré *n. m.* 度
ciel *n. m.* 天空
rester *v. i.* 呆，停留
nuageux, se *adj.* 多云的
ouest *adj. inv. et n. m.* 西(的)，西部(的)
nord *n. m.* 北，北方
pluie *n. f.* 雨

Noms propres

la Côte d'Azur 蓝色海岸   la Bretagne 布列塔尼

Vocabulaire complémentaire

janvier *n. m.* 一月
mars *n. m.* 三月
mai *n. m.* 五月
juillet *n. m.* 七月
octobre *n. m.* 十月
décembre *n. m.* 十二月

février *n. m.* 二月
avril *n. m.* 四月
juin *n. m.* 六月
septembre *n. m.* 九月
novembre *n. m.* 十一月
mauvais, e *adj.* 坏的；不适当的

Leçon 13 C'est une saison très agréable.

Un peu de phonétique
L'E caduc (1) 〔弱化 E(1)〕

字母 e 在单词、词组或句子中,如果前后都为辅音,辅音两侧又都为元音(即元辅 e 辅元),这时 e 不读音:

1. chez le docteur   tout le monde
2. Il n'y a pas de thé.   Il n'y a plus de lait.
3. Prenez ce verre-là.   Prenez ce couteau-là.
4. Ça se voit.   Ça se dit.
5. La porte vient de s'ouvrir.   La voiture vient de s'arrêter.
6. Est-ce que vous partez?   Est-ce que vous savez?
7. Qu'est-ce que vous voulez?   Qu'est-ce que vous cherchez?

Manière de dire

Quel temps fait-il	au printemps? en été? en automne? en hiver?	Il fait	chaud. froid. doux(温和). beau. mauvais. (du) soleil. du vent. 20°(degrés).

Il	pleut. neige. gèle.	Il y a	de la neige(雪). des nuages(云). des pluies. du soleil. du vent.

Micro-conversation

A	B
— Tu viens de France? — Oui, je viens de Bordeaux. — Bordeaux? J'adore le vin de Bordeaux. Quel temps fait-il là-bas? — Il fait beau au printemps comme en automne. En été, il y a beaucoup de soleil, et il peut faire très chaud. Tout le monde prend des vacances en cette saison. — Et en hiver? — Il fait doux, mais parfois il fait très froid, avec beaucoup de vent. — En quelle saison pleut-il à Bordeaux? — Il pleut toute l'année(全年), surtout en automne.	— Que dit la météo pour demain? — On va avoir un mauvais temps demain: des nuages, de la pluie, du vent. — Et la température?（温度） — 12° le matin, 18° l'après-midi. Il ne va pas faire chaud. Tu prévois de sortir demain? — Oui. Je vais à la montagne avec des amis. Mais avec ce temps... — Qu'est-ce que vous allez faire alors? — Je ne sais pas. — Mais toi, tu préfères rester à la maison? — Bien sûr. On peut sortir un autre (另外的)jour.

Grammaire

I. Les adjectifs démonstratifs（指示形容词）

1. Formes

Singulier		Pluriel	
masculin	**féminin**	**masculin**	**féminin**
ce, cet*	cette	ces	

* 用在以元音或哑音 h 开头的阳性名词前,如:**cet** étudiant, **cet** hiver。

2. Emploi

用来限定人或物,如:

Ce monsieur, c'est un architecte français.

Comment trouvez-vous ces maisons?　— Je les trouve très jolies.

Il parle à un économiste. Cet économiste vient de France.

Attention：名词若有指示形容词限定,便无须再用冠词。

Leçon 13 C'est une saison très agréable.

II. Les phrases impersonnelles（无人称句）

无人称句有好多种，其主语始终是第三人称单数 il。

1. 表示天气，如：

   Il pleut, il neige, il gèle, etc.

   Il fait chaud, froid, beau... Il fait un temps magnifique.

2. 表示时间

   Il est six heures, midi, etc.

3. **Il faut + nom ou infinitif** 需要；必须（做）

   Il faut un passeport pour aller en France.

   Il faut faire du sport pour avoir une bonne santé.

4. **Il y a + nom ou pronom**

   Il y a Nicole et moi dans cette salle.

   Il n'y a pas de vent.

III. Le pronom adverbial 《en》（1）〔副代词"en"（1）〕

副代词 en 可代替

1. 直接宾语（不定冠词或部分冠词+名词）：

   — Est-ce que Li Ying achète **des livres français**?

   — Oui, elle **en** achète.(= elle achète **des livres français**)

   — Buvez-vous **du vin** au déjeuner?

   — Non, je n'**en** bois pas.(= je ne bois pas **de vin**)

   — Tu as **des frères**?

   — Non, je n'**en** ai pas. (= je n'ai pas **de frères**)

   — Voulez-vous **de l'eau**?

   — Oui, j'**en** veux.(= je veux **de l'eau**)

2. 基数词和数量副词后的名词：

   — Combien **de professeurs** avez-vous?

   — Nous **en** avons trois. (= Nous avons trois **professeurs**)

   — Y a-t-il beaucoup **d'informaticiens** dans cette société?

   — Oui, il y **en** a beaucoup.(= il y a beaucoup **d'informaticiens**)

   Attention：

   · 副代词 en 放在有关的动词前：

   — Tu veux acheter du pain?

   — Oui, je veux **en** acheter.

   · 在命令式中：

   — Je vais acheter des œufs?

   — Oui, achètes-**en**.

   Non, n'**en** achète pas.

IV. L'adjectif interrogatif(疑问形容词)et l'adjectif exclamatif(感叹形容词)

1. Formes

Singulier		Pluriel	
masculin	féminin	masculin	féminin
quel	quelle	quels	quelles

2. Emploi

· 疑问形容词要与其所限定的名词性数一致：

Quels livres préfères-tu? 你更喜欢哪些书？

Quel étudiant vient de Berlin? 哪位大学生来自柏林？

· 疑问形容词可做表语：

Quelle est **votre nationalité**?

· 作感叹形容词时，表示"多么"、"何等"之意：

Quel beau temps! 多晴朗的天气！

Quelles belles photos! 多美的照片啊！

V. Les prépositions《de》et《à》（介词"de"和"à"）

介词 de 表示起源、出发点，如：

J'arrive **de** Berlin. Tu n'es pas **de** Bretagne?

介词 à 表示终点(有时要用 en)，如：

Il rentre **à** la maison. Elle va **en** Italie.

de ... à 表示从起点到终点，如：

de un **à** dix, **du** matin **au** soir

de ... en 表示一个行动延续的各个阶段，如：

de ville **en** ville   **de** jour **en** jour

Conjugaison			
partir		dire	
je pars	nous partons	je dis	nous disons
tu pars	vous partez	tu dis	vous dites
il part	ils partent	il dit	ils disent
elle part	elles partent	elle dit	elles disent

prévoir 的变位同 voir。

Leçon 13 C'est une saison très agréable.

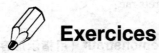 **Exercices**

I. Conjuguez les verbes suivants au présent de l'indicatif:

1. rentrer en Chine (à la maison, du bureau)
2. prévoir un voyage (un séjour à Paris, de passer l'été en Bretagne)
3. compter les cartes (les jours, partir au mois de mai)
4. donner un verre (un chéquier, des informations) à Paul
5. partir demain (dans une semaine, pour la Côte-d'Azur)
6. dire bonjour (au revoir, bonsoir) à Jacques
7. rester ici (à la campagne, dans la salle)
8. devoir 4 euros à Nicole (partir, travailler)

II. Lisez les dialogues et répondez aux questions:

1. Wang va-t-il rentrer en Chine cet été?
2. Qui compte faire un voyage à Beijing?
3. Quand vont-ils partir en voyage?
4. Wang donne-t-il à Nicole des informations sur le climat de Beijing?
5. En quelle saison y a-t-il beaucoup de touristes à Beijing?
6. Fait-il très chaud au mois d'août?
7. Fait-il un temps agréable en automne?
8. Neige-t-il à Beijing en hiver?
9. Fait-il très froid en hiver à Beijing?
10. Est-ce qu'il pleut beaucoup au printemps à Beijing?

1. Qu'est-ce qu'Antoine va faire demain?
2. Marina veut-t-elle aller à ce pique-nique?
3. Vont-ils aller à la montagne?
4. Marina va-t-elle prendre un pull?
5. Comment peuvent-ils savoir les prévisions météorologiques?
6. Quel temps fait-il demain matin?
7. Il va faire très chaud?
8. Le ciel va rester nuageux dans l'après-midi?
9. Il va y avoir beaucoup de soleil?

10. Va-t-il pleuvoir en Bretagne?

III. Complétez avec un adjectif démonstratif（用指示形容词填空）：

1. Tu vas faire un voyage en France _____ automne?
2. J'ai des amies en France. _____ amies habitent à Bordeaux.
3. Comment s'appelle _____ nouveau stagiaire?
4. C'est Alice. Elle habite dans _____ maison, à côté du musée.
5. Prenez la première rue à gauche. Au bout de _____ rue, c'est votre place.
6. Ah! _____ petites villes sont très jolies.
7. _____ information n'est pas vraie.
8. D'où（从哪儿）vient _____ étudiant?

IV. Complétez avec un article ou un adjectif démonstratif（用冠词或指示形容词填空）：

1. Nous attendons _____ musicien, _____ musicien vient de Paris.
2. Y a-t-il _____ maisons à vendre? Je cherche _____ maison près de mon bureau.
3. Il vient d'acheter _____ livres français. _____ livres ne sont pas chers.
4. Je voudrais acheter _____ pull. _____ pull bleu est un peu serré pour moi.
5. Regarde _____ homme(男人) là-bas. C'est _____ grand architecte.
6. Hangzhou est _____ ville magnifique. Je voudrais passer une semaine dans _____ ville.
7. Montrez _____ plan(平面图) de l'université à _____ amis allemands.
8. Donnez _____ carnets au secrétaire.
9. Envoyez _____ message au professeur Li.
10. L'interprète montre _____ Tour Eiffel à _____ touristes.

V. Répondez selon l'exemple：

Ex：J'achète cette maison? (+) — Mais oui, achète-la!
(−) — Mais non, ne l'achète pas!

1. Je laisse cette adresse électronique? (+)
2. Je raconte ce voyage au Japon? (+)
3. Nous envoyons ce chéquier? (−)
4. Nous montrons ces photos? (+)
5. Je peux regarder la télé? (−)
6. Nous offrons ces cadeaux à Nicole? (+)
7. J'annonce cette bonne nouvelle(消息)? (+)
8. J'ouvre les fenêtres(窗子)? (−)
9. Nous faisons ces exercices? (+)
10. Je donne cette carte à Philippe? (−)

Leçon 13 C'est une saison très agréable.

VI. Reliez les deux parties de la phrase（把句子的两部分连接起来，有多种可能性）:

	un interprète pour ces touristes américains.
	parfois à Tianjin.
	souvent au Guizhou?
1. Il est	un très bon film(影片) ce soir.
2. Il y a	souvent du vent au printemps à Beijing.
3. Il fait	dix heures et quart.
4. Il faut	beau aujourd'hui.
5. Il pleut	un temps couvert sur l'ensemble du pays.
6. Il neige	commencer à travailler tout de suite.
7. Il gèle	consulter le médecin.
	souvent dans le Nord de la Chine.
	des nuages au ciel.
	huit degrés sur la côte ouest dans la matinée.
	douze heures pour aller de Beijing à Shanghai.

VII. Répondez aux questions:

1. Quel temps fait-il en été à Wuhan?
2. Quel temps fait-il en hiver à Harbin?
3. Quel temps fait-il en automne à Beijing?
4. Quel temps fait-il au printemps à Shanghai?
5. Fait-il froid en hiver à Kunming?
6. Fait-il chaud en été à Nanjing?
7. Y a-t-il beaucoup de soleil à Guiyang?
8. Pleut-il souvent à Xi'an?
9. Neige-t-il souvent à Hongkong(香港)?
10. Quel temps fait-il aujourd'hui?

VIII. Répondez en employant le pronom adverbial《en》（用副代词 en 回答问题）:

Ex: Est-ce que tu as des frères?　— Oui, j'en ai un.
　　　　　　　　　　　　　　　— Non, je n'en ai pas.

1. Est-ce que tu as un passeport?
2. Est-ce que tu as une carte d'étudiant?
3. Avez-vous du temps?
4. Y a-t-il beaucoup de neige cet hiver dans le Nord de la Chine?
5. Y a-t-il une télévision dans la salle de classe(教室)?
6. Avez-vous des amis français?
7. Buvez-vous beaucoup d'eau le matin?

8. Prenez-vous des photos en vacances?

9. Combien de professeurs de français avez-vous?

10. Combien d'heures de français avez-vous demain?

IX. **Donnez un ordre ou un conseil en utilisant 《en》**(在命令句中使用副代词 **en**):

Ex: Est-ce que je dois prendre un pull? （+）（−）

— Oui, prends-en un.

— Non, n'en prends pas.

1. Est-ce que je peux prendre du thé? （+）
2. Est-ce que je peux manger beaucoup de viande? （−）
3. Nous allons au cinéma ce soir. Est-ce que je dois acheter deux billets? （+）
4. Je vais faire des achats. Est-ce que je dois acheter du pain? （−）
5. Pouvons-nous boire un peu de vin? （+）
6. Pouvons-nous demander des renseignements? （+）
7. Est-ce que je dois envoyer des cartes? （−）
8. Est-ce que je dois faire un gâteau ce soir? （+）

X. **Complétez avec un adjectif interrogatif**(用疑问形容词填空):

1. Ce petit garçon, _____ âge a-t-il?
2. _____ heure est-il? J'ai un rendez-vous à 10 heures.
3. En _____ saison souhaitez-vous passer quelques jours sur la Côte d'Azur?
4. De _____ pays venez-vous?
5. De _____ couleur est le ciel?
6. _____ bandes dessinées offrons-nous à cette petite fille?
7. A _____ heure commence le cours de français (法语课)?
8. Avec _____ ingénieurs comptes-tu faire ce voyage?

XI. **Complétez avec un de ces adjectifs**:

| chaud | froid | mauvais | agréable |
| nuageux | parfait | couvert | |

1. Quel _____ temps! Tu veux encore sortir?
2. Ecoutons les prévisions météorologiques: le temps va être _____ cette après-midi.
3. Antoine rencontre deux jeunes filles très _____ devant la maison de Bruno.
4. Il te faut des vêtements _____ pour passer l'hiver à Beijing.
5. Fait-il toujours(永远,总是) un temps _____ à Kunming?
6. Il vient à notre pique-nique? C'est _____ !
7. Regardez, le ciel est _____, il va peut-être (也许) pleuvoir.

Leçon 13 C'est une saison très agréable.

8. Aujourd'hui, il n'a pas le temps de faire la cuisine, il va prendre un repas _____.

XII. Complétez les phrases:

souvent	sauf	parfois	surtout
en	rien ne	absolument	énormément

1. Tout le monde est là _____ Pierre, il a rendez-vous avec son professeur.
2. Ce soir, il va y avoir un buffet, mais il veut _____ partir tout de suite.
3. J'aime bien le climat de ce pays, il fait _____ beau, et il n'y a pas beaucoup de vent.
4. Véronique est une fille difficile(别扭的；苛求的), _____ est bon pour elle.
5. Tu vas faire un voyage à Shanghai? Tu sais, il pleut _____ là-bas en cette saison.
6. Il y a très peu de pluie à Beijing, _____ cette année(今年).
7. _____ quel mois prenez-vous des vacances?
8. Cet étudiant américain parle bien chinois, mais _____ on ne le comprend pas.
9. Yves goûte ces plats chinois avec plaisir, il aime _____ le tofu.
10. Il y a là _____ d'étudiants chinois.

XIII. Complétez avec un de ces verbes:

dire	partir	annoncer	prévoir
donner	rester	compter	falloir

1. Où _____-vous rendez-vous à votre amie? — Dans un café, parfois devant le cinéma.
2. Ne _____ pas ici, il va pleuvoir.
3. Il _____ d'ouvrir une boutique près de sa maison.
4. Jacques est de retour. Quand _____-vous aller le voir?
5. L'employé _____ à Marina: 《Je suis désolé, mademoiselle, c'est fermé.》
6. Nous attendons encore quelques jours pour lui _____ cette mauvaise nouvelle (消息).
7. _____-il leur envoyer ces livres? Ils vont rentrer bientôt.
8. Je _____ en vacances avec une de ces musiciennes.
9. Pour faire le gâteau, il _____ encore six œufs.
10. _____-moi l'adresse de Nicole, s'il te plaît.

XIV. Complétez avec une préposition convenable:

1. Un _____ ces professeurs va nous raconter son voyage. _____ Italie.
2. Elle travaille _____ midi _____ 8 heures du soir.

3. _____ quelle couleur est cette jupe?

4. On fête son anniversaire _____ octobre.

5. Paul mange _____ la première fois _____ un restaurant chinois.

6. _____ qui vas-tu voir le médecin?

7. Ne dites pas ça _____ votre oncle.

8. Cette dame leur donne des informations _____ le climat _____ son pays.

XV. Mettez les répliques en ordre:

1. Moi, j'aime le soleil.
2. Et en hiver, quel temps fait-il?
3. Li Ying, je compte faire un voyage à Beijing cette année. Quel temps fait-il au printemps là-bas?
4. Oui, merci de ces informations.
5. Il fait froid, il neige parfois. Mais l'automne est une saison très agréable à Beijing.
6. Alors, tu peux partir en juillet.
7. Il fait chaud dans la journée. Il y a beaucoup de soleil.
8. Je ne suis pas libre en cette saison, surtout au mois d'octobre. Et en été?
9. Il fait souvent du vent au printemps.

XVI. Ecoutez et indiquez vrai ou faux selon les deux dialogues de la leçon 13:

	1	2	3	4	5	6	7	8	9	10
Vrai										
Faux										

XVII. Ecoutez et répondez avec le pronom adverbial «en»:

Ex: Tu veux de l'eau? (thé) — Non, je n'en veux pas, je veux du thé.

XVIII. Ecoutez et répondez selon l'exemple:

Ex: Tu as une jupe rouge? — Oui, j'en ai une.

XIX. Ecoutez et répondez en employant un adjectif démonstratif:

Ex: Voulez-vous acheter une jupe? — Oui, je veux acheter cette jupe.

XX. Ecoutez et répondez aux questions suivantes:

Leçon 13 C'est une saison très agréable.

XXI. Ecoutez et remplissez la grille:

Ville	Quel temps fait-il aujourd'hui?	Température
Nice		
Paris		
Dijon		
Toulouse		
Brest		
Marseille		

XXII. Ecoutez et remplissez la grille:

	Quand?	Qui?	Qu'est-ce qu'on va faire?
1			
2			
3			
4			
5			
6			
7			
8			

XXIII. Ecoutez et complétez:

J'habite à Kunming depuis（自……以来）_____ ans, je _____ bien _____ ville. En _____, il ne fait pas froid, il ne _____ pas. Il fait _____ au printemps et _____, ce sont _____ saisons très agréables. _____, il ne fait pas _____. A Kunming, il y a toujours（总是）beaucoup _____. La _____ de Kunming est aussi très _____. Venez _____ les vacances _____ et goûter la _____ de Kunming!

XXIV. Ecoutez et répondez selon l'exemple:

Ex: — J'achète des disques ici? (dans le magasin d'à côté)
— Non, n'en achète pas ici, achètes-en dans le magasin d'à côté.

XXV. Résumez les deux dialogues en quelques phrases.

XXVI. Rédigez un petit texte en utilisant les mots suivants :

1. Compter, vacances, saison, agréable, pleuvoir, parfait, touriste.
2. Prévoir, froid, donner, météorologique, nuageux, temps, partir.

XXVII. Regardez les images et jouez les scènes.

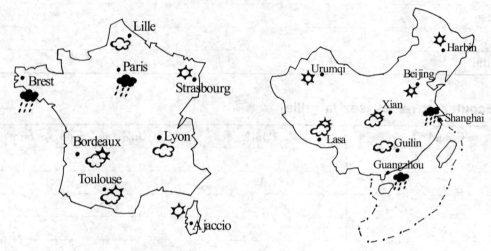

XXVIII. Imaginez les dialogues :

1. Qu'est-ce que vous comptez faire demain?
2. Quel temps fait-il chez vous?

XIX. Amusement sonore :

Leçon 13 C'est une saison très agréable.

Vingt beaux blonds, aux cheveux longs, boivent un bon vin blanc, avec vingt barbus extravagants.

XXX. Dictées 1 et 2.

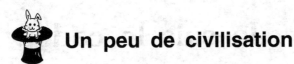

Un peu de civilisation

Les vacances scolaires 学校假期

Toussaint：10 jours, fin octobre (+ le 1er novembre, fête de tous les saints)
Noël：15 jours fin décembre — début janvier (le 1er janvier, Jour de l'An)
Hiver：15 jours en février
Printemps (vacances de Pâques)：15 jours en avril
Eté：2 mois, juillet et août
Les dates des vacances d'hiver et de printemps sont différentes selon les régions.
Les quatre saisons：
Le printemps：20 mars — 20 juin
L'été：21 juin — 22 septembre
L'automne：23 septembre — 20 décembre
L'hiver：21 décembre — 19 mars

le printemps — il fait bon
l'été — il fait chaud
l'automne — il pleut
l'hiver — il fait froid

Leçon 14

Je suis le cadet.

Dialogues

A

Antoine invite Marina et Li Ying à passer le week-end dans une maison en Normandie.

Li Ying: Oh là là, c'est grand! Le jardin est immense! Comme c'est beau, ces arbres et ces fleurs! Cette maison est à toi?

Antoine: Non, elle est à mes parents. Ils travaillent actuellement à l'étranger.

Marina: Que font tes parents?

Antoine: Ils sont tous les deux médecins[1].

Li Ying: Tu n'as pas de frère ni de sœur?

Antoine: Mais si! Tiens, voilà une photo de toute la famille. J'ai un frère et une sœur. Ils sont mariés. Mon frère est ingénieur, sa femme enseigne dans un lycée de banlieue. Ma sœur est institutrice, son mari est professeur de musique. Je suis le cadet.

Marina: Et ces deux petits enfants, c'est certainement ton neveu et ta nièce?

Leçon 14 Je suis le cadet.

Antoine: Oui. La petite est la fille de mon frère. Elle s'appelle Emmanuelle. Elle va à l'école depuis six mois seulement. Tu vois, elle tient beaucoup de son père.

Marina: Tout à fait. Et le petit garçon, c'est le fils de ta sœur?

Antoine: Non, c'est le frère d'Emmanuelle. Ma sœur va être maman dans un mois.

Pierre: Fanny, j'ai deux billets pour une exposition de peinture, au Grand Palais.

Fanny: C'est pour quand?

Pierre: Demain.

Fanny: Je suis désolée, je ne peux pas. Demain, je vais chez mes grands-parents.

Pierre: C'est dommage.

Fanny: Excuse-moi, Pierre. Mes grands-parents sont très vieux et vivent seuls² dans leur village. Je vais les voir tous les quinze jours³ avec mon frère.

Pierre: Et ils attendent avec impatience⁴ le jour de votre visite.

Fanny: C'est ça. Ils ont tellement besoin de revoir leurs petits-enfants, de bavarder avec eux...

Pierre: Oui, je comprends. N'oublie pas, Fanny, de leur dire bonjour de ma part.

Fanny: C'est gentil, Pierre. A bientôt.

Vocabulaire

inviter *v.t.* 邀请	fleur *n.f.* 花
week-end *n.m.* 周末	parents *n.m.pl.* 父母
oh là là *interj.* 啊！哎呀！	actuellement *adv.* 目前
jardin *n.m.* 花园	étranger *n.m.* 外国
immense *adj.* 无边的, 巨大的	ne... pas... ni 既不……又不
comme *adv.* 多么	tout, e *adj.* 所有的, 全部的
arbre *n.m.* 树	famille *n.f.* 家庭

sœur *n.f.* 姐妹
marié, e *adj.* 已婚的
femme *n.f.* 妻子；女人
enseigner *v.t.* 教授；任教
lycée *n.m.* 公立中学
banlieue *n.f.* 郊区
instituteur, trice *n.* 小学教师
mari *n.m.* 丈夫
musique *n.f.* 音乐
cadet, te *adj.* 年龄较小的
　n. 弟弟，妹妹；年龄最小的（子女）
enfant *n.* 儿童，孩子
certainement *adv.* 一定地；当然
neveu *n.m.* 侄子；外甥
nièce *n.f.* 侄女；外甥女
petite *n.f.* 小女孩
école *n.f.* 学校
depuis *prép.* 自……以来
seulement *adv.* 仅仅；不过
tenir *v.t. ou v.i.* 拿着；（由于血缘关系等）相像
père *n.m.* 父亲

tout à fait *loc.adv.* 完全地
fils *n.m.* 儿子
maman *n.f.* 妈妈
exposition *n.f.* 展览
peinture *n.f.* 绘画
grands-parents *n.m.pl.* （外）祖父母
dommage *n.m.* 损失；可惜
vieux(vieil), vieille *adj.* 年老的
vivre *v.i.* 生活
village *n.m.* 村庄
impatience *n.f.* 焦急，不耐烦
visite *n.f.* 参观；访问，拜访
tellement *adv.* 这样地
besoin *n.m.* 需要
　avoir ~ de *loc.verb.* 需要
revoir *v.t.* 再见
petits-enfants *n.m.pl.* （外）孙子女们
bavarder *v.i.* 聊天
oublier *v.t.* 忘记
part *n.f.* 份额
de la part de 以……的名义，代表
gentil, le *adj.* 亲切的；对人体贴的

Noms propres

la Normandie 诺曼底
le Grand Palais 大宫展览馆　这是为1900年巴黎世博会建造的展览馆，位于香榭丽舍大街和塞纳河之间。

Notes

1. Ils sont tous les deux médecins. 他们俩都是医生。
2. Mes grands-parents ... vivent seuls. 我的爷爷奶奶独自生活。
　　形容词 seuls 是不及物动词 vivre 的表语，它要与主语性数配合。

Leçon 14 Je suis le cadet.

3. tous les quinze jours 每半个月（十五天）
4. avec impatience 焦急地　介词 avec 与某些名词连用（往往不带冠词），可以做修饰、补充动词的方式状语。

Vocabulaire complémentaire

étranger, ère *adj.* et *n.* 外国的；外国人
petit-fils *n.m.* 孙子；外孙
invitation *n.f.* 邀请
mère *n.f.* 母亲
cousin, e *n.* 表（堂）兄弟；表（堂）姐妹
beau-frère *n.m.* 姐夫，妹夫；大伯，
　　　　　　　小叔；内兄，内弟
beau-père *n.m.* 岳父；公公；继父
beau-fils *n.m.* 女婿；前夫或前妻之子

tante *n.f.* 姨母；姑母
petite-fille *n.f.* 孙女；外孙女
voyager *v.i.* 旅行
aîné, e *adj.* 较年长的；最年长的
membre *n.m.* 成员
belle-sœur *n.f.* 嫂子，弟媳妇；大姨，
　　　　　　　小姨；大姑子，小姑子
belle-mère *n.f.* 岳母；婆婆；继母
belle-fille *n.f.* 儿媳；前夫或前妻之女

Un peu de phonétique
L'E caduc（2）〔弱化 E（2）〕

1. 人称代词 je 在句首时，字母 e 常常不读音。
　　Je vous en prie.　　　　Je vous aime.
2. 但在下列情况下，je 中的字母 e 要读音：
　　Je ne sais pas.　　　Je ne pense pas.　　Je vous promets de ne pas le dire.
　　Je le sais.　　　　　Je le vois.　　　　　Je vous promets de ne pas le faire.

Manière de dire

faire, refuser ou accepter une invitation ou une proposition	
faire une proposition（建议）ou une invitation	— On va au cinéma ce soir? — Je peux vous inviter au cinéma ce soir? — Voulez-vous aller au cinéma avec moi ce soir?

faire, refuser ou accepter une invitation ou une proposition	
accepter（接受）une proposition ou une invitation	— Mais oui, c'est une bonne idée. — Oui, avec plaisir. — Oui, je veux bien. — D'accord. — Volontiers. — Pourquoi pas!（为什么不呢!） — C'est très gentil.
refuser（拒绝）une proposition ou une invitation	— Je suis désolé, mais je ne suis pas libre ce soir. — C'est dommage, mais j'ai des exercices à faire ce soir. — Merci, c'est gentil, mais j'ai un rendez-vous ce soir. — Excusez-moi, mais je ne peux pas. — Aujourd'hui, je n'ai pas le temps, une autre fois peut-être.

Micro-conversation

A	B
Simon: Qu'est-ce que tu fais demain après-midi? *Jeanne*: Rien. Tu as une idée? *Simon*: Oui, on va chez Jérôme demain. Tu veux venir avec nous? *Jeanne*: Qu'est-ce que vous allez faire chez lui? *Simon*: On va écouter des disques, lire des bandes dessinées, faire la connaissance de sa famille. *Jeanne*: Ses parents sont gentils? *Simon*: Mais oui, sa sœur et son frère aussi. *Jeanne*: Tu peux passer me prendre à une heure de l'après-midi? *Simon*: Bon, c'est d'accord.	*Dominique*: Il fait très beau aujourd'hui. On peut sortir un peu? *Marc*: Certainement. Mais on va où? *Dominique*: Euh, je ne sais pas, moi...On peut aller au Jardin du Luxembourg（卢森堡公园）par exemple. *Marc*: Excuse-moi, tu sais, le jardin pour moi... *Dominique*: On peut aller au cinéma? *Marc*: C'est dommage pour le beau temps. *Dominique*: On ne fait rien（什么也不做）alors? *Marc*: Si, on peut toujours chercher d'autres（其他的）idées...

Leçon 14 Je suis le cadet.

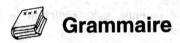 **Grammaire**

I. Les adjectifs possessifs（主有形容词）

1. Formes

Singulier		Pluriel	
masculin	féminin	masculin	féminin
mon	ma	mes	
ton	ta	tes	
son	sa	ses	
notre		nos	
votre		vos	
leur		leurs	

2. Emploi

主有形容词放在它所限定的名词前面,人称与所有者一致,但性数要与它所限定的名词配合:

她的儿子八岁。　　**Son** fils a huit ans.
我的父母住在城里。　　**Mes** parents habitent en ville.
大学生们打开他们的书。　　Les étudiants ouvrent **leur** livre.
孩子们十分喜爱他们的老师。　　Les enfants aiment beaucoup **leurs** instituteurs.

Attention:

1. 名词若有主有形容词限定,便无须再用冠词。
2. 在以元音或哑音 h 开头的阴性名词前,ma, ta, sa 要变成 mon, ton, son:

mon / ton / son **amie**, mon / ton / son / **histoire**。

II. Les pronoms toniques（重读人称代词）

Singulier	Pluriel
moi	nous
toi	vous
lui	eux
elle	elles

1. 作主语的同位语,起强调的作用:

Moi, je vais passer les vacances chez mes parents cet été, et **toi**, qu'est-ce que tu

prévois de faire?

Pierre adore la bière, mais ses parents, **eux**, préfèrent le vin.

2. 用在省略句中：

Je vais prendre une salade verte comme entrée, et **toi**?

— Moi aussi. (= Je vais prendre aussi une salade verte)

Je suis professeur de francais comme **vous**. (= comme vous êtes professeur)

3. 用在 et 后面：

Nous sommes trois dans la famille: mon père, ma mère **et moi**.

Ta sœur **et toi**, vous allez souvent au cinéma?

4. 用在 c'est 后面：

C'est le directeur de la société Oval?

— Non, **ce n'est pas lui.**

Allô? **C'est toi**, Paul?

— Oui, **c'est moi.**

5. 用在介词或介词短语后面：

Venez **avec nous**!

Demain, c'est l'anniversaire de ma fille. Je vais acheter un cadeau **pour elle**.

Tu es super sur la photo. Cet homme, **à côté de toi**, c'est ton frère?

III. L'adjectif "tout"（形容词"tout"）

形容词"tout"有四种形式，根据名词的性和数而变化：

Singulier		Pluriel	
masculin	féminin	masculin	féminin
tout	toute	tous	toutes

1. tout + 限定词 + 名词（表示全部的,所有的）

Paul regarde la télé **toute la journée**（一整天）.

Toutes ces photos（所有这些照片）sont magnifiques.

Des jupes rouges, tu peux en trouver dans **tous les magasins de vêtements**（所有的服装店）.

2. tout + 名词（无限定词,表示每个、任何的意思）

Tout Français（每个法国人）aime le fromage?

Il peut vous téléphoner à **tout moment**（随时）.

IV. Les adverbes 《si》 et 《oui》（副词"si"和"oui"）

对否定疑问句作肯定回答时，不用 oui，而用 si。试比较：

Leçon 14 Je suis le cadet.

肯定疑问句	回答	否定疑问句	回答
Tu es français?	Oui, je suis français. Non, je ne suis pas français.	Tu n'es pas français?	Si, je suis français. Non, je ne suis pas français.
Vous parlez anglais?	Oui, je parle anglais. Non, je ne parle pas anglais.	Vous ne parlez pas anglais?	Si, je parle anglais. Non, je ne parle pas anglais.

Conjugaison			
vivre		tenir	
je vis	nous vivons	je tiens	nous tenons
tu vis	vous vivez	tu tiens	vous tenez
il vit	ils vivent	il tient	ils tiennent
elle vit	elles vivent	elle tient	elles tiennent

revoir 的变位同 voir，comprendre 的变位同 prendre。

 **Exercices**

I. Conjuguez les verbes suivants au présent de l'indicatif：

1. inviter Pierre à dîner (à aller au cinéma, à passer une journée en Normandie)
2. tenir un magasin (une boutique, de son père)
3. vivre à la campagne (en Chine, au Japon)
4. enseigner dans un lycée (l'histoire, l'anglais)
5. revoir son père (ce palais, ses cousins)
6. avoir besoin d'une table (de cet instituteur, de partir)
7. oublier sa leçon (le nom de cette interprète, de lui dire au revoir)
8. comprendre le français (la musique, le professeur)

II. Lisez les dialogues et répondez aux questions：

 A

1. Où est-ce qu'Antoine invite ses amis à passer le week-end?
2. La grande maison est-elle à Antoine?
3. Que font ses parents?
4. Le frère et la sœur d'Antoine sont-ils mariés?

5. Que font son frère et sa belle-sœur dans la vie?
6. Sa sœur n'est-elle pas institutrice?
7. Quelle est la profession de son beau-frère?
8. Antoine a-t-il des neveux et des nièces?
9. Sa nièce va-t-elle à l'école?
10. La sœur d'Antoine a-t-elle des enfants?

B

1. Qu'est-ce que Pierre veut faire demain?
2. Est-ce que Fanny peut aller à cette exposition avec Pierre? Pourquoi?
3. Avec qui vivent les grands-parents de Fanny?
4. Sont-ils vieux?
5. Fanny va-t-elle souvent les voir?
6. Sont-ils contents de revoir leurs petits-enfants?
7. Aiment-ils bavarder avec eux?
8. Comment attendent-ils leurs visites?
9. Pierre comprend-il Fanny?
10. Qu'est-ce qu'il dit à Fanny?

III. Traduisez en français les mots entre parenthèses（把括号中的词译成法文）：

1. （她的）_____ frère aîné
2. （他们的）_____ architecte
3. （我们的）_____ bureaux
4. （你的）_____ amie
5. （他的）_____ carte d'étudiant
6. （她们的）_____ adresse
7. （你的）_____ crayons
8. （我的）_____ couteau
9. （你们的）_____ salles de classe
10. （您的）_____ camarades

IV. Répondez avec un adjectif possessif：

1. Où est ton carnet?
2. Ce sont tes disques?
3. Tu connais mon numéro de téléphone?
4. Vous connaissez la maison de Paul?
5. C'est le passeport de Jacques?
6. Ce sont les amis de Marie?

Leçon 14 Je suis le cadet.

7. Ce sont tes sœurs?
8. C'est la fille de Pierre?
9. Ce sont les enfants de M. et Mme Leblanc?
10. Où sont les neveux de Pascal?
11. Comment s'appelle la nièce de Paul?
12. Tu achètes un cadeau pour tes parents?

V. Complétez avec un adjectif possessif:

1. Il prend _____ petit déjeuner à 7h30.
2. Colette nous présente _____ amie chinoise.
3. Tu tiens beaucoup de _____ père.
4. Quand est-ce que tu vas voir _____ parents?
5. Vous avez un bon professeur. Quel est _____ nom?
6. Je viens chez toi demain. Je connais _____ adresse.
7. Venez voir _____ maison de campagne! _____ jardin est grand et agréable.
8. Catherine est mariée, elle a deux enfants. _____ mari Eric travaille dans une société. _____ fils a 8 ans et _____ fille en a 6. _____ enfants adorent la musique. Catherine et Eric aiment bien _____ enfants et _____ famille.

VI. Transformez les phrases selon l'exemple:

Ex: C'est la maison de Nicole. → Cette maison est à Nicole.

1. C'est le passeport d'Eric.
2. C'est la jupe de ma nièce.
3. Ce sont ses livres.
4. Ce sont tes carnets.
5. Ce sont nos vêtements.
6. Ce sont les photos de mon cousin.
7. Ce n'est pas mon pull.
8. Ce ne sont pas vos cartes.
9. Ce n'est pas la boutique de M. et Mme Martin.
10. Ce n'est pas la télévision de Paul.

VII. Complétez avec un pronom tonique(用重读人称代词填空):

1. Il rentre chez _____ ce soir.
2. Nicole n'aime pas cette exposition.
   Je suis d'accord avec _____.
3. Je pars demain à la campagne. Et _____, qu'est-ce que tu comptes faire?
4. _____, je vais voir mes grands-parents en Bretagne.

5. Tu veux manger avec _____ ce soir? — Merci, c'est gentil. Mais je ne suis pas libre ce soir.

6. Demain, des amis français viennent dîner chez _____. Nous allons faire quelques plats bien chinois pour _____.

VIII. Transformez avec 《tout, toute, tous, toutes》:

Ex: Elle mange *le* gâteau.

→ Elle mange tout le gâteau.

1. Il travaille *la* journée.
2. Elle vend *les* fleurs.
3. Je vais voir mon frère aîné *le* week-end.
4. Voilà une photo de *la* classe(班级).
5. Il connaît *la* ville de Shanghai.
6. Il écoute la radio *la* matinée.
7. *Mes* amies sont mariées sauf Nicole.
8. Il rencontre *les* enfants de M. Leblanc dans le jardin.

IX. Répondez comme dans l'exemple:

Ex: Avez-vous un frère ou une sœur?

— Non, je n'ai pas de frère ni de sœur.

1. Ont-ils un fils ou une fille?
2. Avez-vous un neveu ou une nièce?
3. Est-ce que tu veux boire du thé ou du café?
4. Est-ce que tu veux manger du poisson ou de la viande?
5. Y a-t-il des fleurs ou des arbres dans ton jardin?
6. Connaissez-vous Yves ou Pascal?
7. Qu'est-ce qu'il tient à la main(手), un carnet ou un chéquier?
8. Qu'est-ce qu'elle va nous montrer, une photo ou une carte?

Ex: Ce pull est-il grand ou petit?

— Il n'est ni grand ni petit.

1. Cette salle est-elle petite ou grande?
2. Cet enfant tient-il de son père ou de sa mère?
3. Comment est votre directeur? Jeune ou vieux?
4. Fait-il chaud ou froid au mois de mai à Shanghai?

Leçon 14 Je suis le cadet.

5. La place de la Nation est-elle loin ou près d'ici?
6. Tu aimes bavarder avec ton cousin ou avec ta cousine?
7. Ses grands-parents vivent-ils avec sa sœur ou avec lui?
8. Allez-vous au cinéma aujourd'hui ou demain?

X. Répondez avec《oui》,《non》ou《si》（用 **oui**, **non** 或 **si** 回答）：

1. Alice, veux-tu un fruit? — _____, je veux un fruit.
2. Marina, tu bois du vin? — _____, je n'en bois pas.
3. Vous n'allez pas faire le pique-nique demain? — _____, nous allons le faire demain.
4. Il ne rentre pas chez lui ce week-end? — _____, il ne rentre pas chez lui.
5. Elle laisse son adresse à sa belle-sœur? — _____, elle ne lui laisse pas son adresse.
6. Tu ne veux pas les inviter à dîner? — _____, je veux bien les inviter à dîner.
7. Ses grands-parents ne vivent-ils pas à la campagne? — _____, ils vivent dans un petit village.
8. Pierre n'a-t-il pas de sœurs? — _____, il en a deux.

XI. Trouvez le mot correspondant（找出对应词）：

Masculin	Féminin
mon frère	_____
_____	sa fille
ton père	_____
_____	sa grand-mère
leur beau-fils	_____
_____	ta tante
ses neveux	_____
_____	ma petite-fille
ton mari	_____

XII. Complétez avec une de ces expressions：

de la part de	actuellement	depuis	tellement
tout à fait	certainement	seulement	

1. Je trouve ce livre excellent. — Je suis _____ d'accord avec toi.
2. Nous étudions le français _____ 4 mois.
3. Cette vieille dame a _____ un petit-fils.
4. M. Leblanc est _____ directeur de la société Oval.
5. Tu habites 8, rue Saint-Pierre? — _____

6. Allô! Philippe? — Non, c'est son père. C'est _____ qui?
7. Cette petite est _____ gentille, elle va déjà à l'école?
8. Mes parents rentrent de l'étranger. Tu viens les voir ce week-end? — _____.
9. Je n'aime pas _____ le fromage.
10. Tiens! C'est vous, Philippe. _____ quand êtes-vous là?

XIII. Complétez les phrases：

| inviter | vivre | oublier | revoir |
| tenir | avoir besoin | enseigner | |

1. Ne _____ pas de nous laisser votre adresse, s'il vous plaît.
2. De quoi est-ce que vous _____? D'un crayon ou d'un stylo(钢笔)?
3. Dépêche-toi, il est huit heures cinq! — Excuse-moi, je _____ l'heure.
4. A quel lycée ce professeur d'espagnol _____-il?
5. Hélène, ne _____ pas ton couteau et ta fourchette comme ça!
6. Comme ce vieux monsieur est content de _____ Beijing, sa ville natale（出生的）!
7. Depuis combien de temps cette famille _____ dans cette immense maison avec jardin?
8. M. et Mme Zhang _____ un couple français à dîner chez eux.

XIV. Complétez avec un pronom tonique：

— Moi, je pars demain en vacances. Et _____, qu'est-ce que vous faites?
— Nous allons à Bordeaux jeudi.
— Ton père part avec _____?
— Bien sûr!
— Pas ta mère?
— Non, elle est déjà à Bordeaux.
— Et tes cousins, où passent-ils leurs vacances?
— _____, ils partent pour l'étranger, pour la Chine, je crois(以为,想).
— Et Sylvie et Valérie, que font-elles?
— Oh, elles sont en voyage sur la côte ouest.
— Et _____, tu vas passer nous voir cet été?
— Avec plaisir!

XV. Répondez aux questions：

1. Combien êtes-vous dans votre famille?
2. Vous n'avez pas de frère ni de sœur?

Leçon 14 Je suis le cadet.

3. Alors, vous êtes fils (fille) unique (惟一)?
4. Que font vos parents?
5. Ils n'habitent pas à Beijing?
6. Avez-vous encore vos grands-parents?
7. Habitent-ils chez vous ou ailleurs?
8. Vivent-ils seuls?
9. Allez-vous souvent les voir?
10. Sont-ils contents de vous revoir?
11. Attendent-ils avec impatience le jour de votre visite?
12. Avez-vous un oncle ou une tante?
13. Sont-ils mariés?
14. Ont-ils des enfants?
15. Aimez-vous bavarder avec votre cousin(e)?
16. Va-t-il(elle) au lycée?
17. Est-ce que vous lui téléphonez très souvent?
18. Vous envoie-t-il(elle) des messages électroniques?
19. Avez-vous des photos de votre famille?
20. Voulez-vous nous montrer ces photos?

XVI. Ecoutez et indiquez vrai ou faux selon les deux dialogues de la leçon 14:

	1	2	3	4	5	6	7	8	9	10
Vrai										
Faux										

XVII. Ecoutez et répondez avec un adjectif possessif:

Ex: Tu vas nous raconter ta visite en Chine?
— Oui, je vais vous raconter ma visite en Chine.

XVIII. Ecoutez et répondez avec un pronom tonique:

Ex: Elle ne veut pas dîner avec Alice? — Non, elle ne veut pas dîner avec elle.

XIX. Ecoutez et répondez avec 《si》:

Ex: Tu n'as pas de frère? — Si, j'ai un frère (j'en ai un).

XX. Ecoutez et répondez selon l'exemple:

Ex: A qui est ce livre? A toi? — Oui, c'est mon livre.

XXI. Ecoutez et transformez les phrases selon l'exemple (avec adj. 《tout》):

　　Ex: Voilà une photo de la famille. → Voilà une photo de toute la famille.

XXII. Ecoutez et remplissez la grille:

	Avec qui habite-t-il (elle)?
Wang Fang	
Alain	
Mère de M. Dubois	

XXIII. Ecoutez et remplissez la grille:

Qui?	Que fait-il/elle?	Qu'aime-t-il/elle?

XXIV. Ecoutez et complétez:

　　J'habite _____ mes parents et ma sœur _____ dans une petite ville _____ Normandie. J'aime beaucoup _____ ville. J'ai _____ amis ici, l'école n'est pas très _____ de chez moi. Mais mes parents _____ travailler _____ l'étranger _____ mois de décembre. _____, ils sont _____, et moi, non: je dois _____ cette ville _____ habiter chez mes grands-parents _____ un _____ de montagne. Ma _____ est contente, elle _____ à l'étranger _____ mes parents.

XXV. Résumez les deux dialogues en quelques phrases.

XXVI. Rédigez un petit texte en utilisant les mots et expressions suivants:

　　1. Immense, inviter, famille, neveu, tenir, peinture, depuis.
　　2. Actuellement, adorable, vivre, week-end, dommage, ne... pas... ni, revoir.

Leçon 14 Je suis le cadet.

XXVII. Regardez les images et jouez les scènes.

XVIII. Imaginez les dialogues :

1. Parlez de votre famille.
2. « Je vais chez mes grands-parents ce week-end. »

XXIX. Amusement sonore :

Un funambule bavard, avec une balle et un foulard, fait du vélo sur un fil au festival de la ville.

XXX. Dictées 1 et 2.

Un peu de civilisation

Les petits cadeaux et l'amitié

Quand on vous invite pour la première fois, vous offrez généralement des fleurs à la maîtresse de maison.

Quand vous connaissez bien les gens, vous pouvez offrir des fleurs, mais vous pouvez aussi apporter l'entrée ou le dessert, ou encore les boissons.

Quand on vous invite à prendre l'apéritif, vous n'offrez pas de cadeau. Vous remerciez seulement pour l'invitation.

Pour un mariage ou un anniversaire, il est souvent possible de faire un cadeau à plusieurs.

Au travail, pour le départ d'un collègue, on fait généralement un cadeau collectif. Le collègue invite alors à un pot pour remercier tout le monde.

Leçon 15

C'est un vrai trésor!

 Dialogues

A

Antoine: Qu'est-ce que tu as fait dimanche dernier?
Li Ying: J'ai visité le musée du Louvre.
Antoine: Que penses-tu de ce musée[1]?
Li Ying: C'est un vrai trésor!
Antoine: Et la pyramide de verre?
Li Ying: Elle m'a beaucoup impressionnée. On l'a construite en quelle année?

Antoine: En 1989, l'architecte était chinois[2].
Li Ying: Monsieur Pei Ieoh Ming?
Antoine: Exact. Il est connu dans le monde entier. Tu as vu la Joconde de Léonard de Vinci?
Li Ying: Bien sûr, je l'ai vue. J'ai aussi admiré la beauté de la Vénus de Milo.
Antoine: Comme tu es peintre[3], tu as sans doute passé beaucoup de temps à regarder les tableaux[4].
Li Ying: Evidemment. J'ai contemplé longuement les œuvres de Delacroix, Renoir, Monet ... Jusqu'à cinq heures de l'après-midi, je n'ai pas fait le tiers du musée. Je compte y retourner.
Antoine: Ça vaut la peine[5].

B

Pascal: Qu'est-ce que tu as fait hier soir?

Céline: Hier soir? Antoine nous a emmenées, Nicole et moi, dans une discothèque du Quartier Latin.

Pascal: Ah, parle-moi de ta soirée. Il y avait beaucoup de monde, je suppose[6]?

Céline: Oui, nous avons rencontré des gens très sympas. On a chanté, dansé, écouté des disques...

Pascal: Ça t'a fait du bien?

Céline: Oui. Le travail cette semaine m'a beaucoup fatiguée. Aujourd'hui, je suis en pleine forme. Et toi, tu vas quelquefois danser en discothèque?

Pascal: Jamais! Il y a trop de bruit.

Céline: Que fais-tu à tes moments de loisir?

Pascal: Je vais au concert, une fois par semaine.

Céline: Quel accro!

Vocabulaire

dimanche *n. m.* 星期天	beauté *n. f.* 美, 美丽
dernier, ère *adj.* 上一个的; 最后一个的	comme *conj.* 由于; 既然
visiter *v. t.* 参观	sans doute *loc. adv.* 无疑; 大概
penser *v. t.* ou *v. i.* 想, 想着; 认为	tableau *n. m.* 画
trésor *n. m.* 宝藏	évidemment *adv.* 当然, 显然
pyramide *n. f.* 金字塔	contempler *v. t.* 凝视
impressionner *v. t.* 给人以深刻印象	longuement *adv.* 长久地
construire *v. t.* 建造	œuvre *n. f.* 作品
année *n. f.* 年	jusqu'à *loc. prép.* 直至
connu, e *adj.* 认识的; 著名的	tiers *n. m.* 三分之一
entier, ère *adj.* 整个的, 全部的	retourner *v. i.* 返回
admirer *v. t.* 欣赏	valoir *v. i.* ou *v. t.* 值; 值得; 赢得

Leçon 15 C'est un vrai trésor!

peine *n.f.* 辛劳	fatiguer *v.t.* 使……疲惫
hier *adv.* ou *n.m.* 昨天	plein, e *adj.* 满的；充分的
emmener *v.t.* 带走	forme *n.f.* 形式，形状；竞技状态
discothèque *n.f.* 歌舞厅	être en forme 精力旺盛
latin, e *adj.* 拉丁人的，拉丁语的	quelquefois *adv.* 有时
n.m. 拉丁语，拉丁文	ne...jamais *adv.* 从来没有；决不
supposer *v.t.* 猜想	trop (de) *adv.* 太，太多
gens *n.m.* ou *n.f.pl.* 人	bruit *n.m.* 声音，噪音
sympa（sympathique 的缩写）*adj.*	loisir *n.m.* 闲暇 *pl.* 闲暇时的活动
（俗）客气的，给人好感的	concert *n.m.* 音乐会
chanter *v.t.* ou *v.i.* 唱歌	par *prép.* 按照，每（表示分配）
danser *v.i.* 跳舞	accro *adj.* et *n.*（俗）入迷的；入迷者
bien *n.m.* 好处，益处	

Noms propres

le Louvre　卢浮宫	Pei Ieoh Ming(1917–)　贝聿铭
la Joconde　蒙娜丽莎	Léonard de Vinci(1452–1519)　达·芬奇
la Vénus de Milo　米洛的断臂维纳斯	Delacroix(1798–1863)　法国画家德拉克鲁瓦
Renoir(1841–1919)　法国画家雷诺阿	Monet(1840–1926)　法国画家莫奈
le Quartier Latin　拉丁区	

Notes

1. Que penses-tu de ce musée? 你认为这个博物馆怎么样？
   介词 de 引出的是间接宾语，表示对某事或某人的看法；à 也可引出一个间接宾语，表示"想着"、"想念"之意：Je pense à ma mère. 我想念我的母亲。

2. ... l'architecte était chinois. 建筑师是中国人。
   était 是系词 être 的未完成过去时。

3. Comme tu es peintre... 由于你是画家……
   Comme 在此为连词，引出一个表示原因的状语从句。

4. passer du temps à + infinitif
   老是做某事，把时间花在做某事上

5. Ça vaut la peine. 这值得。
   vaut 是动词 valoir 的直陈式现在时的单数第三人称。

6. Il y avait beaucoup de monde, je suppose? 我猜有很多人吧？

avait 是动词 avoir 的未完成过去时。

Vocabulaire complémentaire

mille *adj. inv.* 一千
avant-hier *adv.* ou *n. m.* 前天
théâtre *n. m.* 剧院；戏剧
pas grand-chose *n. inv.* 不多的东西；不重要的事
film *n. m.* 影片

dix mille 一万
il y a... 在……前（表示时间）
préparer *v. t.* 准备
soirée dansante *n. f.* 跳舞晚会
nuit *n. f.* 夜

Un peu de phonétique
L'assimilation des consonnes（辅音的同化）

两个相邻的清浊辅音互相影响，发生清音化或浊音化的现象，前音受后音影响的情况较多，如：

absent 〔apsɑ̃〕　　　　　　　médecin 〔metsɛ̃〕
anecdote 〔anɛgdɔt〕　　　　 Ça se dit. 〔sazdi〕

人称代词 je 后接〔p, t, s, k, f,〕等清辅音时，je 读作〔ʃ〕：

Je pense. 〔ʃ pɑ̃s〕　　　　　Je travaille. 〔ʃ travaj〕
Je connais. 〔ʃ kɔnɛ〕　　　 Je fais ça. 〔ʃ fɛsa〕

Manière de dire

Qu'est-ce que tu vas faire ce week-end?	Je vais visiter	un musée. une exposition. une université.
Qu'est-ce que tu comptes faire ce week-end?	Je compte aller	au cinéma. au concert. à la discothèque. à l'opéra. au théâtre. à la montagne.
Qu'est-ce que tu prévois de faire ce week-end?	Je prévois	d'écouter de la musique. de faire du sport. de faire un voyage à l'étranger. d'inviter des amis au restaurant. de préparer un grand repas pour mes parents.

Leçon 15 C'est un vrai trésor!

Micro-conversation

A	B
Luc: Qu'est-ce que tu as fait hier? *Béatrice*: Pas grand-chose. J'ai regardé la télé. *Luc*: Toute la journée? *Béatrice*: Ben oui, et alors? *Luc*: C'est beaucoup. *Béatrice*: Je sais, mais je ne fais pas ça tous les jours. Et toi? Tu as fait quoi? *Luc*: Moi, j'ai passé toute la nuit à chanter et à danser dans une discothèque. Ça m'a fait vraiment du bien. *Béatrice*: Et tes parents, ils sont contents? *Luc*: Sans doute, puisque(既然,因为) je n'y vais pas très souvent. *Béatrice*: Une fois par semaine? *Luc*: Trois fois par semaine. *Béatrice*: Ah...	*Li*: Demain, c'est samedi. Est-ce que tu es libre pour visiter quelque chose? *Elisabeth*: Absolument. Qu'est-ce que je peux voir? *Li*: Il y a beaucoup de choses à voir à Beijing. Tu peux commencer par la Place Tian An Men. *Elisabeth*: Mais je l'ai visitée la semaine dernière. Elle est magnifique. *Li*: Le Palais d'Été, tu l'as vu? *Elisabeth*: Non. C'est beau? *Li*: Très beau. Mais il y a souvent beaucoup de touristes le week-end. Tu veux toujours y aller? *Elisabeth*: Mais oui. *Li*: Alors, à demain. *Elisabeth*: A demain.

Grammaire

I. Le passé composé (1)(复合过去时(1))

1. **Formation**：大部分动词的复合过去时由助动词(auxiliaire) avoir 的直陈式现在时加动词的过去分词(participe passé)构成。

   J'ai
   Tu **as**
   Il **a**
   Elle **a** } **visité** le musée.
   Nous **avons**
   Vous **avez**
   Ils **ont**
   Elles **ont**

2. Le participe passé des verbes：

— 第一组动词过去分词的构成是去掉词尾 **er**，加 **é**，如：donner →donné；aider → aidé；adorer → adoré。

— 第二组动词过去分词的构成是去掉词尾 **r**，如：choisir → choisi；remplir → rempli

— 以下是部分第三组动词的过去分词：

pouvoir → **pu** vouloir → **voulu** vendre → **vendu** attendre → **attendu** boire → **bu** devoir → **dû, due** falloir → **fallu** pleuvoir → **plu** savoir → **su** voir → **vu** prévoir → **prévu** vivre → **vécu** connaître → **connu**	-u
prendre → **pris** comprendre → **compris**	-is
suffire → **suffi** suivre → **suivi**	-i
offrir → **offert** ouvrir → **ouvert**	-ert
avoir → **eu** être → **été** dire → **dit** faire → **fait**	

3. Emploi：

复合过去时表示过去发生或完成的某个行为或状态。

· 在复合过去时的否定句中，否定词 ne... pas 放在助动词的前后，如：
Sylvie n'a pas trouvé son passeport.

· 在用主谓颠倒的方式提问时，主语与助动词颠倒，如：
Avez-vous compris la question du professeur?

Leçon 15 C'est un vrai trésor!

- 在复合过去时中，beaucoup, bien 等副词一般放在助动词和过去分词之间，试比较：

直陈式现在时	复合过去时
Je travaille **beaucoup**.	J'ai **beaucoup** travaillé.
Je comprends **bien**.	J'ai **bien** compris.

- 直接宾语和间接宾语代词放在有关动词的助动词之前：

— As-tu attendu ton ami?

— Oui, je l'ai attendu./— Non, je ne l'ai pas attendu.

— Est-ce que vous avez mangé du poisson?

— Oui, j'en ai mangé./— Non, je n'en ai pas mangé.

— As-tu montré ces photos à tes amis?

— Oui, je leur ai montré ces photos./— Non, je ne leur ai pas montré ces photos.

— Il a voulu acheter ce pantalon?

— Oui, il a voulu l'acheter./— Non, il n'a pas voulu l'acheter.

Attention：

- 复合过去时中的过去分词要与它前面的直接宾语性数配合：

— Avez-vous trouvé votre fille?

— Oui, je l'ai trouvée.

Tes amies françaises, je les ai présentées à mes camarades.

Combien de photos as-tu prises?

Quelle jupe avez-vous choisie?

- 过去分词不与副代词"en"配合：

— As-tu bu du vin?

— Oui, j'en ai bu.

— Avez-vous acheté des disques?

— Oui, nous en avons acheté.

II. Le pronom adverbial《y》(1)（副代词"y"(1)）：

副代词"y"代替由 **à**, **dans**, **en** 等介词引出的地点状语，放在动词之前，如：Hier, j'ai vu un film italien **au cinéma Rex** et je vais **y** retourner.（y=au cinéma Rex）

— Les nouveaux stagiaires sont **dans la grande salle**?

— Oui, ils y sont.（y = **dans la grande salle**）

— Vous allez souvent **en France**?
— Oui, j'**y** vais tous les ans.(y = **en France**)

• "y"在命令式中的位置：

	肯定式	否定式
Va à la gare！ Allons à la gare！ Allez à la gare！	Vas-y！ Allons-y！ Allez-y！	N'y va pas！ N'y allons pas！ N'y allez pas！
Rentre dans la maison！ Rentrons dans la maison！ Rentrez dans la maison！	Rentres-y！ Rentrons-y！ Rentrez-y！	N'y rentre pas！ N'y rentrons pas！ N'y rentrez pas！

• 在复合过去时中，"y"放在助动词前，如：

Cécile a passé une semaine de vacances **à la campagne.** Elle **y** a vu beaucoup de belles choses.

III. Les adjectifs numéraux cardinaux et ordinaux （基数词和序数词）

基数词 un(une)，deux 等一般没有变化，除非：

trois cent**s** ans, quatre-vingt**s** tableaux。

基数词 mille 永远不变化，在表示年份时常写作 mil，如 en 1989 → en **mil** neuf cent quatre-vingt-neuf。

序数词除"第一"(premier，ère)外，其余由基数词加后缀 -ième 构成，如：

deux → deuxième   six → sixième

但：neuf → neuvième   onze → onzième

vingt et un → vingt et unième

Conjugaison	
construire（p. passé：construit）	**emmener**（p. passé：emmené）
je construis nous construisons tu construis vous construisez il construit ils construisent elle construit elles construisent	j'emmène nous emmenons tu emmènes vous emmenez il emmène ils emmènent elle emmène elles emmènent

Leçon 15 C'est un vrai trésor!

I. **Conjuguez les verbes suivants:**

   au présent de l'indicatif(直陈式现在时)

   1. admirer la pyramide (cet architecte, les tableaux de Renoir)
   2. construire une maison (un cinéma, une gare)
   3. emmener les enfants au jardin (à l'école, à la campagne)
   4. penser à sa famille (à ses parents, à son lycée)

   au passé composé(复合过去时)

   5. choisir un cadeau (une œuvre, un pantalon)
   6. boire du lait (de l'eau, du café)
   7. ouvrir un compte (son livre, une bouteille)
   8. pouvoir venir (retourner en Bretagne, visiter le musée de l'histoire)

II. **Lisez les dialogues et répondez aux questions:**

 A

   1. Qu'est-ce que Li Ying a fait dimanche dernier?
   2. Que pense-t-elle de ce musée?
   3. La pyramide de verre l'a-t-elle beaucoup impressionnée?
   4. En quelle année a-t-on construit cette pyramide?
   5. Qui est monsieur Pei Ieoh Ming?
   6. Qu'est-ce que Li Ying a admiré au musée?
   7. Qu'est-ce qu'elle a contemplé longuement?
   8. A quelle heure a-t-elle quitté le Louvre?
   9. Est-ce qu'elle a visité tout le musée ce jour-là?
   10. Veut-elle y retourner? Pourquoi?

 B

   1. Qu'a fait Céline hier soir?
   2. Avec qui est-ce qu'elle a passé la soirée?
   3. Parle-t-elle de sa soirée à Pascal?
   4. Il n'y avait pas beaucoup de monde dans cette discothèque?
   5. Est-ce qu'elle y a rencontré des gens très sympas?
   6. A-t-elle été contente de cette soirée? Pourquoi?
   7. Pascal danse-t-il quelquefois en discothèque?

8. Aime-t-il les discothèques?

9. Que fait-il à ses moments de loisir?

10. Combien de fois va-t-il au concert par semaine?

III. Mettez les verbes au passé composé(把动词变为复合过去时)：

1. Hier soir, Yves (attendre) _____ Marie jusqu'à 8 heures devant la discothèque.

2. Avant-hier, je (ouvrir) _____ un compte dans une banque française.

3. Dimanche dernier, nous (voir) _____ un très bon film américain.

4. Hier elle (travailler) _____ très longtemps. Ça la (beaucoup fatiguer)_____.

5. Tiens! Te voilà. Tu (faire) _____ un bon voyage?

6. Qu'est-ce que vous (faire) _____ hier?
— Nous (fêter) _____ l'anniversaire d'un ami. On (manger) _____ dans un restaurant chinois. On y (rencontrer) _____ des Chinois et on (prendre)_____ des photos avec eux.

IV. Répondez avec un pronom：

Ex：Tu vas visiter la maison de Monet?   — Je l'ai déjà visitée.

1. Tu vas envoyer ce message?

2. Tu vas acheter cette maison?

3. Vous allez faire ces exercices?

4. Vous allez prendre vos cartes d'étudiant?

5. Tes amis vont appeler leurs professeurs?

6. Ils vont inviter Alice et Fanny?

7. Tu vas rencontrer ces peintres?

8. Votre tante va vendre cette boutique?

9. Ses grands-parents vont-ils visiter le Grand Palais?

10. Ce monsieur va-t-il dire son nom?

V. Répondez en employant《y》(用 y 回答)：

Ex：Tu vas à Shanghai?   — Oui, j'y vais.

　　　　　　　　　　ou：— Non, je n'y vais pas.

1. Mangez-vous tous les jours au restaurant universitaire?

2. Qu'est-ce qu'on peut trouver dans ce magasin?

3. Est-ce que tu vas en Chine cet été comme tous les ans?

4. A quelle heure est-ce que tu rentres à la maison?

5. Combien de temps as-tu passé dans ce village?

6. Allez-vous au marché avec votre mère?

7. Pascal a-t-il dansé dans cette discothèque?

Leçon 15 C'est un vrai trésor!

8. Li Ying a-t-elle chanté chez ses amis hier soir?

9. Qu'est-ce que vous avez trouvé sur la table?

10. Est-ce qu'ils comptent retourner au Quartier Latin?

VI. Complétez avec un pronom qui convient:

1. Est-ce que tu as téléphoné à Hélène et à Pierre?
   — Non, mais je vais _____ téléphoner pour _____ remercier.

2. Avez-vous envoyé ces livres à vos professeurs?
   — Pas encore, je vais _____ envoyer tout de suite ces livres.

3. Voilà notre secrétaire, vous pouvez _____ demander des renseignements.

4. Parle-nous un peu de la France. Nous allons _____ passer nos vacances d'été.

5. Tu connais mon amie Sylvie?
   — Bien sûr, je _____ connais. J'ai fait sa connaissance il y a 2 ans.

6. Est-ce que tu as trouvé des disques de Céline Dion?
   — Oui, je _____ ai trouvé deux. Je vais _____ montrer ces disques après le dîner.

VII. Répondez avec un pronom qui convient:

1. Avez-vous mangé du poisson à midi?
2. Avez-vous attendu vos parents?
3. Avez-vous parlé à ces touristes?
4. Ont-ils rencontré M. et Mme Leblanc?
5. Ont-elles pris beaucoup de photos?
6. Que vas-tu envoyer à ta sœur?
7. Qui avez-vous rencontré au Musée de Shanghai?
8. Vous étudiez le français depuis deux mois?
9. Où a-t-on construit la pyramide de verre?
10. Tu n'as jamais vu cette œuvre de Delacroix?

VIII. Complétez le tableau(把表填满):

Janvier	est	le premier	mois de l'année.
Mars	est		
	est	le cinquième	mois de l'année.
	est	le sixième	
		le huitième	
Novembre	est		mois de l'année.

Février	est		
	est	le neuvième	
Avril			mois de l'année.
	est	le dixième	
Juillet	est		mois de l'année.
	est	le dernier	

IX. Trouvez la réplique comme dans l'exemple：

Ex：Tu as sans doute aidé Li Ming à faire cet exercice.

— Evidemment, je l'ai aidé à faire cet exercice.

1. Bruno a sans doute vu les nouveaux stagiaires.
2. On a sans doute annoncé cette nouvelle aux étudiants.
3. Vous avez sans doute invité M. et Mme Bernard à ce buffet.
4. Tu vas sans doute rester ici avec nous.
5. Tu as sans doute laissé ton numéro de téléphone à ton ami.
6. Ils ont sans doute pris des billets.
7. Vous voulez sans doute retourner au musée du Louvre.
8. Li Ying a sans doute visité la maison de Monet.

X. Complétez les phrases：

Ex：Je passe deux heures à + inf.

— Je passe deux heures à faire ces exercices.

1. Tu passes une matinée à _____.
2. On passe toute une journée à _____.
3. Vous passez une semaine entière à _____.
4. Vous passez beaucoup de temps à _____.
5. Elles passent une soirée à _____.
6. Li Ying et Pascal passent trois heures à _____.

XI. Complétez avec une de ces expressions(il y a plusieurs possibilités)：

par jour, par semaine, par mois, par an

1. On prend trois repas _____.
2. Je vais au cinéma une fois _____.
3. Il retourne chez ses parents deux fois _____.
4. Elle va voir ses grands-parents une fois _____.

Leçon 15 C'est un vrai trésor!

5. Marina écoute les prévisions météorologiques une fois _____.
6. Paul fait du sport trois fois _____.
7. Nous allons à la discothèque une fois _____.
8. Nous allons au théâtre une fois _____.

XII. Remplissez les blancs(填空):

| entier | quelquefois | jamais | dernier | plein |
| connu | sans doute | trop(de) | jusqu'à | |

1. Le mois _____, nous avons fait un voyage dans le Sud(南方) de la Chine. Ça nous a fait du bien. Tu vois, nous sommes maintenant en _____ forme.
2. Que pensez-vous de cette exposition?
   — C'est magnifique! Mais il y a _____ monde.
3. Tu as été en France cet été? Tu as goûté _____ le fromage.
4. Tout le monde connaît l'œuvre d'Alphonse Daudet: *La _____ classe*. C'est un écrivain(作家) _____ dans le monde _____.
5. _____ aujourd'hui, je n'ai _____ visité le Petit Palais, c'est dommage!
6. Jacques a emmené mon petit-fils à la campagne. C'est un bon garçon. Il passe _____ le week-end dans ma maison de campagne.
7. En quelle saison as-tu visité la ville de Venise? — En _____ été, au mois d'août.
8. Marina, la maison de Bruno est loin d'ici. Il faut une heure _____ pour y arriver.

XIII. Complétez avec un de ces verbes:

| parler | fatiguer | emmener | admirer |
| penser | contempler | construire | impressionner |

1. On _____ ce palais il y a deux mille ans.
2. Je _____ beaucoup à ma grand-mère, elle vit seule à Shanghai.
3. Que fais-tu là? — Je _____ le ciel et compte les étoiles (星星).
4. Li est un accro du cinéma, Il a vu le film *Notre-Dame de Paris* il y a trois jours. On l'a invité à _____ de ce film aux étudiants de 1ère année.
5. Le mois dernier, M. Leblanc _____ son fils en Italie. Ils _____ la beauté de la peinture italienne, et cette visite _____ le père et le fils.
6. Ne fais pas de bruit, ce voyage de dix heures en avion(飞机) _____ beaucoup _____ ta mère.

XIV. Mettez les verbes à la forme qui convient(把动词变为适当的形态)：

— Qu'est-ce que vous (faire) _____ le 5 novembre?

— Ce jour-là, je (travailler) _____ au bureau, comme tous les jours.

— Vous (déjeuner) _____ chez vous?

— Oui, de midi à 2h, on (ne pas travailler) _____ dans notre société. Je (avoir) _____ donc le temps de rentrer chez moi.

— A quelle heure vous (quitter) _____ le bureau ce jour-là?

— A 6 h. Puis je (faire) _____ des achats dans un grand magasin.

— Qui (faire) _____ la cuisine chez vous le soir?

— Ce (être) _____ moi. Ce soir-là, je (faire) _____ quelques bons plats pour mon mari et ma fille.

— Ah! votre fille, je la (rencontrer) _____ il y a deux jours. Ce (être) _____ une enfant très gentille!

— Oui, ce (être) _____ notre trésor!

XV. Répondez aux questions：

1. Qu'est-ce que vous avez fait dimanche dernier?
2. Avez-vous visité la Place Tian An Men?
3. Que pensez-vous de cette place?
4. Que faites-vous à vos moments de loisir?
5. Est-ce qu'on organise souvent des expositions de peinture dans votre ville?
6. Vous y allez quelquefois?
7. Y a-t-il beaucoup de musées dans votce ville?
8. N'y a-t-il pas de théâtre pour enfants dans votce ville?
9. Qui aime chanter dans votre classe?
10. N'avez-vous jamais dansé en discothèque?
11. A notre université, y a-t-il une soirée dansante le week-end?
12. Combien de fois par mois allez-vous au cinéma?
13. Avez-vous commencé à étudier le français en septembre dernier?
14. Quand avez-vous connu vos professeurs de français?
15. Sont-ils sympas?
16. Leur parlez-vous de votre vie à l'université?
17. Avez-vous beaucoup de travail en semaine?
18. Jusqu'à quelle heure avez-vous travaillé hier soir?
19. Aujourd'hui, êtes-vous en forme?
20. Vous avez quitté vos parents depuis deux mois. Pensez-vous quelquefois à eux?

Leçon 15 C'est un vrai trésor!

XVI. Ecoutez et indiquez vrai ou faux selon les deux dialogues de la leçon 15:

	1	2	3	4	5	6	7	8	9	10
Vrai										
Faux										

XVII. Ecoutez et transformez les phrases au passé composé(听后把句子变为复合过去时):

Ex：Je prends du poisson. → J'ai pris du poisson.

XVIII. Ecoutez et répondez avec un pronom:

Ex. Est-ce que tu as vu ma jupe rouge? → Non, je ne l'ai pas vue.

XIX. Ecoutez et mettez une croix quand vous entendez le passé composé(听到复合过去时划叉):

1	2	3	4	5	6	7	8	9	10

XX. Ecoutez et écrivez en toutes lettres l'année en question(听后用文字写出有关年份):

1. depuis
2. en
3. en
4. en
5. de   à

XXI. Ecoutez et répondez avec《y》:

Ex：Est-ce que tu vas à la campagne ce week-end? — Oui, j'y vais ce week-end.

XXII. Ecoutez et remplissez la grille:

Qui	Quand	Loisirs

XXIII. Ecoutez et écrivez les chiffres(写出数字):

1	
2	
3	
4	
5	
6	
7	
8	

XXIV. Ecoutez et complétez:

Hier après-midi, j'_____ avec ma sœur le _____ de Picasso. Il y avait _____, des Espagnols, des _____, et aussi _____ Chinois. Moi, je _____ beaucoup Picasso. J'ai _____ longuement ses 《Trois _____》 et 《La danse》(舞蹈), ils m'ont beaucoup _____. C'est vraiment un grand _____. Mais ma sœur, elle ne _____ pas, elle rentrer, et nous n'avons pas fait _____ du musée. Je compte _____ retourner _____ jour.

XXV. Résumez les deux dialogues en quelques phrases.

XXVI. Rédigez un petit texte en utilisant les mots et expressions suivants:
1. Impressionner, construire, admirer, sans doute, contempler, il y a, beauté.
2. Emmener, être en forme, ça fait du bien, loisir, jusqu'à, danser, chanter.

XXVII. Regardez les images et jouez les scènes:

Leçon 15 C'est un vrai trésor!

XXVIII. Imaginez les dialogues:
1. Que fais-tu à tes moments de loisir?
2. Qu'est-ce que vous avez fait le week-end dernier?

XXIX. Amusement sonore:
Un ver va vite vers un verre vide.
Les longs compartiments du train qui vient de Tourcoing sont pleins.

XXX. Dictées 1 et 2.

 Un peu de civilisation

Paris et ses monuments 巴黎及其名胜

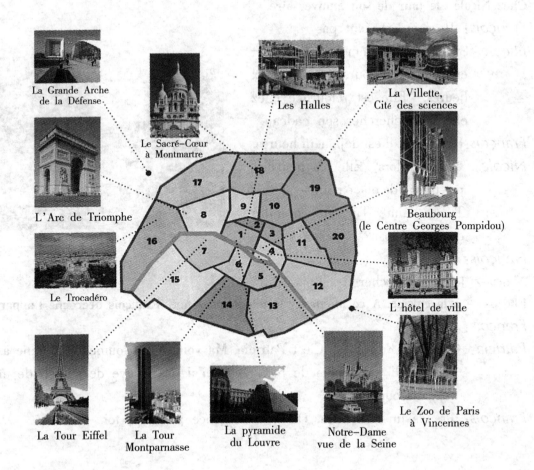

Leçon 16

Il n'y a plus de bus.

Dialogues

A

Chez Nicole, le jour de son anniversaire.
François: Patricia ne vient pas?
Nicole: Si, si. Nous sommes sorties ensemble du bureau avant six heures. Elle est retournée chez elle pour chercher son cadeau.
François: Il est tard, il est déjà neuf heures.
Nicole: Oui, et alors? Elle n'a peut-être pas trouvé de place pour se garer[1]. Tu as faim? Tu veux prendre quelque chose?
François: J'ai soif.
Nicole: Je vais chercher des boissons.
Elle passe à la cuisine. A ce moment, le téléphone sonne. François décroche l'appareil.
François: Allô!
Patricia: C'est toi, François? C'est Patricia. Ma voiture est tombée en panne à mi-chemin. Il n'y a plus de bus, et je n'ai pas trouvé de station de métro aux alentours.
François: Prends un taxi alors. On ne commence pas sans toi.

Leçon 16 Il n'y a plus de bus.

Philippe est venu chercher Mme Yang, amie de sa femme, à l'aéroport de Roissy.

Philippe : Vous avez fait bon voyage?
Mme Yang : Excellent, merci.
Philippe : Annick n'a pas pu venir: elle a eu un empêchement à la dernière minute.
Mme Yang : Ce n'est rien.
Philippe : Mais elle doit être déjà à la maison pour vous accueillir.
Bon, montez dans la voiture, s'il vous plaît.

Dans la voiture.

Mme Yang : Votre fille va bien? Elle doit avoir bientôt un an, si je ne me trompe?
Philippe : Oui, elle est née le 10 décembre.
Mme Yang : En général, vous allez au bureau en voiture?
Philippe : Non, la plupart du temps, nous prenons le métro et le bus, ces moyens de transport sont très pratiques.
Mme Yang : Y a-t-il des embouteillages?
Philippe : Dans le centre-ville, oui. Surtout aux heures de pointe.
Mme Yang : Comme chez nous. De nombreux Chinois vont encore au travail à vélo, mais il y a de plus en plus de voitures dans nos villes.

Vocabulaire

ensemble *adv.* 一起
avant *prép. ou adv.* 在……以前;以前,之前
et alors? 那又怎么样?
peut-être *loc. adv.* 或许
place 地方,位置
se garer *v. pron.* 停放
faim *n. f.* 饿
soif *n. f.* 渴
boisson *n. f.* 饮料

sonner *v. i. ou v. t.* 铃响,钟鸣;敲响;打铃
décrocher *v. t.* 摘下
voiture *n. f.* 车,轿车
tomber *v. i.* 跌倒;落下
  tomber en panne 抛锚
chemin *n. m.* 路,道路
à mi-chemin *loc. adv.* 半路上
ne... plus *adv.* 不再
bus (autobus 的缩写) *n. m.* (俗)公共汽车

station *n.f.* 地铁（公共汽车、出租车）站
métro *n.m.* 地铁
alentours *n.m.pl.* 周围，附近
taxi *n.m.* 出租车
sans *prép* 没有，不
aéroport *n.m.* 机场
empêchement *n.m.* 有事不能分身
(ne)...rien *pron. indéf* 没有什么东西，没有什么事情
accueillir *v.t.* 迎接，接待
monter *v.t. ou v.i.* 登上；乘上
se tromper *v.pron.* 弄错，搞错
naître *v.i.* 出生
en général *loc.adv.* 一般地
plupart *n.f.* 大部分，大多数

la plupart du temps *loc.adv.* 通常，往往
moyen *n.m.* 手段，办法
transport *n.m.* 运输，交通
  moyen de transport 交通工具
pratique *adj.* 实用的，方便的
embouteillage *n.m.* 堵车
centre *n.m.* 中心
centre-ville *n.m.* 市中心
pointe *n.f.* 尖端
  heures de pointe 高峰时刻
nombreux, se *adj.* 众多的
travail *n.m.* 工作
vélo *n.m.* 自行车，单车
de plus en plus (de) *loc.adv.* 越来越（多）

Nom propre

l'aéroport de Roissy 位于巴黎北郊的鲁瓦西机场，又称戴高乐机场。

Notes

1. Elle n'a peut-être pas trouvé de place pour se garer.
   她也许没有找到停车的地方。
2. si je ne me trompe
   如果我没弄错的话

Vocabulaire complémentaire

train *n.m.* 火车
à pied *loc.adv.* 步行
naissance *n.f.* 出生
voyageur, se *n.* 旅客

bateau *n.m.* 船
ticket *n.m.* （汽车、地铁）票
route *n.f.* 道路，公路
car *n.m.* （autocar 的缩写）旅行大客车，游览汽车

Leçon 16　Il n'y a plus de bus.

Un peu de phonétique
L'assimilation des voyelles（元音的同化）

元音受前后音素的影响，发生同化，例如开口音和闭口音的相互影响：

neiger 〔neʒe〕　　　　aider 〔ede〕
événement 〔evɛnmɑ̃〕 第二个 é 在闭音节中
au revoir 〔ɔrvwar〕 au 在闭音节中

Manière de dire

Les moyens de transport
Je prends { l'avion（飞机） / le bus / le métro / le taxi / le train / le vélo / la voiture } pour aller au travail.
Je vais au travail { en avion. / en métro. / en train (par le train). / en (à) vélo. / en voiture. / à pied. }
J'achète { un billet { de train. / de bateau. / d'avion } / un ticket { de bus. / de métro. } }

Micro-conversation

A	B
Le voyageur: Je voudrais deux billets de train pour Paris, s'il vous plaît.	*Mme Fouger*: Tu es allé où pour les vacances du Nouvel An?
L'employée: C'est pour quel jour et quelle heure?	*M.Martin*: J'ai fait un petit voyage en Italie, à Rome, exactement.
Le voyageur: Lundi 11 mars, dans l'après-midi.	*Mme Fouger*: Tu as pris l'avion?
L'employée: Vous prenez le TGV?	*M.Martin*: Non, c'est trop cher, l'avion.
Le voyageur: Certainement.	*Mme Fouger*: Alors tu as pris le train ou le car?
L'employée: J'ai deux places libres pour le train de 14 heures 30, ça vous va?	*M.Martin*: J'y suis allé en voiture.
Le voyageur: C'est parfait. Vous prenez la carte bleue?	*Mme Fouger*: Mais ce n'est pas rapide (快). Et puis il y a des embouteillages...
L'employée: Oui, bien sûr. Voilà vos billets, monsieur.	*M.Martin*: Mais c'est très pratique. Et ce n'est pas très cher.

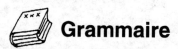

Grammaire

I. Le passé composé (2)〔复合过去时(2)〕

少数不及物动词在复合过去时中要用 **être** 作助动词,如:**aller, venir, arriver, entrer, sortir, partir, rentrer, rester, retourner, tomber, descendre**(下),**monter, naître, mourir**(死)等。这类动词的过去分词和形容词一样要和主语性数一致。

> — Je (étudiant/étudiante) suis all**é**/all**ée**
> — Ces employées sont all**ées**   ⎱ au musée hier après-midi.
> — Les musiciens sont all**és**

Leçon 16 Il n'y a plus de bus.

verbe	participe passé
partir	parti
sortir	sorti
venir	venu
descendre	descendu
naître	né
mourir	mort

Attention：

有些动词既可用作及物动词，也可用作不及物动词，如：**descendre**，**monter**，**sortir**，**passer** 等。作及物动词时，在复合过去时中要用 **avoir** 作助动词。试比较：

Isabelle **est montée** dans le bus. 伊莎贝尔上了公共汽车。

Annie **a monté** l'escalier quatre à quatre. 安妮三步并作两步地上了楼梯。

Notre voiture **est passée** sous un pont. 我们的车从桥下经过。

Ma tante **a passé** huit jours en Normandie. 我姨妈在诺曼底过了一周。

II. L'emploi de l'infinitif (1) 〔动词不定式的用法(1)〕

法语的某些动词，如 aller, venir, désirer, aimer, préférer, vouloir, pouvoir, devoir, savoir 等等，可以直接跟另一个动词的不定式连用：

Il est venu me chercher à la gare. 他来火车站接我。

J'aime sortir avec Nicole. 我喜欢跟尼科尔出门。

Maintenant il doit faire très froid à Harbin. 现在哈尔滨一定很冷。

Conjugaison	
accueillir (p. passé：accueilli)	
j'accueille	nous accueillons
tu accueilles	vous accueillez
il accueille	ils accueillent
elle accueille	elles accueillent

naître 的直陈式现在时变位同 connaître。

III. La date （日期表达法）

·**Les jours de la semaine**：

lundi, mardi, mercredi, jeudi, vendredi, samedi, dimanche

Année	疑问句	**En quelle année** sommes-nous?
	陈述句	Nous sommes **en 2004**.
Saison	疑问句	**En quelle saison** sommes-nous?
	陈述句	Nous sommes **au printemps** (en été; en automne; en hiver).
Mois	疑问句	**En quel mois** sommes-nous? **Quel mois** sommes-nous?
	陈述句	Nous sommes **en mars**. Nous sommes **au mois de mars**.
Date	疑问句	**Le combien** sommes-nous aujourd'hui? **Quelle date** sommes-nous?
	陈述句	Aujourd'hui, nous sommes **le 1er**. Aujourd'hui, c'est **le 1er mars**. Aujourd'hui, nous sommes **le 1er mars 2004**.
Jour	疑问句	**Quel jour** (de la semaine) sommes-nous?
	陈述句	Nous sommes **mercredi**.

 Exercices

I. Conjuguez les verbes suivants:

au présent de l'indicatif

1. devoir faire ces exercices (téléphoner à Marie, emmener Paul à l'aéroport)
2. accueillir un ami chinois (une amie française, des touristes étrangers)
3. garer sa voiture (son vélo, un autobus)
4. décrocher l'appareil (un tableau, le téléphone)

au passé composé

5. monter dans une voiture (dans le train, l'escalier)
6. rester à la maison (au bureau, chez ses parents)
7. rentrer de France (en Chine, à la maison)
8. sortir du cinéma (de la boutique, sa carte de crédit)

Leçon 16 Il n'y a plus de bus.

II. Lisez les dialogues et répondez aux questions:

  A

1. Aujourd'hui, c'est l'anniversaire de qui?
2. Qui vient fêter l'anniversaire de Nicole?
3. Pourquoi Patricia est-elle retournée chez elle?
4. L'attend-on avec impatience?
5. François a-t-il faim?
6. Patricia téléphone-t-elle chez Nicole?
7. Pourquoi ne peut-elle pas venir tout de suite?
8. Est-ce qu'elle peut prendre le bus à cette heure-là?
9. Peut-elle venir en métro?
10. Commence-t-on à dîner sans Patricia?

B

1. Qu'est-ce que Philippe est venu faire à l'aéroport de Roissy?
2. Qui est Annick?
3. Pourquoi n'est-elle pas venue chercher son amie chinoise?
4. Philippe et Mme Yang ont-ils pris le métro pour aller à la maison?
5. Annick et Philippe ont-ils une fille?
6. Quel âge a-t-elle?
7. Comment vont-ils au bureau en général?
8. Pourquoi ne veulent-ils pas aller au travail en voiture?
9. Quels moyens de transport les Chinois prennent-ils pour aller au travail?
10. Y a-t-il de plus en plus de voitures dans les villes chinoises?

III. Mettez les verbes au passé composé:

1. Les enfants (rester) _____ trois heures dans le jardin.
2. Elle a beaucoup de travail cette semaine, elle (ne pas aller) encore _____ voir sa grand-mère.
3. Ils (arriver) _____ à l'aéroport très tôt.
4. Ses parents (rentrer) _____ à la maison très tard.
5. Sylvie (retourner) _____ à la banque pour chercher sa carte bleue.
6. Tous ses amis (monter) _____ dans l'autobus 732.
7. Les étudiants (partir) _____ tôt pour avoir de bonnes places.
8. Il fait du vent, il fait très froid. Elle (ne pas sortir) _____.
9. Aline et Fanny (entrer) _____ dans un grand magasin.
10. Hier soir, mes belles-sœurs (venir) _____ chez moi.

IV. Continuez la phrase comme dans l'exemple(依例再续上一句话)：

Ex：Tu es resté un mois à la campagne?

　　Ça t'a fait sans doute du bien.

1. Tu as passé une semaine dans la montagne?
2. Elle fait du sport tous les matins?
3. Ils ont fait un pique-nique aux alentours de Beijing?
4. Vous êtes allés sur la Côte d'Azur?
5. Vous avez fait un voyage dans le Sud?
6. Il a pris ses vacances à l'étranger?
7. Tu as dansé toute la soirée?
8. Fanny et Aline font du sport tous les jours?

V. Répondez avec 《ne ... rien》(用 ne ... rien 回答)：

Ex：Qu'est-ce qu'il a dit?　　— Il n'a rien dit.

1. A-t-il pris quelque chose?
2. Avez-vous envoyé quelque chose à votre frère?
3. Y a-t-il quelque chose dans la voiture?
4. Qu'est-ce que vous voyez?
5. Ont-ils laissé quelque chose chez Nicolas?
6. A-t-elle trouvé quelque chose pour l'anniversaire de Paul?
7. Que cherchent les enfants dans le jardin?
8. Li Ying a-t-elle acheté quelque chose au marché?

VI. Répondez comme dans l'exemple：

Ex：Est-ce que les enfants sont d'accord?

　　　— Oui, la plupart des enfants sont d'accord.

　ou — Non, la plupart des enfants ne sont pas d'accord.

1. Est-ce que les Chinois vont au travail à vélo?
2. Est-ce que les Français aiment le fromage?
3. Est-ce que les filles mangent beaucoup de viande?
4. Est-ce que les garçons veulent danser aujourd'hui?
5. Les étudiants déjeunent-ils au Resto-U?
6. Est-ce que les jeunes aiment les films de Zhang Yimou?

VII. Transformez les phrases selon l'exemple：

Ex：Ces salles sont grandes.　　→ Ce sont de grandes salles.

1. Ces bureaux sont petits.
2. Ces garçons sont beaux.

Leçon 16 Il n'y a plus de bus.

3. Ces photos sont belles.
4. Ces maisons sont vieilles.
5. Ces films sont bons.
6. Ces professeurs sont jeunes.
7. Ces messieurs sont gentils.
8. Ces jupes sont jolies.

VIII. Traduisez en chinois les expressions suivantes et faites-les entrer dans des phrases(把下列词语译成中文并造句)：

A	B
avoir faim	La neige (la pluie) tombe.
avoir soif	Le jour tombe.
avoir chaud	La nuit (le soir) tombe.
avoir froid	Le vent est tombé.
avoir sommeil（困倦）	La température va tomber.

IX. Donnez des conseils ou des ordres comme dans l'exemple(把句子变成命令式)：

Ex：Tu dois rester à la maison aujourd'hui.
　　→ Reste à la maison aujourd'hui !

1. Tu dois prendre un taxi.
2. Nous devons parler français.
3. Tu ne dois pas partir aux heures de pointe.
4. Vous devez nous attendre quelques minutes.
5. Vous ne devez pas sortir de la salle.
6. Tu ne dois pas aller au cinéma sans elle.
7. Nous ne devons pas ouvrir le livre.
8. Vous devez suivre cette rue.
9. Vous ne devez pas prendre le métro.
10. Nous ne devons pas décrocher ce beau tableau.

X. Formez des phrases comme dans l'exemple：

Ex：des voitures / rues
　　Il y a de plus en plus de voitures dans les rues.

1. des clients　　/　　magasin
2. des enfants　　/　　jardin du quartier
3. des tableaux　 /　　musée
4. des voitures　 /　　ville
5. des vélos　　 /　　université

6. des touristes / France
7. des autobus / place
8. des banques étrangères / Chine

XI. Complétez avec un de ces verbes :

| (se) garer | accueillir | monter | devoir |
| tomber | sonner | naître | passer |

1. Nous invitons Alice à _____ le week-end en Normandie. Elle _____ être contente de notre invitation.
2. Je n'ai pas vu ta voiture. Où est-ce que tu la _____ ?
3. Cette petite _____ dans une famille de musiciens.
4. Les étudiants ont organisé une soirée pour _____ leur nouveau professeur.
5. Nous partons pour Tianjin en voiture. A mi-chemin, la pluie commence à _____.
6. Cinq heures vont _____, le train va entrer bientôt en gare.
7. Tiens! Les enfants _____ déjà dans un taxi.
8. On a pris de l'apéritif(开胃酒), puis on _____ à table.

XII. Finissez la phrase avec un de ces mots ou expressions(用下列词语补足句子):

| ensemble | peut-être | ne ... plus | sans |
| en général | encore | bientôt | ne ... jamais |

1. Elle a acheté un vélo pour dames il y a un mois. Maintenant _____.
2. Pour fêter le Nouvel An, nous avons mangé _____.
3. J'ai très soif, je veux _____.
4. Paul aime faire des voyages, mais _____.
5. Nicole n'est pas venue au rendez-vous, _____.
6. Pierre attend ce voyage à Venise depuis des années, nous ne devons pas _____.
7. Pascal a une voiture, mais _____.
8. Il est tard, _____.

XIII. Complétez avec un de ces adjectifs :

| gentil | nombreux | pratique | délicieux |
| plein | immense | excellent | magnifique |

Leçon 16　Il n'y a plus de bus.

1. Il n'y a plus de places dans cet autobus, c'est _____.
2. Voici le Jardin du Luxembourg. C'est _____ avec ses arbres et ses fleurs.
3. Nous avons mangé tous ces raviolis. C'est _____.
4. Vous allez nous chercher à l'aéroport? C'est _____.
5. Hier, nous avons visité la Place Tien An Men. Cette place _____ est connue dans le monde entier.
6. Il y a une station de métro près de chez moi. Je vais au travail en métro. C'est _____.
7. Nous sommes _____ dans la classe. On y compte 40 étudiants.
8. Comment trouvez-vous cette exposition?
   — _____. Je compte y retourner un de ces jours.
9. De _____ touristes sont arrivés hier.
10. Aujourd'hui, je suis en _____ forme.

XIV. Mettez les verbes aux temps qui conviennent(把动词变为适当的时态):

Chers amis,
Enfin(终于) nous (être) _____ en Chine. Nous (arriver) _____ le 28 septembre et nous (rester) _____ une semaine à Beijing. Nous (voir) _____ bien sûr le Palais impérial(故宫) et le Palais d'Eté(颐和园). Nous (monter) _____ sur la Grande Muraille(长城). Nous (prendre) _____ beaucoup de photos. C'était magnifique! Nous (visiter) _____ aussi quelques musées. Avant-hier, je (aller) _____ toute seule à la rue Wangfujing et je (trouver) _____ de très jolies choses à acheter. Vous (voir) _____ ça bientôt. Demain, nous (partir) _____ pour le sud du pays.
　　　　　　　　　　　　Amitiés
　　　　　　　　　　　　　　　　　Catherine

XV. Répondez aux questions:

1. En quelle année sommes-nous?
2. En quelle saison sommes-nous?
3. En quel mois sommes-nous?
4. Le combien sommes-nous?
5. Quel jour est-ce aujourd'hui?
6. Quelle est votre date de naissance?
7. Dans quelle ville êtes-vous né(e)?
8. Quand êtes-vous arrivé(e) à note université?
9. Quand avez-vous rencontré vos professeurs de français pour la première fois?

巴黎地铁票

10. Comment allez-vous en classe, à velo ou à pied?
11. Quel moyen de transport prenez-vous pour rentrer chez vous?
12. Vos parents ont-ils acheté une voiture?
13. Y a-t-il de plus en plus de voitures dans votre ville?
14. Avez-vous pris le métro à Beijing?
15. Combien de lignes de métro y a-t-il à Beijing?
16. Y a-t-il une station de métro près de l'Université de Pékin?
17. Le métro et le bus sont-ils des moyens de transport pratiques?
18. Y a-t-il souvent de nombreux voyageurs dans le train?
19. Etes-vous sorti(e) dimanche dernier?
20. Où êtes-vous allé(e)?

XVI. Ecoutez et indiquez vrai ou faux selon les deux dialogues de la leçon 16:

	1	2	3	4	5	6	7	8	9	10
Vrai										
Faux										

XVII. Ecoutez et transformez les phrases au passé composé:

EX: Bruno sort de son bureau. → Bruno est sorti de son bureau.

XVIII. Ecoutez et répondez selon l'exemple:

Ex: Il n'a pas voulu visiter ce musée? — Si, il a voulu le visiter.

XIX. Ecoutez et mettez une croix quand vous entendez le passé composé:

1	2	3	4	5	6	7	8

XX. Ecoutez le texte et répondez aux questions suivantes:

1. Quand monsieur Dupont est-il venu à Nantes?
2. Où a-t-il trouvé du travail?
3. En quelle année sa femme et ses enfants sont-ils venus à Nantes? Et d'où sont-ils venus?
4. Quand la famille a-t-elle acheté une maison?
5. La famille Dupont est-elle contente de sa vie à Nantes?

XXI. Ecoutez et répondez.

Leçon 16 Il n'y a plus de bus.

XXII. Ecoutez et notez la date et le lieu(地点) de leur naissance(说出他们的出生日期和地点):

Qui	Date de naissance	Lieu de naissance

XXIII. Ecoutez et remplissez la grille:

Qui?	Quand?	Par quel moyen de transport?	Pourquoi faire?

XXIV. Ecoutez et complétez:

　　Hier matin, nous avons pris _____ pour aller _____ la Tour Eiffel, nous _____ sommes arrivés à _____, et nous _____ en haut de la Tour. De là, on _____ tout Paris, et on _____ beaucoup de photos. _____, nous avons pris _____ pour _____ visiter Notre-Dame de Paris. Nous y _____ une demi-heure. Et puis nous _____ dans un restaurant _____. L'après-midi, nous _____ la _____ de Balzac(巴尔扎克), il y _____ 7 ans.

XXV. Résumez les deux dialogues en quelques phrases.

XXVI. Rédigez un petit texte en utilisant les mots et expressions suivants:

　　1. Ensemble, tomber en panne, ne ... plus, bus, station de métro, taxi.
　　2. Empêchement, accueillir, aéroport, monter, en général, embouteillage.

XXVII. Imaginez les dialogues:

　　1. Transports en commun(公共) chez vous.
　　2. Une sortie(外出).

XXVIII. Regardez les images et jouez les scènes.

XXIX. Amusement sonore :

Pauvre petit paquet postal perdu, pas parti pour Papeete.

XXX. Dictées 1 et 2.

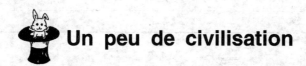 Un peu de civilisation

Paris et ses transports en commun 巴黎公交

Le métro : A Paris, il y a 14 lignes de métro. C'est un moyen de transport rapide et économique. Pour voyager en métro, on peut acheter un ticket, un carnet de 10 tickets, ou une carte hebdomadaire ou mensuelle, appelée «carte orange».

Le Météor : il existe depuis 1998, il s'agit d'un métro très moderne, automatique (sans conducteur) et très rapide.

Le RER : Pour arriver dans le centre de Paris, les habitants de la banlieue utilisent le RER (Réseau Express Régional). Les lignes du RER traversent la ville d'est en ouest et du nord au sud.

L'autobus : Ce moyen de transport permet de profiter de la vie animée de la capitale.

Leçon 17

J'ai vu Gérard Depardieu!

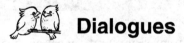 **Dialogues**

Un jour de mai, Wang Gang rencontre Marina dans le campus.

Wang: Où étais-tu la semaine dernière? Tu n'es pas venue à notre excursion.
Marina: J'étais à Cannes.
Wang: Tu as assisté au Festival international de cinéma?
Marina: Oui, et j'ai vu Gérard Depardieu!
Wang: Quelle chance! C'est ta vedette préférée. Raconte-moi ça.
Marina: C'était jeudi dernier. J'ai attendu dès neuf heures du matin devant le Palais des Festivals¹. Il y avait des centaines de personnes. Comme moi,

tout le monde attendait l'arrivée des vedettes. Vers onze heures, une grosse voiture noire est apparue, elle avançait lentement, et puis elle s'est arrêtée. Gérard Depardieu en est descendu. Lorsqu'il montait les marches du grand escalier, il saluait, il serrait des mains, il souriait...
Wang: Tu as eu son autographe?
Marina: Oui, j'étais très heureuse.

B

Le lendemain de la fête nationale française, Antoine rencontre Li Ying dans le métro.

Antoine: Bonjour, Li Ying. Hier, je t'ai appelée plusieurs fois, mais tu n'étais toujours pas là.

Li Ying: Non. Hier matin, je suis allée sur les Champs-Elysées pour voir le défilé militaire.

Antoine: J'y étais aussi! C'était impressionnant, n'est-ce pas?

Li Ying: Oui. J'ai pris pas mal de photos et je vais les envoyer à mes amis en Chine.

Antoine: Après le défilé, tu n' es pas allée à l'Opéra? L'entrée était gratuite.

Li Ying: Si, mais on a fait la queue pendant plusieurs heures!

Antoine: Et le soir?

Li Ying: J'ai marché de la Place de la Concorde jusqu'à la Place de l'Etoile. Dans les rues, les gens dansaient, chantaient, regardaient le feu² d'artifice... Il était minuit quand je suis rentrée.

Vocabulaire

campus *n.m.* （大学）校园	arrivée *n.f.* 到达
excursion *n.f.* 远足	vers *prép.* 将近(表示时间)；朝(表示方向)
assister (à) *v.i.* 参加,列席；目睹	gros, sse *adj.* 大的,粗的
festival *n.m.* （音乐、艺术、戏剧、电影)节	noir, e *adj.* 黑色的
international, e *adj.* 国际的	apparaître *v.i.* 出现
chance *n.f.* 运气	avancer *v.i.* 前进
vedette *n.f.* 明星	lentement *adv.* 慢慢地
préféré, e *adj.* 最喜爱的	s'arrêter *v.pron.* 停下
jeudi *n.m.* 星期四	descendre *v.i.* ou *v.t.* 下来
dès *prép* 从……起	lorsque *conj.* 当……时候
palais *n.m.* 宫殿	marche *n.f.* 台阶,梯级；行走,竞走
centaine *n.f.* 一百来个	escalier *n.m.* 楼梯
personne *n.f.* 人	saluer *v.t.* 致意；敬礼

Leçon 17 J'ai vu Gérard Depardieu!

serrer *v.t.* 握
main *n.f.* 手
sourire *v.i.* 微笑
autographe *n.m.* 亲笔签名
heureux, se *adj.* 幸福的,高兴的
lendemain *n.m.* 次日
fête *n.f.* 节日
national, e *adj.* 国家的,民族的
plusieurs *adj.indéf.pl.* 好几个的
toujours *adv.* 总是,始终;永远
défilé *n.m.* 游行
militaire *adj.* 军事的
impressionnant, e *adj.* 令人印象深刻的
pas mal (de) *loc.adv.*(俗)不坏;不少,许多

mal *adv.* 坏
opéra *n.m.* 歌剧;歌剧院
entrée *n.f.* 入口,进入
gratuit, e *adj.* 免费的
queue *n.f.* 尾巴
  faire la queue 排队
pendant *prép.* 在……期间
marcher *v.i.* 走,走路
étoile *n.f.* 星
feu *n.m.* 火
  feu d'artifice 烟花
minuit *n.m.* 午夜
quand *conj.* 当……时候

Noms propres

Cannes   戛纳
Gérard Depardieu（1948- ）   热拉尔·德帕迪厄
les Champs-Elysées *n.m.pl.*   香榭丽舍大街
la Place de la Concorde   协和广场
la Place de l'Etoile   星形广场,又称戴高乐广场

Notes

1. 以-al 结尾的阳性名词或形容词,变复数时词尾大多为-aux,如:
   journal → journaux   national → nationaux
   Attention：festival → festivals   bal → bals
2. 以-eu 结尾的阳性名词或形容词,变复数时大多在词尾加-x,如:
   feu → feux   cheveu → cheveux
   Attention：bleu → bleus   pneu → pneus

Vocabulaire complémentaire

derrière *prép.* 在……后面

Un peu de phonétique
La voyelle longue 长(元)音

长音有两种：
1. 节奏长音：受重音变化的影响，[r, v, z, ʒ, j, vr]在重读音节末尾时，其前面的元音读长音，如：
   C'est sûr.[sɛ-syːr] [y]读长音
   mais：On est sûr d'elle.[ɔ̃-nɛ-syr-dɛl] [y]无长音
   C'est mon livre.[sɛ-mɔ̃-liːvr] [i]读长音
   mais：C'est mon livre de français.[sɛ-mɔ̃-livr-də-frɑ̃-sɛ] [i]无长音
2. 历史长音：不受重音变化的影响，[o, ø, ɑ̃, ɛ̃, œ̃]在词末闭音节中读长音，如：
   la vendeuse[la-vɑ̃-døːz] [ø]读长音
   le peintre[lə-pɛ̃ːtr] [ɛ̃]读长音

Manière de dire

— la fête nationale
— la fête du Travail
— la fête du Printemps (le Nouvel An chinois)
— la fête de la Musique
— la fête des Mères   } Bonne fête !
— la fête des Pères
— la fête des Enfants
— la fête du Carnaval (狂欢节)
— la fête du Nouvel An   Bonne Année !
— la fête de Noël   Joyeux Noël !

Leçon 17 J'ai vu Gérard Depardieu!

Micro-conversation

A	B
A: La fête de Noël, c'est une grande fête pour les Français?	A: Quelle est la grande fête des Chinois?
B: Oui, une très grande fête. Maintenant c'est surtout une fête de famille.	B: C'est sûrement la fête du Printemps. C'est une fête de famille comme la fête de Noël pour les Français.
A: L'an dernier, tu es rentré en France pour passer tes vacances de Noël?	A: Et comment passez-vous la fête du Printemps?
B: Oui. La France est très loin d'ici, mais j'étais très heureux de revoir mes parents et mes amis.	B: On mange des raviolis, on fait des feux d'artifice...
A: Qu'est-ce que vous avez fait pendant la fête?	A: Vous offrez des cadeaux aux enfants?
B: On a fait du ski(滑雪) dans les Pyrénées(比利牛斯山). C'était super!	B: Non, mais on leur donne de l'argent(钱). Et ils en sont très contents.
A: Où étiez-vous pour le Réveillon(圣诞夜聚餐)?	A: Vous rentrez tous les ans chez vos parents pour passer les vacances du Nouvel An chinois?
B: Chez nous, à la maison. J'ai eu beaucoup de cadeaux.	B: Pas tous les ans. Il y a toujours beaucoup de monde dans le train pendant cette période(时期), le voyage n'est pas toujours facile(容易的)...
A: Qui vous a offert ces cadeaux de Noël?	A: Vous pouvez prendre l'avion!
B: Le Père Noël...	B: C'est trop cher, et ce n'est pas très sûr!

Grammaire

I. L'imparfait(未完成过去时)

1. **Formation**

   去掉直陈式现在时第一人称复数的词尾 ons,分别加上-ais, -ais, -ait, -ions, -iez, -aient, 如:

   nous rest-**ons**→je rest**ais**, tu rest**ais**, il rest**ait**, nous rest**ions**, vous rest**iez**, ils rest**aient**

   nous choisiss-**ons**→je choisiss**ais**, tu choisiss**ais**, il choisiss**ait**, nous choisiss**ions**, vous choisiss**iez**, ils choisiss**aient**

   nous pren-**ons**→je pren**ais**, tu pren**ais**, il pren**ait**, nous pren**ions**, vous pren**iez**, ils

pren**aient**

有少数动词例外，如：être→j'**étais**, tu **étais**, il **était**, nous **étions**, vous **étiez**, ils **étaient**

Attention：

nous commenç-**ons**→je commenç**ais**, tu commenç**ais**, il commenç**ait**, nous commenc**ions**, vous commenc**iez**, ils commenç**aient**

nous mange-**ons**→je mange**ais**, tu mange**ais**, il mange**ait**, nous man**gions**, vous mang**iez**, ils mange**aient**

2. Emploi

未完成过去时表示过去未完成的、在所涉及的一个过去的时间里正在延续的动作或状态。它没有明确的起始界限。

如：Mon frère **écoutait** de la musique quand je suis entré.

未完成过去时主要有下列几种用法：

1) 用在描写中

Hier, **c'était** l'anniversaire de ma sœur. Il y **avait** beaucoup de monde chez moi.

— Avez-vous passé un bon week-end à la campagne?

— Pas vraiment. Il **faisait** très froid, la cuisine du restaurant **n'était** pas bonne, on **dormait**（dormir 睡觉）très mal.

2) 表示过去习惯或重复发生的动作或状态

Pendant mon séjour en France, je **mangeais** toujours au Resto-U.

Quand **j'étais** au lycée, je **faisais** du sport tous les jours.

3) 表示过去同时发生的延续的动作或状态

Mon frère **prenait** son dîner, et moi, je **regardais** la télé.

II. Le pronom adverbial《en》(2) 〔副代词"en"(2)〕

副代词"en"可以代替以"de"引出的：

1. 形容词补语

— Est-elle heureuse **de votre invitation**?

— Oui, elle **en** est heureuse.

— Es-tu content **de visiter Paris**?

— Oui, j'**en** suis très content.

2. 间接宾语

— Votre ami vous parle-t-il souvent **de sa famille**?

— Non, il n'**en** parle pas souvent.

3. 地点状语

— A quelle heure êtes-vous sorti **du bureau**?

— J'**en** suis sorti à trois heures.

Leçon 17 J'ai vu Gérard Depardieu!

III. La phrase（句子）

法语的句子分简单句和复合句两种。

1. 简单句(la phrase simple)只有一个分句(la proposition)或称独立句,分以下三种基本句型：

   1）主语+动词：Il chante.

   2）主语+动词+宾语：Je décroche l'appareil.

   3）主语+系词+表词：Nous sommes étudiants.

2. 复合句(La phrase complexe)包括两个或两个以上的分句,可细分为：

   1）平列句(les propositions de juxtaposition)

   几个独立的分句用逗号或分号隔开,便组成平列句：

   Il faisait beau, le ciel était bleu, il n'y avait pas de vent.

   2）并列句(les propositions de coordination)

   几个独立的分句用 et, ou, ni, mais, car, donc 等并列连词连接,便组成并列句：

   Annie travaille dans une société, et son mari enseigne à l'université.

   Il est musclé, car il fait du sport.

   3）主从句(la phrase de subordination)

   主从句包括一个主句（proposition principale）以及一个或几个从句(proposition subordonnée)。从句用连词与主句相连,做主句动词的宾语或表示时间、目的、条件、让步、原因等等的状语。如：

   Nous regardions la télé **quand Li Ming est entré**.（时间状语从句）

   Comme Li Ying est peintre, elle a passé beaucoup de temps à regarder les tableaux.（原因状语从句）

Conjugaison	
sourire (p. passé : souri)	
je souris	nous sourions
tu souris	vous souriez
Il sourit	ils sourient
elle sourit	elles sourient

apparaître 的变位同 connaître, descendre 的变位同 attendre。

 **Exercices**

I. Conjuguez les verbes suivants à l'imparfait(把下列动词变为未完成过去时)：

1. avancer vers sa vedette préférée (vers la grosse voiture, vers l'escalier)

2. descendre du métro (de la Tour Eiffel, de la montagne)

3. serrer la main à Nicole (un stylo 钢笔, les dents 牙齿)
4. sourire à son voisin (à cet enfant, aux clients)
5. prévoir un voyage à l'étranger (d'assister à ce festival, de rentrer le 15 décembre)

II. Lisez les dialogues et répondez aux questions:

A

1. Où Wang Gang a-t-il rencontré Marina un jour de mai?
2. Marina a-t-elle fait une excursion avec ses amis la semaine dernière?
3. Où est-ce qu'elle était?
4. Pourquoi était-elle à Cannes?
5. A-t-elle vu sa vedette préférée, Gérard Depardieu? Et quand?
6. Où les gens attendaient-ils l'arrivée des vedettes ce jour-là?
7. Y avait-il de nombreux accros du cinéma devant le Palais?
8. Gérard Depardieu est-il venu en bus?
9. Que faisait-il lorsqu'il montait les marches du grand escalier?
10. Marina était-elle heureuse ce jour-là? Pourquoi?

B

1. Quand Antoine rencontre-t-il Li Ying dans le métro?
2. Quelle est la date de la fête nationale française?
3. Qu'est-ce que Li Ying a fait le matin du 14 juillet?
4. Le défilé militaire l'a-t-il beaucoup impressionnée?
5. A-t-elle pris beaucoup de photos?
6. Après le défilé, où est-elle allée?
7. Pendant combien de temps a-t-elle fait la queue devant l'Opéra?
8. Ce soir-là, a-t-elle beaucoup marché?
9. A-t-elle vu beaucoup de monde dans les rues?
10. Est-ce qu'elle est rentrée avant minuit?

III. Mettez les verbes à l'imparfait(把动词变为未完成过去时):

1. Quand elle (être) _____ petite, elle (habiter) _____ avec ses grands-parents.
2. Il y (avoir) _____ beaucoup de monde dans les rues le jour de la fête.
3. Alice (chercher) _____ une boisson chaude pendant des heures.
4. Que (faire) _____-ils le week-end quand ils (être) _____ étudiants?
5. Je (ne pas aimer) _____ aller faire des achats avec elle: elle (essayer) _____ toutes les robes.

Leçon 17 J'ai vu Gérard Depardieu!

6. La semaine dernière, nous (avoir) _____ trop de travail. On (partir) _____ de la maison dès 7h30 et on (rentrer) _____ vers 9h du soir.

7. Le mois dernier, ils (ne pas avoir) _____ le temps de faire du sport.

8. Comme il (faire) _____ froid, on (devoir) _____ prendre un pull.

IV. Mettez les verbes à la forme du passé qui convient（把动词变为合适的过去时态）：

1. Antoine (ne pas rentrer) _____ dîner hier: il (vouloir) _____ finir(结束) son travail.

2. Hélène me (raconter) _____ cette excursion, quand son mari (rentrer) _____ à la maison.

3. L'enfant (faire) _____ des exercices de grammaire, quand sa mère (préparer) _____ le dîner.

4. Hier, je (aller) _____ au théâtre. Il (faire) _____ froid, je (porter 穿着) _____ mon manteau en laine(呢大衣).

5. Ce matin, je (prendre) _____ seulement un yaourt: je (ne pas avoir) _____ faim.

6. L'enfant ne (écouter) _____ plus: il (comprendre) _____ mal son institutrice.

7. Li Ying (manger) _____ avec une fourchette et un couteau, quand elle (vivre) _____ en France.

8. Je (ne pas pouvoir) _____ aller dîner chez mon ami hier, je (ne pas être) _____ libre.

9. Wang Gang (attendre) _____ depuis une heure au bureau, quand Li Ying (arriver) _____ en voiture.

10. Elle (choisir) _____ un cadeau dans une boutique de souvenirs quand nous la (voir) _____ pour la première fois.

V. Transformez les phrases comme dans l'exemple：

Ex: Il regarde la télé, sa mère l'appelle.
→ Il regardait la télé quand sa mère l'a appelé.

1. Il écoute de la musique, son amie arrive.
2. Ils attendent depuis deux heures, cette vedette du cinéma apparaît.
3. Nous sommes dans l'autobus, Bruno monte.
4. Nous regardons le feu d'artifice, le téléphone sonne.
5. Marina descend de la voiture, elle voit son professeur.
6. Elle contemple les tableaux de Monet, Paul vient lui dire bonjour.
7. Je fais des exercices, mes amis viennent.

8. Ils prennent leur petit déjeuner, Paul sort.
9. Il neige, nous sortons du cinéma.
10. On fait la queue, Marie va demander des renseignements.

VI. Répondez en employant le pronom adverbial《en》（用副代词 en 回答）：

Ex：Il vient de Paris? — Oui, il en vient.
　　　　ou：— Non, il n'en vient pas.

1. Pascal arrive-t-il de Rome?
2. Gérard et Marie ont-ils parlé de cette exposition?
3. Les enfants sont-ils sortis de la salle?
4. Sylvie est-elle venue de Bordeaux?
5. Ton frère est-il content de sa vie à l'université?
6. Catherine a-t-elle été contente de son voyage en Chine?
7. Tes amis allemands sont-ils heureux de connaître nos étudiants?
8. Vos parents sont-ils descendus du train?

VII. Répondez en employant《en》ou《y》（用 en 或 y 回答）：

1. Est-ce que tu bois du café?
2. Etes-vous allés à Venise vendredi dernier?
3. Est-ce que tu as vu deux étudiants derrière la maison?
4. Avez-vous laissé des livres sur la table?
5. Est-ce que tu manges beaucoup de viande?
6. Est-ce que vous êtes venu de Shanghai?
7. Allons-nous à l'aéroport en voiture?
8. Avez-vous dansé et chanté dans cette discothèque?
9. Etes-vous contents de ce festival?
10. Etes-vous allés en France par le train?
11. Sont-ils retournés à la campagne?
12. A quelle heure es-tu sorti de la salle de classe?

VIII. Répondez comme dans l'exemple：

Ex：Tu as pris des photos, n'est-ce pas?
　　— Oui. J'ai pris pas mal de photos.

1. Tu connais des Japonais, n'est-ce pas?
2. Il a envoyé des lettres à ses amis, n'est-ce pas?
3. Elle a eu des autographes de grandes vedettes, n'est-ce pas?
4. Pendant les vacances, tu as accueilli des amis français chez toi, n'est-ce pas?
5. Ils ont rencontré des amis au festival de théâtre, n'est-ce pas?

Leçon 17 J'ai vu Gérard Depardieu!

6. Vous avez trouvé de belles voitures à cette exposition, n'est-ce pas?

7. Il y a des touristes étrangers à ce marché, n'est-ce pas?

8. Vous avez vu de nouvelles maisons, n'est-ce pas?

IX. Répondez comme dans l'exemple:

Ex: Quand as-tu vu ton professeur? (trois jours)

— Je l'ai vu il y a trois jours.

1. Quand as-tu vu Marina? (une semaine)
2. Quand as-tu téléphoné à M. et Mme Leblanc? (deux heures)
3. Quand as-tu pris ces photos? (un mois)
4. Quand ont-ils rencontré Gérard Depardieu? (deux semaines)
5. Quand ont-elles visité le Palais des Festivals? (trois mois)
6. Quand sont-ils retournés en Chine? (six mois)
7. Quand êtes-vous arrivés à Paris? (quinze jours)
8. Quand êtes-vous descendus du métro? (cinq minutes)

X. Complétez avec un de ces adjectifs:

| gros | préféré | national | international |
| noir | militaire | gratuit | impressionnant |

1. Quelle est la date de la fête _____ chinoise?
2. Il y a une école de langue _____ dans ce quartier.
3. Le ciel est bien _____ là-bas, il doit pleuvoir.
4. M. Martin mange beaucoup, il a un _____ appétit.
5. Dans notre classe, il y a des Chinois, des Japonais, des Espagnols et des Américains. C'est vraiment une classe _____ .
6. Quelle est votre profession _____ ?
7. Cette nuit-là, il y avait beaucoup de monde dans les rues, on chantait, dansait, regardait le feu d'artifice... C'était _____ .
8. A dix-huit ans, les garçons doivent faire leur service _____ （服兵役）dans ce pays.
9. Eric veut acheter un vélo. La vendeuse lui demande:《Vous avez une couleur _____ ?》
10. Le matin, il boit un café _____ et mange un petit pain.

XI. Trouvez la bonne réplique (plusieurs possibilités)(有多种可能性):

1. Voulez-vous danser et chanter avec nous?
2. Quel temps fait-il demain?
3. Est-ce que je peux avoir un chéquier et une carte bleue?

4. Tu ne viens pas avec nous demain pour le pique-nique?
5. Je suis vraiment désolé. Je ne peux pas vous emmener à la gare ce soir.
6. Patricia veut bien venir avec nous pour notre excursion, mais elle a trop de travail cette semaine.
7. J'admire beaucoup les tableaux impressionnistes(印象派的). Je veux retourner à cette exposition.
8. Y a-t-il des embouteillages aux heures de pointe?

> — Je ne sais pas.
> — Ce n'est rien.
> — Certainement.
> — Ça vaut la peine.
> — C'est dommage.
> — Volontiers!
> — Bien sûr!
> — Mais si, je suis libre dès maintenant.

XII. Complétez avec un des ces mots et un article s'il y a lieu(如有必要):

| entrée | lendemain | marche | chance |
| excursion | arrivée | personne | minuit |

1. Nous avons fait _____ dans la montagne samedi dernier. Ça nous a fait du bien.
2. Nous allons prendre l'autobus 732? — D'accord, rendez-vous devant _____ principale de l'université.
3. Je désirais parler avec cet économiste et j'ai eu _____ de le rencontrer ce matin dans le campus.
4. L'enfant compte _____ quand il descend l'escalier.
5. Il est arrivé à Beijing le 15 septembre dans la nuit. _____ matin, il a commencé son travail sans un jour de repos(休息).
6. Nous avons organisé une soirée pour fêter _____ des nouveaux étudiants.
7. On est très fatigué. Hier, nous sommes rentrés très tard, à _____ et demi.
8. Ce jour-là, une centaine de _____ faisaient la queue devant le Grand Palais.

XIII. Complétez avec un mot qui convient:

1. Dimanche dernier, nous avons assisté _____ un festival de musique.
2. Je vais rentrer le 5 juillet, tu peux me téléphoner _____ ce moment-là.
3. J'attendais mon frère à la gare _____ un ami est venu me serrer la main.

Leçon 17 J'ai vu Gérard Depardieu!

4. On peut travailler dans cette salle _____ lundi au vendredi.
5. Il ne trouve _____ de taxi ni de bus à minuit.
6. On attendait avec impatience _____ l'autobus est arrivé.
7. Voulez-vous goûter ce poisson à la vapeur? C'est mon plat _____.
8. S'il vous plaît, faites la queue _____ tout le monde!
9. La vieille dame marchait _____ ses voisins et _____ souriait.
10. Les amis ont attendu Patricia _____ deux heures. Ils commencent _____ avoir faim.

XIV. Transformez et faites des phrases selon l'exemple :

Ex : vingt étudiants → une vingtaine d'étudiants
Il y avait une vingtaine d'étudiants dans la salle.

dix crayons	
douze œufs	
quinze stagiaires	
trente professeurs	
quarante touristes	
cinquante magasins	
soixante tableaux	
cent voitures	

XV. Répondez aux questions :

1. Organise-t-on des festivals chez nous?
2. Avez-vous assisté à un de ces festivals?
3. Dites les noms des principaux festivals internationaux de cinéma.
4. Peut-on voir des films dans le campus?
5. L'entrée est-elle toujours gratuite?
6. Combien coûte un billet de cinéma?
7. Etes-vous un accro du cinéma?
8. Avez-vous une vedette de cinéma préférée? Qui est-ce?
9. Dites les noms de quelques grandes vedettes françaises.
10. Combien de fois par mois allez-vous au cinéma?
11. Aimez-vous l'opéra? Et l'Opéra de Beijing?
12. Construit-on un nouvel opéra à Beijing?
13. A Paris, quel jour peut-on aller à l'Opéra sans acheter de billet?
14. Quel jour est la fête nationale chinoise?

15. Depuis votre arrivée à Beijing, avez-vous eu la chance de voir le défilé militaire sur la Place Tian An Men?
16. L'an dernier, où avez-vous passé la fête nationale?
17. Avez-vous chanté et dansé dans la soirée?
18. Avez-vous regardé le feu d'artifice?
19. Etes-vous retourné à votre pays natal(故乡) pendant les vacances de la fête nationale?
20. Vos parents ont-ils été heureux de vous revoir?

XVI. Ecoutez et indiquez vrai ou faux selon les deux dialogues de la leçon 17:

	1	2	3	4	5	6	7	8	9	10
Vrai										
Faux										

XVII. Ecoutez et répondez aux questions.

XVIII. Ecoutez et répondez aux questions avec le pronom adverbial «en».

XIX. Ecoutez et répondez aux questions avec «y» ou «en».

XX. Ecoutez et transformez les phrases selon l'exemple:

　Ex: Aujourd'hui, je suis contente. → Hier, je n'étais pas contente.

XXI. Ecoutez et remplissez la grille:

Qui	Avant	Maintenant

XXII. Ecoutez et trouvez une réponse en utilisant l'imparfait:

　Ex: Pourquoi n'as-tu pas pris le dîner hier? (ne pas avoir d'appétit)
　— Je n'avais pas d'appétit.

Leçon 17 J'ai vu Gérard Depardieu!

XXIII. Ecoutez le texte et remplissez les agendas suivants（填写记事本）：

Agenda de Paul	Agenda de Céline	Agenda de Mme Dupont
lundi _____	_____ 21 février	mardi __ octobre
9 h—11 h: _____	__ h: _____ Alice à la gare	____—10 h 20: _____
12 h: Resto-U ____ Eric	13 h 30—15 h 15: _____	11 h 30: _____
14 h: _____	18 h: rentrer ____ les parents	14 h: _____ chez le médecin
__ h: cinéma		20 h— ___ : cours ____

XXIV. Ecoutez et complétez :

Il était _____ heures _____ soir, le vendredi _____ mai _____, quand on _____ me chercher. _____ mon ami Paul, _____ en économie. 《_____, m'a-t-il dit, il y a déjà plus de _____ personnes place Denfert-Rochereau!》 Je _____ le temps _____ lui répondre. Il _____ déjà loin. _____ minutes après, j'étais _____ la place: j'habitais _____ à côté. C'est _____ qu'ils étaient _____! Il _____ un temps magnifique. Nous _____ là une heure _____ attendre les consignes(命令)…

XXV. Résumez les deux dialogues en quelques phrases.

XXVI. Rédigez un petit texte en utilisant les mots et expressions suivants :

1. Assister, festival, vedette, arriver, apparaître, saluer.
2. Lendemain, descendre, pendant, impressionnant, pas mal de, marcher.

XXVII. Imaginez les dialogues :

1. 《Qu'est-ce que vous avez fait le 1er octobre? 》
2. 《Ah, j'ai eu son autographe!》

XXVIII. Regardez les images et jouez les scènes.

XXIX. Amusement sonore :

Suis-je bien chez ce cher Serge ?
Je veux, j'exige d'exquises excuses.

XXX. Dictées 1 et 2.

Leçon 17 J'ai vu Gérard Depardieu!

Un peu de civilisation

Jours fériés 法国的节假日

En France, on ne travaille généralement pas le samedi et le dimanche. Les Français ont 11 jours fériés par an:

— le 1er janvier, le jour de l'An;
— le lundi de Pâques (avril);
— le 1er mai, la fête du Travail;
— le 8 mai, l'anniversaire de la victoire de 1945;
— un jeudi du mois de mai, le jour de l'Ascension;
— le lundi de Pentecôte (juin);
— le 14 juillet, la fête nationale;
— le 15 août, l'Assomption;
— le 1er novembre, la Toussaint;
— le 11 novembre, l'anniversaire de l'armistice de 1918;
— le 25 décembre, jour de Noël.

Autres fêtes 其他节日

Les Français peuvent aussi:
— faire la fête en famille ou entre amis: mariages, naissances, anniversaires
— fêter la Saint-Valentin (la fête des Amoureux), la fête des Mères, la fête des Pères
— descendre dans la rue pour le carnaval, la fête de la Musique
— participer à des fêtes régionales

Une fête folklorique

Leçon 18

Tu as des cours dans la matinée?

Dialogues

A

Nicole: Wang, tu as quelque chose de prévu pour ce week-end?
Wang: Non.
Nicole: Alors, on va se promener dans la forêt de Fontainebleau?
Wang: C'est génial!
Nicole: Seulement, on doit partir tôt.
Wang: Aucun problème. D'habitude, je me lève à six heures et demie.
Nicole: Tu es matinal! Tu as des cours dans la matinée?
Wang: Oui, deux ou trois heures. Après, je déjeune au Resto-U ou dans un petit restaurant du quartier.
Nicole: Que fais-tu dans l'après-midi?
Wang: Je travaille à la bibliothèque. Dans la salle de lecture, il y a des dictionnaires. Je peux les consulter sur place.
Nicole: Est-ce que tu as le temps de faire du sport?
Wang: Oui, deux fois par semaine je vais à la piscine pour faire de la natation.
Nicole: Et le soir?
Wang: Je lis ou je regarde la télé. Je me couche à onze heures. Le samedi et le dimanche soir, je sors avec des copains. On s'amuse beaucoup.

Leçon 18 Tu as des cours dans la matinée?

Nicole: Je vois, tu t'es tout à fait habitué à la vie parisienne.

Marina et Wang Gang se rencontrent devant la bibliothèque.

Wang: Salut, Marina.

Marina: Salut, Wang. Que fais-tu là?

Wang: Je viens emprunter des livres. Qu'est-ce que je dois faire?

Marina: C'est facile. Tu montes au 1er étage¹. Dans la grande salle, tu consultes le fichier, tu remplis la fiche de prêt et tu la donnes au bibliothécaire.

Wang: Combien de livres peut-on emprunter à la fois?

Marina: Cinq.

Wang: Marina, donne-moi des conseils. Qu'est-ce que je dois lire comme romans français contemporains?

Marina: Là, tu n'as que l'embarras du choix. Moi, je m'intéresse aux romans historiques, par exemple, *La Bataille*, prix Goncourt 1997.

Wang: Et les romans policiers?

Marina: Les polars! Je te recommande de lire Daniel Pennac. Cet écrivain a obtenu de gros succès en librairie ces dernières années.

Vocabulaire

avoir qch. de prévu 打算做	matinal, e *adj.* 早起的;惯于早起的
se promener *v. pron.* 散步	cours *n. m.* 课
forêt *n. f.* 森林	bibliothèque *n. f.* 图书馆
génial, e *adj.* 天才的;棒极了	lecture *n. f.* 阅读
tôt *adv.* 早	dictionnaire *n. m.* 字典
aucun, e *adj. indéf.* 任何的	sur place *loc. adv.* 原地,就地
problème *n. m.* 问题	piscine *n. f.* 游泳池
habitude *n. f.* 习惯	natation *n. f.* 游泳
d'habitude *loc. adv.* 惯常,通常	lire *v. t.* 读,念
se lever *v. pron.* 起床	se coucher *v. pron.* 睡觉,就寝

copain, copine *n.* （俗）伙伴	ne ... que *loc. adv.* 仅仅，只
s'amuser *v. pron.* 玩得开心	embarras *n. m.* 为难
s'habituer à *v. pron.* 习惯于	choix *n. m.* 选择
parisien, ne, *adj. et n.* 巴黎的；巴黎人	s'intéresser (à) *v. pron.* 对……感兴趣
emprunter *v. t.* 借	historique *adj.* 历史的
facile *adj.* 容易的	exemple *n. m.* 例子
étage *n. m.* 楼层	bataille *n. f.* 战役
fichier *n. m.* 卡片柜	prix *n. m.* 价格；奖
remplir *vt.* 填写；盛满	policier, ère *adj.* 警察的；侦探的
fiche *n. f.* 卡片	polar *n. m.* （俗）侦探小说；侦探电影
prêt *n. m.* 出借	recommander *v. t.* 推荐
bibliothécaire *n.* 图书馆管理员	écrivain *n. m.* 作家
à la fois *loc. adv.* 同时	obtenir *v. t.* 获得
conseil *n. m.* 忠告，主意	succès *n. m.* 成功
roman *n. m.* 小说	librairie *n. f.* 书店；书业
contemporain, e *adj. et n.* 当代的；同时代人	

Noms propres

Fontainebleau 枫丹白露　位于巴黎大区，森林面积一万六千多公顷，著名的枫丹白露城堡坐落其中。1814年4月11日，拿破仑一世在该城堡第一次宣布逊位。

La Bataille《战役》　是法国作家 Patrick Rimbaud（1946-　）的小说，描写1809年5月21-22日拿破仑军队和奥地利军队在埃斯灵的勒鲍岛长达三十多个小时的激战。

le prix Goncourt 龚古尔奖　1896年根据法国作家埃德蒙·龚古尔（1822-1896）的遗嘱设立的文学大奖。

Daniel Pennac（1944-　）达尼埃尔·佩纳克，法国著名侦探小说家。

Note

Tu montes au 1er étage. 你上二楼。
"一楼"或"底层"是 le rez-de-chaussée。

Leçon 18 Tu as des cours dans la matinée?

Vocabulaire complémentaire

dormir *v. i.* 睡觉
revue *n. f.* 杂志
se réveiller *v. pron.* 醒来
(être en) retard 迟到
étude *n. f.* 学习
emploi du temps 时间表

journal *n. m.* 报纸
se laver *v. pron.* 洗;洗澡
se reposer *v. pron.* 休息
prêter *v. t.* 出借
chambre *n. f.* 房间

Un peu de phonétique
L'accent rythmique(节奏重音)

本书第三课提到过节奏组(le groupe rythmique),它一般是几个词的组合体,既是语句中的意义单位,也是语流中的语音单位。节奏组的最后一个重音称为节奏重音 (l'accent rythmique),如:

Une vieille dame / va au marché / acheter de la viande.

节奏组划分大致有以下几种情况:

1. 修饰成分+被修饰成分→构成一个节奏组:

    de nouveaux stagiaires/
    plusieurs étudiants/

2. 被修饰成分+修饰成分(单音节词)→构成一个节奏组:

    une jupe bleue/
    Elle chante bien./

3. 被修饰成分+修饰成分(多音节词或词组)→构成两个节奏组:

    le restaurant /universitaire/
    Il accepte /avec plaisir./

4. 意义上不可分割的词组→构成一个节奏组:

    la salle à manger/
    un livre de français/

Manière de dire

L'emploi du temps d'un étudiant		
Le matin	L'après-midi	Le soir
7:00 : se lever 7:30 : prendre le petit déjeuner 8:00 : aller aux cours 12:00 : déjeuner au Resto-U	13:00 : aller à la bibliothèque 17:00 : faire du sport	18:00 : dîner 18:30 : se promener 19:00 : regarder les informations à la télé 20:00 : travailler dans la salle d'études 23:00 : se coucher

Micro-conversation

A	B
A : A quelle heure te lèves-tu le matin? B : Pas très tôt, j'ai l'habitude de me lever vers 8 heures. A : 8 heures? Mais les cours commencent à 8 heures. Alors, tu n'as pas le temps de prendre le petit déjeuner? B : Non. Je bois juste du café, c'est tout. A : Ce n'est pas une bonne habitude. B : Je sais bien. Mais c'est comme ça. Et toi, tu te lèves tôt le matin? A : Oui, très tôt. Mais le samedi et le dimanche, je dors souvent jusqu'à midi, ça s'appelle en français《 faire la grasse matinée》(睡懒觉). B : Vive（万岁）《la grasse matinée》!	A : Qu'est-ce que vous avez fait hier soir? B : J'ai regardé la télé. A : Qu'est-ce qu'il y avait à la télé? B : Il y avait un film français: *Le visiteur*(来客) *du soir*. A : Je ne l'ai pas vu. C'était bien? B : Oui, très bien. Et vous, qu'est-ce que vous avez fait? Vous vous êtes promenée comme d'habitude? A : Non. J'ai travaillé. C'est bientôt les examens. B : Vous ne pouvez pas travailler tout le temps. Amusez-vous un peu. A : Merci de vos conseils. Mais j'ai vraiment beaucoup de travail.

Leçon 18 Tu as des cours dans la matinée?

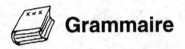

I. Les verbes pronominaux（代词式动词）

1. Formation

自反代词+动词=代词式动词。每个人称都有相关的自反代词：

Je	→	me	Nous	→	nous
Tu	→	te	Vous	→	vous
Il/Elle	→	se	Ils/Elles	→	se

1) Le présent du verbe pronominal（代词式动词的现在时）

Je me lève à six heures.	Nous nous levons à six heures.
Tu te lèves à six heures.	Vous vous levez à six heures.
Il se lève à six heures.	Ils se lèvent à six heures.
Elle se lève à six heures.	Elles se lèvent à six heures.

2) Le passé composé du verbe pronominal（代词式动词的复合过去时）

助动词用 *être*，以代词式动词 se lever 为例：

Je me suis levé(e) à six heures.	Nous nous sommes levés(es) à six heures.
Tu t'es levé(e) à six heures.	Vous vous êtes levé(e)(s)(es) à six heures.
Il s'est levé à six heures.	Ils se sont levés à six heures.
Elle s'est levée à six heures.	Elles se sont levées à six heures.

Attention：过去分词前面的代词如果是直接宾语，过去分词应与它性数一致。但如果代词是间接宾语，过去分词则没有变化，如：

Ils se sont **serré** la main.（se 是间接宾语，serré 无变化）

Nous **nous** sommes **écrit** des lettres en français.（nous 是间接宾语，écrit 无变化）

3) L'impératif du verbe pronominal（代词式动词的命令式）

肯定式	否定式
Couche-toi!	Ne te couche pas!
Couchons-nous!	Ne nous couchons pas!
Couchez-vous!	Ne vous couchez pas!

2. Emploi

代词式动词可表示：

1) Le sens réfléchi（自反意义）

Mme Renaud **se promène** dans le jardin.

Il **se présente** au directeur.

2) Le sens réciproque(相互意义)

　　Marc et Julie **se téléphonent** tous les jours.

　　Ils **se disent** bonjour.

3) Le sens passif(被动意义)

　　Ce vin **se boit** au dessert.

　　Comment ça **s'écrit** en français?

　　Attention：代词式动词中的自反代词要与主语保持人称一致。

　　Je n'ai pas le temps de **me** promener avant le dîner.

　　Allez **vous** regarder dans la glace(镜子).

II. L'emploi de l'infinitif (2)〔动词不定式的用法(2)〕

法语的某些动词须借助介词"de"或"à"与另一动词的不定式连用。动词不定式在句中做直接宾语：

Il continue **à**（或 **de**）**marcher** sous la pluie. 他继续冒雨走着。
　　　　　　└── C.O.D. ──┘

On a commencé **à parler de ce musicien**. 人们开始谈论这位音乐家了。
　　　　　　　└─── C.O.D. ───┘

Je dis **à Jacques** **de fermer la porte**. 我叫雅克关上门。
　　　└ C.O.I.┘└── C.O.D. ──┘

Il demande **à ses élèves** **de copier ce texte**. 他要求学生们抄这篇课文。
　　　　　└ C.O.I. ┘└── C.O.D. ──┘

在后两个例句中，fermer la porte 和 copier ce texte 的施动者分别是 Jacques 和 ses élèves。

Conjugaison
dormir (p. passé：dormi)

je dors	nous dormons
tu dors	vous dormez
il dort	ils dorment
elle dort	elles dorment

 Exercices

I. Conjuguez les verbes suivants au passé composé：

1. se lever tôt (tard, à sept heures)

2. se promener dans la forêt (au Quartier Latin, sur les Champs-Elysées)

Leçon 18 Tu as des cours dans la matinée?

3. s'habituer à la vie de Beijing (au climat du nord, à se lever tôt)
4. lire un roman (un journal, une revue)
5. remplir une fiche (la grille, son verre)
6. s'intéresser à l'informatique (à la cuisine chinoise, à la peinture)
7. obtenir un grand succès (un prix Goncourt, l'autographe de sa vedette préférée)
8. emprunter un livre (des disques, un dictionnaire français-chinois) à Wang Gang

II. Lisez les dialogues et répondez aux questions:

1. Où est-ce que Nicole veut se promener avec Wang Gang?
2. Doivent-ils partir tôt? Pourquoi?
3. A quelle heure se lève Wang Gang d'habitude?
4. Combien d'heures de cours a-t-il dans la matinée?
5. Où est-ce qu'il déjeune?
6. Travaille-t-il chez lui dans l'après-midi?
7. Peut-on emprunter des dictionnaires à la bibliothèque?
8. Combien de fois par semaine Wang Gang va-t-il à la piscine?
9. A quelle heure se couche-t-il?
10. Est-ce qu'il travaille pendant le week-end?

B

1. Où Wang Gang et Marina se sont-ils rencontrés?
2. Qu'est-ce que Wang vient faire à la bibliothèque?
3. Sait-il comment on emprunte des livres?
4. Qu'est-ce que Marina lui dit de faire?
5. Peut-on emprunter deux livres à la fois?
6. Y a-t-il beaucoup de bons romans contemporains?
7. A quels romans s'intéresse Marina?
8. Wang Gang veut-il lire des romans policiers?
9. Quel écrivain Marina a-t-elle recommandé à Wang Gang de lire?
10. Cet écrivain a-t-il obtenu de gros succès en librairie?

III. Mettez les verbes au passé composé:

1. Je me promène dans le jardin.
2. Elle se lève à six heures et demie.
3. Pour son anniversaire, elle s'offre une jolie robe.
4. Tu te couches tard?

5. Il se lave à l'eau froide.
6. Ils s'habituent à la vie universitaire.
7. Nous nous amusons bien.
8. Vous vous dites au revoir.
9. Ils se regardent sans rien dire.
10. Elle se présente aux professeurs.
11. Ils se serrent la main longuement.
12. La voiture s'arrête devant le palais.

IV. Choisissez le bon verbe et mettez-le au passé composé：

| se lever | se coucher | se dépêcher de |
| s'amuser | s'embrasser（拥吻） | se réveiller |

Avant-hier, c'était Noël. Marc et ses deux sœurs _____ très tôt. Ils _____ tout de suite et ils _____ aller dans le salon（客厅）voir le sapin de Noël（圣诞树）. Puis les enfants ont trouvé leurs cadeaux. On _____. Les enfants _____ jusqu'au soir et ils _____ à minuit.

V. Donnez des conseils ou des ordres comme dans l'exemple（命令式练习）：

A

Ex：Tu veux te laver?
— Lave-toi!

1. Tu veux te lever?
2. Tu veux te promener?
3. Tu veux te coucher?
4. Vous voulez vous arrêter?
5. Vous voulez vous présenter au directeur?

B

Ex：Il est dix heures. (se reposer quelques minutes)
— Reposons-nous quelques minutes!

1. Il est déjà sept heures. (se lever)
2. Nous sommes en retard. (se dépêcher)
3. Il est minuit.(se coucher tout de suite)
4. Il fait beau. (aller se promener dans la forêt)
5. Aujourd'hui, c'est la fête. (s'amuser bien)

Leçon 18 Tu as des cours dans la matinée?

VI. Mettez les verbes pronominaux entre parenthèses à la forme qui convient(把括号内的代词式动词变为合适的形态)：

Une actrice(女演员) parle de sa vie：

《Vous savez, nous, les acteurs(演员), nous (se coucher) _____ tard et nous (se lever) _____ tard aussi. Moi, je ne (se lever) _____ pas avant 11 heures... Le soir, je vais au théâtre une heure et demie avant le spectacle(演出). Je (se préparer 准备) _____, je (s'habiller) _____.

Bref(总之), je prends mon temps. J'aime bien (se reposer) _____ une demi-heure avant de jouer (表演)... Mais tous les acteurs ne font pas comme ça. Nicolas et Xavier par exemple, ils (se promener) _____ ou (se reposer) _____ dans un café. Ils arrivent au théâtre au dernier moment et ils (se dépêcher) _____ de (se préparer) _____.》

VII. Complétez les phrases suivantes：

1. Est-ce que tu as _____ prévu pour les vacances d'hiver?
2. Combien de temps faut-il pour aller à la côte ouest en voiture?
   — Il faut deux _____ trois heures.
3. Peux-tu m'aider à envoyer ces romans à Paul? _____ problème.
4. Vous voulez acheter une jupe? Allez à leur boutique. Elle offre un grand _____ de vêtements.
5. Il faut partir tôt pour ne pas être en retard.
   — Oui, je suis _____ d'accord avec vous.
6. Il y a cinq salles dans ce grand cinéma. On peut y donner plusieurs films _____.
7. Vous cherchez Mme André? Son bureau est au deuxième _____ à gauche.
8. Vous voulez mes conseils? Comme romans chinois contemporains, je peux vous en recommander _____, *Wei Cheng* de Qian Zhongshu. C'est un roman très lu.

VIII. Répondez en employant 《seulement》：

Ex：Tu viens avec nous demain pour visiter le Louvre?
    — Avec plaisir. Seulement, j'ai du travail dans la matinée.

1. Tu viens manger chez nous demain?
2. On va se promener sur les Champs-Elysées?
3. On va prendre des photos sur la Place de l'Etoile?
4. Tu vas à la piscine avec moi cet après-midi?
5. On va déjeuner dans un petit restaurant du quartier?
6. Nous allons faire des achats au marché. Tu viens avec nous?

IX. Transformez les phrases comme dans l'exemple :

Ex : Il a seulement une tante.
→ Il n'a qu'une tante.

1. Elle aime seulement les romans contemporains.
2. Il y a seulement trois étudiants dans la classe.
3. Elle prend seulement une salade de tomates.
4. Il a seulement le temps de nous dire bonjour.
5. Nous avons visité seulement la Bibliothèque Nationale.
6. J'ai rempli seulement une fiche de prêt.

X. Répondez aux questions suivantes :

1. Est-ce que tu as le temps de faire du sport en semaine?
2. Est-ce que tu as le temps de prendre le petit déjeuner?
3. Est-ce que tu as le temps de regarder la télé le soir?
4. Est-ce que tu as le temps de te promener dans la journée?
5. Est-ce qu'elle a le temps de s'amuser avec sa fille?
6. Est-ce que vous avez le temps de vous reposer un peu après le déjeuner?
7. Est-ce que ton ami a la chance d'étudier à Beijing?
8. Est-ce que tu as eu la chance d'assister au festival de Cannes?

XI. Complétez avec une préposition :

1. Est-ce que tu es rentré _____ toi dimanche dernier?
2. Est-ce qu'il a donné la fiche de prêt _____ la bibliothécaire?
3. Je suis désolé pour hier : j'ai eu un empêchement _____ la dernière minute.
4. Sa femme est déjà rentrée à la maison _____ nous accueillir.
5. Le matin, sa voiture est tombée _____ panne à mi-chemin.
6. Ils ont attendu leur nouveau professeur _____ la salle de classe.
7. Le directeur est arrivé _____ une grosse voiture noire.
8. Alice est partie _____ nous dire au revoir.
9. _____ qui vous promenez-vous _____ les Champs-Elysées?
10. Combien de fois vas-tu à la piscine _____ mois?

XII. Complétez avec un de ces mots (plusieurs possibilités) :

| matin | soir | jour | an |
| matinée | soirée | journée | année |

1. Ce _____ j'ai un rendez-vous avec Mme André après le dîner.
2. Ils sont partis tôt ce _____ pour une excursion dans la montagne.
3. Ecoute, on est en train(正在) d'annoncer les prévisions météo à la radio pour la _____

Leçon 18　Tu as des cours dans la matinée?

    de demain.
4. Le 1ᵉʳ janvier, c'est le Nouvel _____. On se souhaite bonne _____.
5. Nous sommes arrivés à Beijing le 26 juillet. C'était un _____ de pluie.
6. Wang Ying a été très contente de passer une _____ agréable avec ses copines.
7. Il a étudié la musique pendant plusieurs _____.
8. Il a téléphoné toute la _____ pour demander des renseignements.

XIII. Complétez les phrases suivantes :
1. Julie, je viens d'acheter cette jupe verte. Comment la trouves-tu?
　　— Tu as fait un bon _____.
2. J'ai très soif, donnez-moi _____ à boire.
3. Les étudiants de 1ᵉʳᵉ année ont quatre heures _____ français le vendredi.
4. Vers 9 heures du soir, Marie dit _____ son fils _____ fermer la boutique.
5. Les enfants _____ la salle de théâtre, il n'y a plus de place libre quand j'arrive.
6. Jusqu'à aujourd'hui, je n'ai visité _____ ville de France.
7. Ce matin, il a pris du pain, un grand verre de lait et un œuf. Mais _____, il ne mange rien le matin.
8. Les copains de Paul _____ ont demandé de _____ raconter son séjour au Japon.

XIV. Mettez les verbes aux temps qui conviennent :

　　Quand je (être) _____ petit, je (ne pas aimer) _____ aller à l'école. Je (préférer) _____ faire du vélo dans la campagne. Je (devoir) _____ avoir 16 ans quand je (rencontrer) _____ Nicole. Ce (être) _____ une fille très jolie et elle (être) _____ très gentille avec moi. Nicole (aimer) _____ lire. Elle me (dire) _____ toujours:《Pour bien comprendre la vie, il (falloir) _____ étudier.》Un jour, nous (se promener) _____ dans la forêt de Fontainebleau. Elle me (offrir) _____ un livre comme cadeau d'anniversaire: ce (être) _____ un roman de Jules Verne(儒勒·凡尔纳). Depuis ce jour-là, je (commencer à s'intéresser) _____ à la lecture.

XV. Répondez aux questions :
1. Comment s'appelle votre professeur français?
2. A quelle heure vous réveillez-vous le matin?
3. A quelle heure vous levez-vous?
4. A quelle heure vous couchez-vous?
5. Vos camarades se lèvent-ils tard?

6. Qui est matinal dans votre chambre?
7. Vous lavez-vous les mains avant le repas?
8. Vous lavez-vous à l'eau froide avant de vous coucher?
9. Vous intéressez-vous à la peinture?
10. Qui s'intéresse à l'économie dans votre classe?
11. Quand vous rencontrez vos amis dans la rue, vous serrez-vous la main?
12. Vous promenez-vous un petit moment après le dîner?
13. Les étudiants se souhaitent-ils bon voyage quand ils partent en vacances?
14. Qu'est-ce qu'on dit quand on se quitte?
15. Aimez-vous lire les romans policiers?
16. Empruntez-vous souvent des livres à la bibliothèque?
17. Travaillez-vous quelquefois dans la salle de lecture?
18. Avez-vous un dictionnaire français-chinois? Le consultez-vous tous les jours?
19. Aidez-vous volontiers votre camarade quand il a besoin de vos conseils?
20. Vous êtes-vous habitué à la vie à Beijing?

XVI. Ecoutez et indiquez vrai ou faux selon les deux dialogues de la leçon 18:

	1	2	3	4	5	6	7	8	9	10
Vrai										
Faux										

XVII. Ecoutez et transformez les phrases selon l'exemple:

Ex: Vous vous levez tôt?
  → Est-ce que vous vous levez tôt?
  → Vous levez-vous tôt?

XVIII. Ecoutez et répondez aux questions.

XIX. Ecoutez et trouvez la réplique selon l'exemple:

Ex: Je veux me lever.
  — Lève-toi! (levez-vous!)

XX. Ecoutez et répondez selon l'exemple:

Ex. Je peux me coucher maintenant? (à dix heures)
  — Non, ne te couche pas maintenant, couche-toi à 10 heures.

Leçon 18 Tu as des cours dans la matinée?

XXI. Ecoutez et répondez selon l'exemple:

Ex: Hier soir, tu t'es couché à 10 heures? (à 11 heures)

— Non, je ne me suis pas couché à 10 heures, je me suis couché à 11 heures.

XXII. Ecoutez et remplissez la grille:

	D'habitude	Hier	Pourquoi
1			
2			
3			
4			

XXIII. Ecoutez et remplissez la grille:

La journée de Wang Fang	La journée de Paul	La journée de la mère de Céline
se lever _____ ; _____ des cours d'anglais de _____ ; aller _____ vers _____ h; _____ à 22h45.	_____ à 10h15; déjeuner _____ à 12h30; _____ dans une discothèque; aller au cinéma _____ ; se coucher _____ minuit.	se lever à _____ pour _____ le petit déjeuner; chercher _____ à l'aéroport à _____ ; _____ avec son amie; se coucher à _____ .

XXIV. Ecoutez et complétez:

Ce matin, ma mère _____ à sept heures _____ , et elle _____ le petit déjeuner _____ la famille. _____ le petit déjeuner, elle _____ travailler. A _____ trente, elle a pris un _____ , puis elle a fait _____ . Elle ne prend _____ le déjeuner. Vers _____ , elle _____ chez elle en bus: elle _____ sa voiture _____ son cousin. _____ , elle se couche à _____ heures. _____ demain c'est _____ , elle s'est couchée à onze heures _____ regarder _____ la télé.

XXV. Résumez les deux dialogues en quelques phrases.

XXVI. Rédigez un petit texte en utilisant les mots et expressions suivants:

1. Se promener, génial, seulement, matinal, s'habituer, se lever.
2. Avoir le temps de, emprunter, consulter, s'intéresser, recommander, écrivain.

XXVII. Regadez les images et jouez les scènes.

XXVIII. Imaginez les dialogues：

1. Parlez de votre vie à l'université.
2. Qu'est-ce que tu préfères lire comme roman?

XXIX. Amusement sonore：

Josette, sans souci, choisit sa chemise, assise sur sa chaise japonaise.

XXX. Dictées 1 et 2.

Un peu de civilisation

L'école en France   法国的学校

2–6 ans： école maternelle	
6–11 ans： école primaire (5 ans) CP (Cours Préparatoire) CE1 (Cours Elémentaire) CE2 CM1 (Cours Moyen) CM2	**15–18 ans**： Lycée (3 ans) Seconde Première Terminale (Baccalauréat)
11–15 ans： Collège (4 ans) Sixième Cinquième Quatrième Troisième	**A partir de 18 ans**： école supérieure 　　　(enseignement supérieur) Les universités Les Grandes Ecoles Les établissements d'enseignement technique

Leçon 19

Tu fais du ski?

Dialogues

A

Wang: On ne te voit plus au tennis, Marina.
Marina: Tu sais, j'aurai mon examen d'histoire à passer dans très peu de temps... Le tennis, c'est ton sport préféré?
Wang: A vrai dire[1], j'aime tous les sports: le basketball, le volleyball, le tennis de table, le badminton, la natation, l'escalade... Tu fais aussi d'autres sports?
Marina: Oui, de la gymnastique et du ski.
Wang: Tu fais du ski? Je voudrais bien apprendre...
Marina: Je t'apprendrai, compte sur moi. Ce sera bientôt les vacances. On ira ensemble à Chamonix?
Wang: Entendu.

B

Li Ying: Antoine, tu joues au football?
Antoine: Pas du tout, ça m'ennuie.
Li Ying: J'ai entendu dire que[2] c'est un sport très populaire en France.
Antoine: Ça c'est vrai. Mais ma seule passion, c'est le vélo.
Li Ying: Tu participes à des compétitions?
Antoine: Non, jamais. C'est pour garder la forme que je fais du sport.

Li Ying: Mais tu ne refuses pas de regarder des matchs?

Antoine: Mais non. Au contraire, j'adore ça. Tiens, c'est vendredi prochain la finale de la Coupe du Monde de football. La télévision la retransmettra en direct.

Li Ying: Je préfère regarder le Championnat d'Europe d'athlétisme, il commencera le même jour. Mais à ton avis, qui sera le vainqueur de la Coupe du Monde, la France ou le Brésil?

Antoine: L'équipe de France gagnera ce match, c'est sûr.

Li Ying: C'est peut-être trop tôt pour crier victoire pour la France. Rira bien qui rira le dernier[3]!

Vocabulaire

tennis *n.m.* 网球;网球场	refuser *v.t.* 拒绝
peu (de) *adv.* 少;不多	match *n.m.* 比赛
basketball *n.m.* 篮球运动	au contraire *loc.adv.* 相反
volleyball *n.m.* 排球运动	prochain, e *adj.* 临近的;下一个的
tennis de table *n.m.* 乒乓球运动	finale *n.f.* 决赛
badminton *n.m.* 羽毛球运动	coupe *n.f.* 高脚酒杯;奖杯
escalade *n.f.* 攀登;攀岩	retransmettre *v.t.* 转播
autre *adj.* 别的,其他的	direct, e *adj.* 直接的
gymnastique *n.f.* 体操	retransmettre en direct *n.m.* 直播
ski *n.m.* 滑雪	championnat *n.m.* 锦标赛
apprendre *v.t.* 学,学习	athlétisme *n.m.* 田径
compter sur 依靠;指望	même *adj.* 相同的,同样的 *adv.* 甚至
entendu *adj.* 说定的,讲妥了的	avis *n.m.* 意见
jouer *v.i.* ou *v.t.* 玩耍,游戏;扮演	vainqueur *n.m.* 胜利者
football *n.m.* 足球运动	équipe *n.f.* 队,班,组;(体育运动的)队
pas du tout *loc.adv.* 一点也不	gagner *v.t.* 赢;赚,挣
ennuyer *v.t.* 令人厌倦	sûr, e (de) *adj.* 有把握的;信赖,信任
entendre *v.t.* 听见	crier *v.t.* ou *v.i.* 叫喊;大声宣布
populaire *adj.* 人民的;大众喜爱的	victoire *n.f.* 胜利
passion *n.f.* 酷爱,迷恋	rire *v.i.* 笑
participer (à) *v.i.* 参加	compétition *n.f.* 比赛
garder *v.t.* 保持;看管;留住	

Leçon 19 Tu fais du ski?

Noms propres

Chamonix   法国上萨瓦省勃朗峰脚下著名的登山站和冬季运动站
l'Europe *n. f.*   欧洲
le Brésil   巴西

Notes

1. A vrai dire
   说真的，老实说
2. J'ai entendu dire que...   我听说……
   que 引出的句子称为宾语从句，做动词 dire 的直接宾语。
3. Rira bien qui rira le dernier.
   （谚语）最后笑的人笑得最好。

Vocabulaire complémentaire

longtemps *adv.* 长久
chanson *n. f.* 歌曲
champion, ne *n.* 冠军
réponse *n. f.* 回答
après-demain *adv.* ou *n. m. inv.* 后天

entraîneur *n. m.* 教练
élève *n.* 学生
demande *n. f.* 要求
nager *v. i.* 游泳
footballeur, se *n.* 足球运动员

Un peu de phonétique
Consonnes géminées（重叠辅音）

两个相同的辅音相连时，第一个辅音发出后不除阻，便立即发出第二个辅音：

u**n**e **n**ation   Do**nn**e-**n**ous du pain.
I**l** **l**e prend.   Il **l**'**a** pris.
je préfé**r**e**r**ai   ils préfé**r**e**r**ont
pou**r** **r**épondre   pa**r** **r**adio

Manière de dire

faire
- du sport
- de l'escalade
- du badminton
- de la gymnastique
- de la marche
- de la natation
- du ping-pong
- du ski
- du tennis
- du vélo

jouer
- au badminton
- au basketball
- au football
- au ping-pong
- au volleyball

organiser
- une compétition sportive
- une rencontre sportive
- un match de football

Micro-conversation

A	B
A : Qu'est-ce que tu regardes souvent à la télé? B : Les matchs de football. Surtout les matchs de la Coupe du Monde. A : Tu es footballeur toi aussi? B : Oui, je joue dans l'équipe de football de mon université. A : C'est tous les ans qu'on organise la Coupe du Monde? B : Non, c'est tous les quatre ans. Et la Chine y a participé pour la première fois en 2002. A : C'était un grand moment pour les Chinois. B : Ça, oui!	A : Qu'est-ce que vous faites comme sport(s)? B : Un peu de tout. Mais c'est surtout à la natation que je m'intéresse. A : C'est pour avoir une bonne santé que vous faites du sport? B : Oui et non. C'est vrai, le sport est bon pour la santé, je suis tout à fait d'accord. Mais, pour moi, le sport, c'est tout, c'est la vie. Je ne peux pas vivre sans sport. A : Je vois. Vous allez souvent à la piscine? B : Tous les jours. A : Mais votre travail? B : Je suis entraîneur de natation.

Leçon 19 Tu fais du ski?

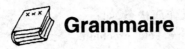

I. Le futur simple(简单将来时)

1. Formation

一般来说,简单将来时的构成是在动词不定式后面分别加下列词尾:

-ai, -as, -a, -ons, -ez, -ont。以 *re* 结尾的动词(*faire* 除外)则要先去掉词尾 *e*,然后加上述词尾。

Consulter	Finir	Sortir	Construire
je consulterai	je finirai	je sortirai	je construirai
tu consulteras	tu finiras	tu sortiras	tu construiras
il/elle consultera	il/elle finira	il/elle sortira	il/elle construira
nous consulterons	nous finirons	nous sortirons	nous construirons
vous consulterez	vous finirez	vous sortirez	vous construirez
ils/elles consulteront	ils/elles finiront	ils/elles sortiront	ils/elles construiront

Attention:

acheter	j'achèter**ai**
appeler	j'appeller**ai**
mener	je mèner**ai**
avoir	j'aur**ai**
être	je ser**ai**
aller	j'ir**ai**
faire	je fer**ai**
venir	je viendr**ai**
mourir	je mourr**ai**
savoir	je saur**ai**
voir	je verr**ai**
envoyer	j'enverr**ai**
devoir	je devr**ai**
pouvoir	je pourr**ai**
vouloir	je voudr**ai**
falloir	il faudr**a**
pleuvoir	il pleuvr**a**

2. Emploi

简单将来时表示将来发生的动作或状态，如：

Nous ferons un voyage en Chine l'été prochain.

Demain, il sera au Louvre avant neuf heures.

II. La mise en relief：C'est ... que（强调句式 C'est ... que ...）

C'est ... que 是一种强调句式。被强调的部分可以是除主语外的其他语法成分：

正常语序	强调句式
J'ai fait ça **pour vous**.	C'est pour vous que j'ai fait ça.
Je parle **à Michel**.	C'est à Michel que je parle.
Elle va au cinéma **avec Jean**.	C'est avec Jean qu'elle va au cinéma.
Philippe a rencontré Sophie **devant le musée**.	C'est devant le musée que Philippe a rencontré Sophie.
Je prends l'avion **à 8 heures**.	C'est à 8 heures que je prends l'avion.
Il préfère **la musique moderne**.	C'est la musique moderne qu'il préfère.

Conjugaison	
retransmettre （p. passé. retransmis）	
je retransmets	nous retransmettons
tu retransmets	vous retransmettez
il retransmet	ils retransmettent
elle retransmet	elles retransmettent

rire 的变位同 sourire。

entendre 的变位同 attendre。

apprendre 的变位同 prendre。

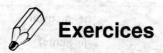

Exercices

I. Conjuguez les verbes suivants au futur simple（把下列动词变为简单将来时）：

1. apprendre le français (cette chanson, à faire du ski)
2. participer à une compétition sportive (à un match, à une réunion 会议)
3. refuser ce cadeau (les mauvais conseils, de remplir cette fiche)
4. jouer au basketball (au football, au tennis)
5. faire du vélo (du ski, de la gymnastique)
6. savoir le nom du vendeur (l'avis de ses camarades, chanter cette chanson)

Leçon 19 Tu fais du ski?

II. Lisez les dialogues et répondez aux questions :

 A

1. Wang et Marina se voient souvent au tennis ces jours-ci?
2. Marina vient-elle de passer son examen d'histoire?
3. Wang a-t-il un sport préféré?
4. Marina ne fait-elle jamais de gymnastique?
5. Est-ce que Wang sait faire du ski?
6. Veut-il apprendre à faire du ski?
7. Marina veut-elle lui apprendre à faire du ski?
8. Wang peut-il compter sur elle?
9. Où iront-ils ensemble pendant les vacances?
10. Pourquoi iront-ils à Chamonix?

B

1. Le football est-il un sport très populaire en France?
2. Antoine joue-t-il au football?
3. Quelle est sa passion, comme sport?
4. Fait-il du sport pour gagner le match?
5. Quand pourra-t-on regarder la finale de la Coupe du Monde de football à la télé?
6. Comme émission(节目) sportive, qu'est-ce que Li Ying préfère regarder?
7. Quand commencera le Championnat?
8. Quelles équipes participeront à la finale de la Coupe du Monde de football?
9. A l'avis d'Antoine, qui sera le vainqueur de ce match?
10. Li Ying est d'accord avec Antoine? Pourquoi?

III. Mettez les verbes au futur simple(把动词变为简单将来时)：

1. Dans 15 jours, nous (être) _____ en vacances.
2. Ils (pouvoir) _____ rencontrer des touristes de tous les pays.
3. Tu (venir) _____ me chercher à la gare?
4. Nous (prendre) _____ le métro et le bus demain matin.
5. Nous (faire) _____ quelques plats et (manger) _____ ensemble.
6. Après-demain, nous (aller) _____ faire des achats dans les magasins.
7. Nous (se promener) _____ dans la banlieue ouest de Beijing avec des amis.
8. Où est-ce que nous (acheter) _____ les journaux d'aujourd'hui?
9. Nos amis (partir) _____ en vacances dans une semaine.
10. Ce roman (obtenir) _____ de gros succès en librairie.

IV. Répondez comme dans l'exemple :

A

Ex : Est-ce que tu peux envoyer cette lettre?
— Bien sûr, je l'enverrai demain.

1. Est-ce que tu peux lire ce texte pour moi?
2. Est-ce que tu peux remplir ces fiches de prêt?
3. Est-ce que tu peux m'appeler à ce moment-là?
4. Est-ce que tu peux emprunter un roman français pour moi?
5. Est-ce que tu peux m'apprendre à faire du tennis?
6. Est-ce que vous pouvez dire la date de notre arrivée à Mme Dupont?
7. Est-ce que vous pouvez participer à ce match?
8. Est-ce que vous pouvez nous aider à organiser une compétition sportive?
9. Est-ce que la télévision peut retransmettre en direct ce match?
10. Est-ce que cet écrivain peut obtenir du succès?

B

Ex : Alice n'est pas sortie?
— Non, elle sortira dans deux heures.

1. Ton frère n'est pas arrivé?
2. Tes parents ne sont pas rentrés à la maison?
3. Tu n'as pas lu ce roman policier?
4. Jean n'est pas allé à la bibliothèque?
5. Il n'a pas vu son nouveau directeur?
6. Ils n'ont pas pris leur petit déjeuner?
7. Elles n'ont pas fait de gymnastique?
8. Ils n'ont pas appris cette chanson populaire?
9. Vous n'avez pas essayé ce pantalon?
10. Vous ne vous êtes pas promenés comme d'habitude?

V. Transformez les phrases comme dans l'exemple :

Ex : Patricia est retournée chez elle *pour chercher son cadeau*.
→ C'est pour chercher son cadeau que Patricia est retournée chez elle.

1. Elle a visité les principaux musées de la ville *pendant les vacances d'été*.
2. Il a emprunté un roman français contemporain *à la bibliothèque de l'université*.
3. Je garderai ce vélo de sport *pour mon fils*.
4. On se promène *dans la forêt de Fontainebleau*.
5. Nous aurons un examen de français *dans trois jours*.

6. La jeune fille a refusé de danser *avec lui*.
7. Ils ont fait du ski *à Chamonix*.
8. Son dernier roman a obtenu un immense succès *en Europe*.
9. Ses parents sont arrivés *avant-hier*.
10. Son mari s'intéresse *à l'histoire du monde*.
11. Mon professeur m'a recommandé un roman de Victor Hugo *après la classe*.
12. L'équipe chinoise sera contente *de cette victoire*.

VI. Transformez les phrases comme dans l'exmple:

Ex: Je dois faire des exercices.
   → J'ai des exercices à faire.

1. Je dois passer deux examens.
2. Je dois écrire trois lettres.
3. On doit faire des achats aujourd'hui.
4. Il doit envoyer des messages ce matin.
5. Nous devons apprendre encore deux leçons.
6. Tu dois remplir ces fiches.
7. Elle doit garder un petit enfant.
8. Nous devons accueillir des amis étrangers.
9. Vous devez faire un dialogue en classe.
10. Ils doivent préparer un buffet.

VII. Complétez avec 《prendre》, 《apprendre》 ou 《comprendre》:

1. Pour aller à Guangzhou, vous _____ le train ou l'avion?
2. Alain est un bon élève, il _____ vite et bien en classe.
3. Les enfants _____ à écrire à l'âge de cinq ans.
4. Antoine _____ un peu le chinois, mais il ne parle pas.
5. Tu vas à la Place de la Concorde? Eh bien, tu _____ la troisième rue à gauche, puis tu vas jusqu'au bout.
6. L'été dernier, Marc _____ à nager.
7. Qu'est-ce que vous voulez dire? Je ne _____ rien.
8. Le professeur _____ aux élèves la conjugaison du verbe 《entendre》.
9. Je ne sais pas du tout faire la cuisine, tu veux me _____ quelques recettes(菜谱)?
10. Il _____ tous les jours ses repas au restaurant, ça coûte cher!

VIII. Complétez les phrases comme dans l'exemple:

Ex: Je vous apprendrai le français, comptez sur moi.

1. Je vous donnerai l'adresse,...

2. Il vous apprendra la natation,...
3. Elle te racontera sa vie,...
4. Nous allons t'emmener à l'aéroport,...
5. Je vous dirai leur avis,...
6. Ils te donneront la réponse dans deux jours,...
7. Elles organiseront une fête pour toi,...
8. Il vous montrera la station de métro,...

IX. Remplissez les blancs:

| peu (de) | un peu (de) | beaucoup (de) | trop (de) |

1. Au printemps, il y a _____ vent à Beijing.
2. J'ai très _____ mangé ce matin, j'ai faim maintenant.
3. Sylvie n'a que 40 ans. Elle est déjà _____ vieille pour être secrétaire?
4. Paul, s'il te plaît, parle-moi _____ de ce problème.
5. Cet hiver, il y a trop _____ neige, on ne peut pas faire du ski.
6. Les étudiants parlent _____ français en classe et après la classe, le professeur en est content.
7. Vincent parle _____, mais travaille _____. C'est un excellent camarade.
8. Ne sors pas le dimanche, il y a _____ touristes dans les rues.
9. Vous avez très soif? Buvez encore _____ thé.
10. Ces exercices sont faciles. Je les ai faits en très _____ temps.

X. Complétez avec un de ces verbes:

| gagner | refuser | apprendre | participer |
| entendre | ennuyer | jouer | retransmettre |

1. Tu _____ très bien au tennis de table.
2. En 1998, la France _____ la finale de la Coupe du Monde de football.
3. La télévision _____ ce match en direct hier soir.
4. Tu sais, Henri _____ ce voyage à Rome. Il va faire un séjour à Venise.
5. Je connais sa passion pour le vélo, il _____ à la compétition tous les ans.
6. Dans trois ans, il aura le moyen de _____ sa vie.
7. Tu _____ quelque chose? — Non, rien.
8. La pluie ne s'arrêtait pas, ça _____ beaucoup les touristes.
9. Je désire _____ plusieurs langues étrangères.
10. Il n'aime pas du tout le sport, il _____ même de regarder des matchs.

Leçon 19 Tu fais du ski?

XI. Répondez avec 《ne ... jamais》:

1. Est-ce que tu chanteras en discothèque?
2. Est-ce que tu joues au volleyball?
3. Est-ce que tu fais de la natation le matin?
4. Lisez-vous des romans policiers?
5. Oublieras-tu mon nom?
6. Regardez-vous la télé dans la matinée?
7. Est-ce qu'elle rit quand elle est contente?
8. A-t-il participé à un match de volleyball?
9. A-t-elle visité le musée du Louvre?
10. Cette équipe de football sera-t-elle le vainqueur de la Coupe du Monde?

XII. Remplissez les blancs:

1. Marie a 18 ans, moi aussi, j'en ai 18. Nous avons le _____ âge.
2. Je ne peux pas aller au pique-nique avec vous ce week-end. C'est dommage. Mais une _____ fois peut-être.
3. Je n'aime pas le sport? _____, je joue au basketball le vendredi après-midi avec des copains.
4. A votre _____, qu'est-ce que je dois lire comme romans français contemporains?
5. Ces jours-ci, je ne suis pas libre. Je t'emmènerai au Palais d'Eté la semaine _____.
6. Tu aimes l'informatique? — _____, ça m'ennuie.
7. Tu travailles du matin au soir. Tu réussiras (成功). C'est _____.
8. On fera du vélo ce dimanche? — _____. J'adore ça.
9. Il a deux _____ dans la vie: le livre et le vélo.
10. Tu vas donner ce travail à Paul? — Non, je ne suis pas _____ de lui.

XIII. Reliez les adjectifs aux noms comme dans l'exemple(依例连接名词和形容词):

　　　　Ex: couleur, noire　　　　— Une couleur noire.

vie	gros
film	direct
pain	verte
train	préférée
saison	nationale
couleur	policier
romans	heureuse
chansons	international
bibliothèque	populaires
championnat	contemporains

231

XIV. Qu'est-ce que vous ferez pendant les vacances d'hiver ? (寒假你将做什么?)

C'est bientôt les vacances d'hiver.

Aujourd'hui, nous sommes le 31 décembre.

Demain, nous serons le 1er janvier, le jour de l'An.

Dans dix jours, nous aurons des examens à passer, et après les examens, nous…
(Continuez)

XV. Répondez aux questions :

1. Faites-vous du sport tous les jours?
2. Avez-vous un sport préféré?
3. Qui aime faire de la natation dans votre classe?
4. Jouez-vous au volleyball après la classe?
5. Qui joue bien au tennis de table?
6. L'université a-t-elle une équipe de basketball?
7. Cette équipe participe-t-elle souvent à des compétitions?
8. L'équipe d'escalade de notre université est-elle très connue?
9. Est-ce que le football intéresse tous les garçons?
10. Et les filles, est-ce qu'elles adorent aussi ce sport?
11. Souhaitez-vous apprendre à faire du ski?
12. Tous les ans, on organise une grande rencontre sportive(运动会) à l'université en Chine. C'est en quel mois?
13. Comptez-vous participer à cette rencontre?
14. Aimez-vous regarder des matchs? A la télé ou sur place?
15. Vous criez et riez quand vous regardez les matchs?
16. Organise-t-on la Coupe du Monde de football tous les deux ans?
17. Qui a été le vainqueur de la Coupe du Monde de Séoul(汉城), en 2002?
18. Quel pays organisera-t-il les Jeux Olympiques(奥运会) de 2008?
19. Le tennis de table est-il un sport très populaire en Chine?
20. A votre avis, pourquoi fait-on du sport?

XVI. Ecoutez et indiquez vrai ou faux selon les deux dialogues de la leçon 19 :

	1	2	3	4	5	6	7	8	9	10
Vrai										
Faux										

XVII. Ecoutez et transformez les phrases au futur simple :

Ex. Je vais entrer à l'université. → J'entrerai à l'université.

Leçon 19 Tu fais du ski?

XVIII. Ecoutez et répondez selon l'exemple:

Ex. Hier, tu as dîné chez lui. Et demain?

— Demain aussi, je dînerai chez lui.

XIX. Ecoutez et transformez les phrases avec《c'est ... que》(用 c'est ... que 改变句子):

Ex. Je fais du sport *pour garder la forme*.

→ C'est pour garder la forme que je fais du sport.

XX. Ecoutez et remplissez la grille:

	Quand?	Qui?	Quel sport feront-ils?
1.			
2.			
3.			
4.			
5.			

XXI. Ecoutez et remplissez la grille:

	Qu'est-ce qu'ils ont fait comme sport? Et quand?
Wang Fang	
Paul	
Eric	

XXII. Ecoutez et formez des phrases selon l'exemple:

Ex: le football et la France

→ Le football est un sport très populaire en France.

XXIII. Ecoutez et répondez avec un pronom et《ne ... plus》(用代词和"ne... plus"回答):

Ex: Cette année tu fais du tennis, et l'année prochaine?

— L'année prochaine je n'en ferai plus.

XXIV. Ecoutez et complétez:

Hier soir, il était _____ quand je suis rentrée à la _____. Mon _____ était _____ la télé pour _____ un _____ de football; c'est son sport _____.

Le téléphone _____ et mon mari _____ pour répondre. Puis il est parti rien _____ dire. _____ il est revenu(回来), il était déjà _____ et il est allé _____. Il ne m'a même pas _____ ! _____ matin, il s'est levé très _____, il n'a _____ pris _____ petit déjeuner et il _____. Je ne sais _____ pas qui _____ a téléphoné et pourquoi il ne _____ dit.

XXV. Résumez les deux dialogues en quelques phrases.

XXVI. Rédigez un petit texte en utilisant les mots suivants：

1. Ne ... plus, apprendre, jouer, populaire, retransmettre, passion.
2. Ennuyer, ne ... jamais, participer, refuser, au contraire, trop ... pour.

XXVII. Regardez les images et jouez les scènes.

Les sports
Le tennis   Le football
Le basket   Le ski
Le vélo

XXVIII. Imaginez les dialogues：

1. Quel sport préférez-vous?
2. 《Ah, tu n'as jamais fait de ski?》

XXIX. Amusement sonore：

Combien font ces six saucissons-ci?
Ces six saucissons-ci font six cent soixante-six centimes.

XXX. Dictées 1 et 2.

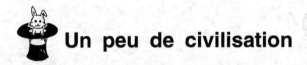

Leçon 19 Tu fais du ski?

Un peu de civilisation

Les Jeux Olympiques et les sports en France
奥林匹克运动和法国的体育运动

Les Jeux Olympiques ont commencé en l'an 776 av. J.-C（公元前）et on les célébrait tous les quatre ans à Olympie, en Grèce. A l'époque, il n'y avait que les concours suivants: la course à pied, la course en armes, la lutte et le pentathlon. En 1896, Pierre de Coubertin a organisé les jeux olympiques modernes pour la première fois à Athènes. Depuis, tous les quatre ans, il y a les jeux olympiques d'été.

1/3 des Français pratiquent un sport individuel, 1/15 pratiquent un sport collectif.

Les 12-19 ans font en moyenne plus de 4 heures et demie de sport dans la semaine.

En Europe, les moins sportifs sont les Français(43%), les plus sportifs sont les Suédois (81%).

Quelques grands rendez-vous sportifs en France:

Juin

Tennis: les internationaux de France à Roland-Garros

Automobile: les 24 heures du Mans

Juillet

Cyclisme: le Tour de France

Voile: le Tour de France à la voile

Septembre

Moto: le Bol d'or au Castellet

Novembre

Tennis: le tournoi Paris Bercy

Voile: le départ de la route du Rhum (de Saint-Malo à Pointe-à-Pitre)

Programme des sports

Match de foot
lundi 24 septembre
Marseille
Paris-Saint-Germain
Parc des Princes
à 20h30

Championnat de natation
samedi 30 septembre
Montpellier
Bordeaux
Piscine Olympique
du Grand Parc
à 18h00

Match de basket
jeudi 28 septembre
Strasbourg
Lille
Palais Omnisport
de Bercy
à 14h00

Révision

I. Complétez avec un article ou la préposition «de»:

Dans un café

Serviteur: Qu'est-ce que vous prenez, madame?

Patricia: Vous avez _____ croissants?

Serviteur: Non, il n'y a plus _____ croissants à midi. On a seulement _____ sandwiches au fromage.

Patricia: Alors, je prends _____ sandwich et _____ eau.

Serviteur: _____ eau? Mais il y a _____ vin et _____ bière.

Patricia: Non; je n'aime pas _____ bière. Je ne bois d'ailleurs pas _____ alcool, à midi.

Serviteur: On a aussi _____ coca, _____ jus de fruits, _____ lait ...

Patricia: Donnez-moi donc _____ verre _____ lait, _____ lait froid, s'il vous plaît.

II. Complétez avec une préposition ou une locution prépositive convenable:

1. Joyeux anniversaire, Marie! Voilà un cadeau _____ toi.
2. Je viens _____ rentrer _____ Paris. J'ai beaucoup de choses _____ vous raconter.
3. Paul est un vieil ami, je le connais _____ longtemps.
4. J'ai eu trop de travail hier, j'ai travaillé _____ minuit.
5. Ils se sont donné rendez-vous _____ la station de métro *Place d'Italie*.
6. Claire est entrée _____ la cabine d'essayage pour essayer une robe bleue.
7. Il n'est pas content? Pourquoi est-il parti _____ nous dire au revoir?
8. Tu veux lire le roman *La Bataille*? Je l'ai laissé _____ moi.
9. Tu as le temps _____ visiter ce musée? Viens _____ nous.
10. Qui vous a appris _____ chanter cette chanson populaire?
11. Ils étudieront la leçon 8 _____ trois jours.

Leçon 20 Révision

12. Tu as vu mon carnet _____ la table?
13. Les étudiants de 1ère année ont 14 heures _____ français _____ semaine.
14. Qu'est-ce que tu prévois de faire _____ les vacances d'hiver?
15. Cet étudiant étranger désire voir la campagne chinoise _____ les examens.
16. Son école est juste _____ la Bibliothèque Nationale.
17. On a organisé une compétition sportive. Toute la classe y a participé _____ le camarade Li.
18. Il a écrit son premier roman _____ deux ans.
19. Il est arrivé _____ France depuis 15 jours, mais il n'a pas encore écrit _____ ses parents.
20. Elle venait _____ nous et nous souriait.

III. Complétez avec un adjectif démonstratif:

1. Qu'est-ce que tu feras _____ après-midi?
2. Tu prends _____ pull avec _____ jupe?
3. J'aime bien _____ pantalons, mais le 40 est trop serré. Je voudrais un 42.
4. _____ vêtements étaient trop chers. Je ne les ai pas achetés.
5. _____ autobus est plein. On va prendre un autre.
6. Il ne peut pas boire _____ thé: il est trop chaud.
7. On aime bien _____ pièce de théâtre (这出戏，这个剧) de Lao She.
8. Qui vous a offert _____ belles fleurs?
9. _____ boutique est fermée dès aujourd'hui.
10. J'ai passé des heures dans _____ librairie. J'y ai trouvé pas mal de bons livres.

IV. Complétez comme dans l'exemple:

Ex: un vélo bleu → une voiture bleue
1. un pull vert → une jupe _____
2. un été chaud → une semaine _____
3. un beau bureau → une _____ maison
4. un vieux monsieur → une _____ dame
5. un nouveau magasin → une _____ librairie
6. un excellent voyage → une _____ journée
7. un marchand allemand → une interprète _____
8. un plat délicieux → une cuisine _____
9. un verre plein → une salle _____
10. un joyeux Noël → une _____ vie
11. un temps froid → une chambre _____
12. un pain entier → une année _____

13. des garçons heureux → des filles _____
14. des festivals nationaux → des expositions _____
15. de gros livres → de _____ voitures
16. de bons repas → de _____ boissons
17. de beaux tableaux → de _____ peintures
18. de gentils voisins → de _____ voisines
19. les problèmes principaux → les banques _____
20. le frère cadet → la sœur _____

V. Ecrivez en français les mots entre parenthèses :

1. A-t-il enseigné à（您的）lycée?
2. Peux-tu me donner（他的）nouvelle adresse?
3. Tes parents ont vendu（他们的）vieille voiture?
4. As-tu lu encore une fois（你的）dictée?
5. A-t-il laissé（她的）pull dans la chambre?
6. Les Martin vont passer（他们的）vacances dans un petit village.
7. Elle a salué（她的）voisin et lui a demandé des nouvelles de（他的）enfants.
8. （你的）fils doit avoir cinq ans, si je ne me trompe.
9. Je connais Alice, elle travaille avec（我的）sœur aînée.
10. Eric et toi, vous allez inviter tous（你们的）amis pour fêter（你们的）dixième anniversaire de mariage, n'est-ce pas?

VI. Complétez avec《quel, quels, quelle ou quelles》:

Dans la rue

— Pardon, monsieur. Je suis journaliste. C'est pour une enquête(调查).
— Oui.
— Première question：_____ sont vos sports préférés?
— J'aime la natation, le ski, j'adore le vélo.
— _____ est votre musique préférée?
— C'est la musique moderne(现代).
— _____ est votre repas préféré?
— C'est le dîner, mais j'aime aussi le petit déjeuner.
— Vous dînez à _____ heure?
— A six heures et demie.
— Vous avez _____ âge?
— Euh ...
— _____ est votre profession?

— Médecin.
— Merci, monsieur. Bonne journée!

VII. Trouvez le contraire des mots suivants(找出反义词):

tôt	→ tard	loin	
chaud		sans	
cadet		vrai	
jour		beaucoup	
petit		premier	
après		monter	
jeune		prochain	
acheter		bon marché	
mauvais		mal	
aller		là	
entrer		prendre	

VIII. Complétez avec un pronom tonique:

1. Ton frère et _____, vous devez faire du sport.
2. Ni _____ ni sa femme ne s'habituent à la vie parisienne.
3. Qui a laissé ces crayons sur la table? Est-ce que c'est Patricia?
   — Oui, c'est bien _____.
4. J'ai invité M. et Mme Martin à dîner. On sonne! C'est sûrement _____.
5. Ce sera bientôt la fête du Printemps. Les enfants viendront à la maison, leur mère a commencé à préparer des cadeaux pour _____.
6. Entrez, s'il vous plaît, les fichiers sont devant _____.
7. Nous ferons du ski à Chamonix pendant les vacances. Tu viendras avec _____?
8. Vous avez fait une excursion dans la montagne? Racontez-_____ votre aventure. Ça m'intéresse beaucoup.

IX. Complétez avec des pronoms:

Dans une boutique de souvenirs

La vendeuse: Bonjour, monsieur, je peux _____ aider?

Le touriste: Bonjour. _____ voudrais acheter quelques souvenirs pour ma femme et mes enfants, mais _____, je ne sais pas choisir: qu'est-ce que _____ pourrai _____ offrir?

La vendeuse: Alors, pour votre femme, peut-être un flacon de parfum(一瓶香水)?

Le touriste: Oui, un Chanel No. 19. _____ coûte combien?

La vendeuse: 50 euros.

Le touriste: Bon, je _____ prends. Ensuite, j'ai deux enfants: une fille de douze ans et un fils de neuf ans.

La vendeuse: _____, c'est simple. Pour votre fille, je _____ propose（建议）un pull rouge.

Le touriste: Non, _____ n'aime pas la couleur rouge. _____ préfère le bleu.

La vendeuse: Bon, voilà un pull bleu avec une image de la Tour Eiffel.

Le touriste: Très bien. Elle _____ aimera, c'est sûr. Et pour mon fils?

La vendeuse: Oh, pour _____, un garçon de neuf ans, vous pouvez _____ acheter des bandes dessinées, par exemple, *Les Aventures de Tintin*.

Le touriste: Ah oui, c'est une bonne idée! Je _____ prends trois.

La vendeuse: C'est _____?

Le touriste: Oui, je _____ dois combien?

La vendeuse: _____ fait 106 euros. C'est un bon choix, monsieur.

Le touriste: Merci, madame. Au revoir.

La vendeuse: Au revoir, monsieur. Bonne journée!

X. Répondez avec un pronom selon l'exemple:

Ex: Marc a-t-il donné un crayon rouge *à sa cousine*?
— Oui, il *lui* a donné un crayon rouge.

1. Pierre a-t-il offert de la boisson *à ses copains*?
2. A-t-il donné *la fiche de prêt* au bibliothécaire?
3. Cette femme écrivain a eu un prix national. A-t-elle été heureuse *de ce prix*?
4. Est-ce que tu as garé ta voiture *près de la maison*?
5. Est-ce que tu as connu *ces amis français* l'an dernier?
6. Bruno sait être gentil avec ses secrétaires. Mange-t-il souvent avec elles *au restaurant*?
7. Ces stagiaires sont-ils venus *de Normandie*?
8. Il y a de plus en plus de lignes de métro dans cette ville. Les habitants sont-ils contents *de cela*?
9. Les enfants retourneront à la maison dans trois jours. Les parents seront-ils contents de revoir *leurs enfants*?
10. Peut-on trouver *des romans français* dans une bibliothèque du quartier?

XI. Complétez les phrases suivantes avec des formes impersonnelles（用无人称形式补足句子）:

1. Il _____ trente minutes de voiture pour aller de cette banque à la gare.
2. Combien d'étudiants français _____ dans votre université?
3. Quelle heure _____? _____ midi moins le quart（十二点差一刻）.

Leçon 20 Révision

4. Quel temps _____ au printemps à Beijing?

5. L'automne est la saison de pluie dans cette région(地区). Il y _____ très souvent.

6. Il ne _____ pas crier dans la salle de lecture.

7. L'hiver dernier, _____ froid à Nanjing. _____ plusieurs fois.

8. Les prévisions météorologiques annoncent une température de 35℃ pour demain. _____ très chaud.

9. Hier matin, nous nous sommes promenés dans le centre-ville. _____ très peu de monde dans la rue.

10. Le directeur de la Société Anix prévoit de construire une grande tour. Il lui _____ deux ans pour l'achever(建成).

XII. Transformer les phrases suivantes avec 《quand》,《lorsque》 ou 《comme》 selon l'exemple：

Ex: Je me suis levé; il était six heures.

→ ***Quand*** je me suis levé, il était six heures.

1. J'étais enfant; j'adorais les bandes dessinées.
2. Il n'y avait plus de bus; je suis rentré à pied.
3. Julie est arrivée; je regardais la télévision.
4. Tu vas au magasin de vêtements; achète-moi un pantalon.
5. Elle va au travail; elle passe toujours devant cette librairie.
6. Nous sommes entrés dans le bureau; elle téléphonait.
7. J'étais jeune; je m'intéressait beaucoup à l'histoire.
8. Il pleuvait; Joseph est resté à la maison.
9. Mon père m'offrira un vélo; je serai grand.
10. La nuit est tombée, on ne peut plus se promener dans la forêt.

XIII. Posez des questions sur les mots soulignés(就划线词提问)：

1. Paul a prévu de faire un voyage <u>en Italie</u> pendant les vacances.
2. Je partirai pour Londres <u>le mois prochain</u>.
3. Nous sommes <u>trois</u> dans la famille.
4. Nous quittons Beijing pour Xi'an <u>demain</u>.
5. Peter vient de <u>Belgique</u>.
6. Ce midi, il a mangé <u>du bifteck</u>.
7. Dominique travaillera jusqu'à lundi prochain <u>pour préparer ses examens</u>.
8. Didier et ses parents iront en Allemagne <u>par le train</u>.
9. Françoise vient d'envoyer une lettre <u>à son frère</u>.
10. Dans ce pays de montagnes, les enfants commencent à faire du ski <u>à l'âge de 5 ans</u>.

XIV. Transformez les phrases suivantes à l'aide de la forme d'insistance 《c'est ... que》 selon l'exemple(用强调句式 **c'est ... que** 改变句子)：

Ex: J'ai rencontré ce journaliste <u>devant l'Université</u>.
   → ***C'est devant l'Université que*** j'ai rencontré ce journaliste.

1. Ils apprennent le français <u>pour devenir（变成，成为）interprètes</u>.
2. J'ai vu mademoiselle Li <u>dans son bureau</u>.
3. Cet été, je passerai mes vacances <u>au Japon</u>.
4. Luc vient de jouer au tennis <u>avec Gérard</u>.
5. Il a appris à lire <u>dans ce jardin d'enfants</u>.
6. Nous avons prévu de construire un grand marché <u>près du cinéma Rex</u>.
7. Guy a fait la connaissance de sa petite amie <u>à Venise</u>.
8. L'équipe de basketball de Chine partira <u>dans 8 jours</u>.
9. Yves va à l'école <u>en bus</u>.
10. Alain se lève tôt <u>pour faire du badminton</u>.

XV. Mettez les phrases suivantes à l'impératif：

1. Tu me montreras tes photos.
2. Vous ne lui donnerez pas mon numéro de téléphone.
3. Nous nous coucherons tout de suite.
4. Vous ne partirez pas à cette date.
5. Tu ne tiendras pas ton couteau comme ça.
6. Tu arriveras à l'heure.
7. Vous offrirez des cadeaux à vos amis.
8. Tu sortiras d'ici.
9. Vous ne vous promènerez pas dans le jardin.
10. Nous achèterons des livres à nos enfants.

XVI. Posez des questions et répondez avec 《ne ... jamais》：

faire—boire—voir—visiter—lire—écouter—danser—se promener—assister—parler

1. ***Avez-vous dansé*** dans une discothèque? — ***Non***, _____ .
2. _____ de la musique française? — _____ .
3. _____ le musée du Louvre? — _____ .
4. _____ du tennis? — _____ .
5. _____ de l'alcool? — _____ .
6. _____ avec un architecte? — _____ .
7. _____ des feux d'artifice? — _____ .
8. _____ à un match de tennis? — _____ .
9. _____ dans cette forêt? — _____ .

Leçon 20 Révision

10. _____ des romans italiens?   — _____.

XVII. Transformez les phrases suivantes avec 《ne ... pas ... ni》, 《ne ... ni ... ni》 ou 《ni ... ni ... ne》:

Ex: Ils aiment le café et le thé.
→ Ils n'aiment pas (ni) le café ni le thé.

1. Juliette est belle et gentille.
2. J'aime chanter et danser.
3. Tu t'intéresses à l'histoire et à l'économie.
4. Ils sont allés au cinéma et à l'opéra.
5. On a organisé une excursion et un pique-nique.
6. Le restaurant est fermé le samedi et le dimanche.
7. Son père et son frère lui ont téléphoné.
8. Marie étudie l'espagnol et l'allemand.
9. Li Ying et Marina connaissent l'adresse électronique de Nicole.
10. Ils feront de la natation et du ski.

XVIII. Répondez aux questions suivantes avec 《ne ... plus》:

1. Tu te promènes toujours à la campagne?
2. Les étudiants sont-ils encore dans la bibliothèque?
3. Tes parents habitent-ils toujours au centre-ville?
4. Cet écrivain travaille-t-il encore pour ce journal?
5. Bois-tu toujours du café le soir?
6. Te couches-tu toujours à minuit?
7. Aimez-vous encore les bandes dessinées?
8. Y a-t-il encore des boissons dans la cuisine?
9. Vos cousins vivent-ils toujours au Canada?
10. Passes-tu toujours la fête du 1ᵉʳ Mai à Beijing?

XIX. Complétez les phrases suivantes avec 《ne ... que, ne ... rien, ne ... aucun, rien ... ne, ne ... pas du tout》:

1. Paul _____ a lu _____ roman policier.
2. Il y a tant de belles choses à voir à Paris. Nous _____ avons _____ le temps de visiter ses principaux musées.
3. Tu vas au marché avec moi? — D'accord, mais je _____ veux _____ acheter.
4. Elle n'avait pas faim, elle _____ a pris _____ un œuf au dîner.
5. Je n'irai pas à cette soirée dansante, car je _____ sais _____ danser.

6. A quoi pensez-vous? — Je _____ pense à _____.

7. Vous avez vécu longtemps à la campagne?
   — Non, je _____ y ai passé _____ trois ans.

8. Ce garçon s'intéresse à tout, _____ l'ennuie.

9. Il _____ a _____ chance de gagner ce prix.

10. Cet élève n'a pas bien appris sa leçon. Il _____ comprend _____ son institutrice en classe.

XX. Lisez ce poème de Jacques Prévert. Mimez la scène et réécrivez le texte au présent（朗读雅克·普雷韦尔的这首诗，按诗表演并用现在时重写该诗）：

DEJEUNER DU MATIN

Il a mis le café

Dans la tasse(杯子)

Il a mis le lait

Dans la tasse de thé

Il a mis le sucre(糖)

Dans le café au lait

Avec la petite cuiller(勺子)

Il a tourné(搅)

Il a bu le café au lait

Et il a reposé(再放下) la tasse

Sans me parler

Il a allumé(点燃)

Une cigarette(香烟)

Il a fait des ronds(圆圈)

Avec la fumée(烟)

Il a mis les cendres(烟灰)

Dans le cendrier(烟灰缸)

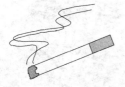

Sans me parler

Sans me regarder

Il s'est levé

Il a mis

Son chapeau(帽子) sur sa tête

Il a mis

Son manteau de pluie(雨衣)

Parce qu'il pleuvait

Et il est parti

Leçon 20 Révision

Sous la pluie
Sans une parole(话)
Sans me regarder
Et moi j'ai pris
Ma tête(头) dans ma main
Et j'ai pleuré(哭)

Jacques Prévert in Paroles (1945)

XXI. Mettez les verbes entre parenthèses aux temps qui conviennent:

Je (s'appeler) _____ Robert, je (être) _____ boulanger(面包师). Très tôt, je (apprendre) _____ le métier(手艺;行业) de boulanger. Lorsque je (avoir) _____ trois ou quatre ans, je (passer) _____ des heures dans la boulangerie(面包房) et je (regarder) _____ tous les gestes(动作) de mon père. A l'âge de douze ans, je (entrer) _____ dans un collège(中学) à Strasbourg comme interne(住校生). Mais je (rentrer) _____ dans ma famille aux vacances: je (se lever) _____ à trois heures du matin pour faire le pain avec mon père. Je (adorer) _____ ça. Après mes études, je (travailler) _____ comme comptable(会计) pendant quinze ans. Un jour, je (lire) _____ une annonce(启事) dans le journal. Une boulangerie (être) _____ à vendre dans un petit village de Provence. Je (répondre) _____ tout de suite à cette annonce. Alors je (quitter) _____ Strasbourg et je (venir s'installer 定居) _____ en Provence. J'y (ouvrir) _____ une boulangerie et (créer 创办) _____ le musée des Métiers du pain.

XXII. Imaginez et remplissez l'emploi du temps de Mme Lavigne, employée de banque et mère de deux enfants (设想拉维涅夫人的作息时间并填写下表):

6h50—7h50	
7h50—8h50	
9h—12h	
12h—13h	
13h—18h	
18h—19h	
19h—20h	
20h—20h45	
20h45—	

XXIII. Mettez les verbes aux temps qui conviennent:

Un samedi bien rempli

C'était samedi. Lanlan, ma camarade de chambre et moi, nous (se lever) _____ tôt. Nous (se dépêcher) _____ de nous laver pour aller au cours. Nous (avoir) _____ deux heures de français.

Les étudiants (faire) _____ des dialogues en français. Le professeur (être) _____ content de nos progrès (进步). Il nous (dire) _____ de parler français tous les jours avec nos camarades.

L'après-midi, Suzanne (venir) _____ nous chercher: elle (vouloir) _____ profiter (利用) du beau temps pour faire une promenade au Palais d'Eté. Elle ne le (connaître) _____ pas encore.

Il y (avoir) _____ beaucoup de monde: des jeunes, des enfants, des vieux. Nous (suivre) _____ la Longue Galerie (长廊). Suzanne (aimer) _____ beaucoup les dessins (画) du plafond (顶部) de cette galerie, elle (reconnaître 认出) _____ des personnages (人物) du *Rêve du Pavillon rouge* (《红楼梦》).

Nous (rentrer) _____ à l'université à cinq heures et demie. Suzanne nous (remercier) _____ de l'avoir accompagnée (陪伴).

XXIV. Même exercice:

— Monsieur Berg (Ludwig Berg, compositeur 作曲家), vous (habiter) _____ en France depuis une vingtaine d'années?

— Oui, je (vivre) _____ ici depuis exactement vingt-deux ans.

— Vous (avoir) _____ un Oscar pour la musique du film *Gun* 999, il y a deux ans, et vous (vendre) _____ trois millions (百万) de disques de votre album (专辑) 《Stellor》 l'année dernière. Que pensez-vous de tout cela?

— Je (écrire) _____ 《Gun Melody》 en deux jours et 《Stellor》 en deux semaines. Je (gagner) _____ beaucoup d'argent. Vive le cinéma!

— Quels (être) _____ vos projets (计划)?

— Quand mon nouvel album (sortir) _____ dans un mois, je (partir) _____ en vacances en Jamaïque (牙买加) pour un an.

— La musique (être) _____ votre seule passion?

— Oui, à sept ans, je (commencer) _____ à apprendre le violoncelle (大提琴).

XXV. Même exercice:

J'habite chez mes parents. Chaque matin, je (aller) _____ en classe à vélo. Hier, ce (être) _____ vendredi. Je (se lever) _____ à six heures et demie: je (avoir) _____ cours dès huit heures du matin. Je (se dépêcher) _____ de prendre

Leçon 20 Révision

mon petit déjeuner et je (partir) _____ à sept heures. Je (pédaler 蹬自行车) _____ vite(快), et trois quarts d'heure après, je (arriver) _____ à l'université. Je (suivre) _____ quatres heures de français dans la matinée. A midi, je (déjeuner) _____ au Resto-U avec Lin Ying, une étudiante en économie. Toutes les deux, nous (adorer) _____ le théâtre et nous (avoir) _____ toujours beaucoup à (se dire) _____. Dans l'après-midi, je (avoir) _____ encore deux heures d'histoire. Puis je (jouer) _____ au volleyball avec mes camarades de classe. A six heures et demie, je (rentrer) _____ à la maison. Je (aider) _____ ma mère à préparer le dîner. Nous (passer) _____ beaucoup de temps à table. On (parler) _____ de son travail, de ses collègues(同事), de ses copains... Je (se coucher) _____ très tard; je (regarder) _____ la télé jusqu'à minuit.

XXVI. Conjuguez les verbes entre parenthèses aux temps et modes convenables :

La chemise d'un homme heureux

Nous sommes à Bagdad(巴格达), au temps du roi Haroun-Rachid. Là (vivre) _____ Omar, un jeune seigneur(老爷); il (être) _____ très riche, mais triste(忧伤), triste ... Il ne (s'intéresser) _____ à rien, rien ne lui (faire) _____ de plaisir. Pendant que ses frères (chasser) _____ ou (se promener) _____ ensemble, il (rester) _____ tout seul dans sa chambre, couché sur le lit(床).

Un jour, un étranger (arriver) _____ chez Omar. Ce (être) _____ un vieux sage(智者). Il (dire) _____ à Omar :

— (Vouloir) _____-tu trouver le bonheur(幸福)?

— Oh! oui.

— Je (connaître) _____ un moyen.

— (Dire) _____ vite!

— Eh bien, ce (être) _____ simple : tu (mettre 穿上) _____ la chemise d'un homme heureux.

Omar (embrasser) _____ le vieux sage et (partir) _____ aussitôt. Il (visiter) _____ toutes les grandes villes du monde. Il (mettre) _____ des chemises de roi, de ministres(大臣), de gros marchands, d'artistes(艺术家)... Il (faire) _____ beaucoup de chemin. Mais le bonheur (être) _____ toujours loin.

Il (être) _____ sur le point de(即将) perdre(失去) tout espoir(希望), lorsqu'il (entendre) _____ quelqu'un(有人) chanter.

Là-bas, un paysan(农民) labourer(耕种) _____ son champ(田地) et (chanter) _____ à pleine voix(嗓子). Il (être) _____ heureux, lui !

— (Être) _____-tu heureux? lui (demander) _____ Omar.

— Oui, (répondre) _____ le paysan.

— Tu ne (avoir) _____ besoin de rien?
— Non, je (avoir) _____ pour moi le soleil et le ciel bleu.
— Tu ne (vouloir) _____ pas devenir roi?
— Jamais!
— Eh bien, (faire) _____-moi plaisir, (vendre) _____-moi ta chemise.
— Ma chemise? ... Je n'en (avoir) _____ pas!

D'après Jules Verne.

XXVII. Dictée.

XXVIII. Compréhension orale.

Répondez aux questions suivantes:
1. Depuis son arrivée en France, est-ce que Wang Gang a eu beaucoup de choses à faire?
2. Où habite-t-il en ce moment?
3. Que font M. et Mme Durand dans la vie?
4. Ont-ils des enfants?
5. Wang Gang travaille-t-il le week-end?
6. S'habitue-t-il déjà à la cuisine française?

XXIX. Amusement sonore：

POLYCHROMIE

CHER FRERE BLANC,
QUAND JE SUIS NE, J'ETAIS NOIR,
QUAND J'AI GRANDI, J'ETAIS NOIR,
QUAND JE VAIS AU SOLEIL, JE SUIS NOIR,
QUAND J'AI FROID, JE SUIS NOIR,
QUAND J'AI PEUR, JE SUIS NOIR,
QUAND JE SUIS MALADE, JE SUIS NOIR...
TANDIS QUE TOI, HOMME BLANC,
QUAND TU ES NE, TU ETAIS ROSE,
QUAND TU AS GRANDI, TU ETAIS BLANC,
QUAND TU VAS AU SOLEIL, TU ES ROUGE,
QUAND TU AS FROID, TU ES BLEU,
QUAND TU AS PEUR, TU ES VERT,
QUAND TU ES MALADE, TU ES JAUNE,
ET APRES CELA, TU OSES M'APPELER
《HOMME DE COULEUR》.

ANONYME AFRICAIN

Leçon 20 Révision

XXX. Jeu de l'oie（跳鹅游戏）:

Votre université	Votre famille	Reculez de 5 cases	Vos loisirs	Une chanson de votre pays	Passez votre tour
Une saison agréable à Beijing					Les vacances scolaires en Chine
Avancez de 1 case					Conjuguez le verbe 《voir》 au futur simple
Votre ville préférée	Départ				Votre professeur français
Reculez de 1 case	Arrivée				Votre plat préféré
Votre meilleur ami					Reculez de 4 cases
La bibliothèque de votre université					Le climat chez vous
Reculez de 2 cases	Une promenade à Beijing	Votre sport préféré	Passez votre tour	Une fête traditionnelle en France	Avancez de 1 case

凡尔赛宫门赛

249

Annexe

Lexique

A

à *prép.* 在…… (L.5)
absolument *adv.* 绝对地,当然;非……不可 (L.13)
accro *adj. et n.* (俗)入迷的;入迷者 (L.15)
accueillir *v. t.* 迎接,接待 (L.16)
achat *n. m.* 购买 (L.11)
acheter *v. t.* 购买 (L.11)
actuellement *adv.* 目前 (L.14)
à côté de *loc. prép.* 在……旁边 (L.11)
admirer *v. t.* 欣赏 (L.15)
adorer *v. t.* 喜欢 (L.6)
adresse *n. f.* 地址 (L.12)
aéroport *n. m.* 机场 (L.16)
âge *n. m.* 年龄 (L.4)
agréable *adj.* 宜人的 (L.13)
aide *n. f.* 帮助 (L.11)
aider *v. t.* 帮助 (L.11)
aîné,e *adj.* 较年长的;最年长的 (L.14)
ailleurs *adv.* 别处 (L.11)
aimer *v. t.* 爱,喜爱 (L.9)
à la fois *loc. adv.* 同时 (L.18)
alcool *n. m.* 酒精,烧酒 (L.10)
alentours *n. m. pl.* 周围,附近 (L.16)
allemand,e *adj. et n.* 德语的;德国人 *n. m.* 德语 (L.9)
aller *v. i.* 去 (L.7)
allô *interj.* 喂(电话用语) (L.8)
alors *adv.* 那么 (L.5)
américain,e *adj. et n.* 美国的;美国人 (L.9)
ami,e *n.* 朋友 (L.9)

s'amuser *v. pron.* 玩得开心 (L.18)
an *n. m.* 年;年龄 (L.4)
anglais *n. m.* 英语 (L.2)
anniversaire *n. m.* 生日,周年纪念日 (L.6)
année *n. f.* 年 (L.15)
annoncer *v. t.* 宣布 (L.13)
août *n. m.* 八月 (L.13)
appareil *n. m.* 仪器;电话机 (L.8)
à pied *loc. adv.* 步行 (L.16)
apparaître *v. i.* 出现 (L.17)
appeler *vt.* 叫,呼唤;打电话给某人 (L.12)
s'appeler *v. pron.* 叫…… (L.3)
appétit *n. m.* 胃口,食欲 (L.10)
apprendre *v. t.* 学,学习 (L.19)
après *prép. ou adv.* 在……以后 (L.7)
après-demain *adv. ou n. m. inv.* 后天 (L.19)
après-midi *n. m. ou n. f.* 下午 (L.5)
arbre *n. m.* 树 (L.14)
architecte *n.* 建筑师 (L.9)
arobase *n. m.* 符号@ (L.12)
s'arrêter 停下 *v. pron.* (L.17)
arrivée *n. f.* 到达 (L.17)
arriver *v. i.* 到达 (L.8)
assister (à) *v. i.* 参加,列席;目睹 (L.17)
athlétisme *n. m.* 田径 (L.19)
attendre *v. t.* 等待 (L.12)
au contraire *loc. adv.* 相反 (L.19)
aucun,e *adj. indéf.* 任何的 (L.18)

250

Annexe Lexique

aujourd'hui *adv.* ou *n. m.* 今天 (L.12)
aussi *adv.* 也，同样 (L.1)
autobus *n. m.* 公共汽车 (L.16)
autographe *n. m.* 亲笔签名 (L.17)
automne *n. m.* 秋天 (L.13)
autre *adj.* 别的，其他的 (L.19)
   autre chose 别的东西；另一回事 (L.11)
avancer *v. i.* 前进 (L.17)
avant *prép.* ou *adv.* 在……以前；以前，之前 (L.16)
avant-hier *adv.* ou *n. m.* 前天 (L.15)
avec *prép.* 和，与 (L.7)
aventure *n. f.* 历险 (L.6)
avis *n. m.* 通知，布告；意见 (L.19)
avoir *v. t.* 有 (L.8)
avoir qch. de prévu 打算做 (L.18)
avril *n. m.* 四月 (L.13)

B

badminton *n. m.* 羽毛球运动 (L.19)
bande dessinée *n. f.* 连环画 (L.6)
banque *n. f.* 银行 (L.12)
banlieue *n. f.* 郊区 (L.14)
basketball *n. m.* 篮球运动 (L.19)
bataille *n. f.* 战役 (L.18)
bateau *n. m.* 船 (L.16)
bavarder *v. i.* 聊天 (L.14)
beau *adj.* 漂亮的 (L.4)
beaucoup *adv.* 很，非常 (L.3)
beau-fils *n. m.* 女婿；前夫或前妻之子 (L.14)
beau-frère *n. m.* 姐夫，妹夫；大伯，小叔；内兄，内弟 (L.14)
beau-père *n. m.* 岳父；公公；继父 (L.14)
beauté *n. f.* 美，美丽 (L.15)
belle-mère *n. f.* 岳母；婆婆；继母 (L.14)
belle-fille *n. f.* 儿媳；前夫或前妻之女 (L.14)
belle-sœur *n. f.* 嫂子，弟媳妇；大姨，小姨；大姑子，小姑子 (L.14)
besoin *n. m.* 需要 (L.14)
   avoir besoin de *loc. verb.* 需要 (L.14)
bibliothécaire *n.* 图书馆管理员 (L.18)
bibliothèque *n. f.* 图书馆 (L.18)
bien *adv.* 好 (L.1)很，十分，完全，真正 (L.10)
bien *n. m.* 好处，益处 (L.15)
bien sûr 当然 (L.11)
bientôt *adv.* 不久，马上 (L.12)
à bientôt 回头见 (L.13)
bière *n. f.* 啤酒 (L.9)
bifteck *n. m.* 牛排 (L.10)
billet *n. m.* 票 (L.8)
bleu, e *adj.* 蓝色的 (L.11)
boire *v. t.* 喝 (L.10)
boisson *n. f.* 饮料 (L.16)
bon, ne *adj.* 好的 (L.6)
bonjour *n. m.* 早上好，你好 (L.1)
bon marché *adj. inv.* 价格便宜的 (L.11)
bonsoir *n. m.* 晚安 (L.12)
bout *n. m.* 尽头，终点 (L.7)
bouger *v. i.* 动；走动 (L.8)
bouteille *n. f.* 瓶 (L.11)
boutique *n. f.* 店铺 (L.11)
bruit *n. m.* 声音，噪音 (L.15)
buffet *n. m.* 冷餐招待会 (L.9)
bureau *n. m.* 办公室 (L.9)
bus(autobus 的缩写)(俗) *n. m.* 公共汽车 (L.16)

C

cabine *n. f.* 小房间 (L.11)
cadeau *n. m.* 礼物 (L.6)
cadet, te *adj.* 年龄较小的
   n. 弟弟，妹妹；年龄最小的(子女) (L.14)
café *n. m.* 咖啡；咖啡馆 (L.10)
caisse *n. f.* 收银处 (L.11)
camarade *n.* 同学；同志 (L.7)
campagne *n. f.* 田野；乡下 (L.13)
campus *n. m.* （大学）校园 (L.17)
canadien, ne *adj. et n.* 加拿大的；加拿大人 (L.9)
car *conj.* 因为 (L.4) *n. m.* 大客车 (L.16)
carnet *n. m.* 记事本 (L.12)

251

carte *n.f.* 卡片；证件 (L.12)
ce, cette *adj.* 这个 (L.4)
centaine *n.f.* 一百来个 (L.17)
centre-ville *n.m.* 市中心 (L.16)
certainement *adv.* 一定地；当然 (L.14)
chambre *n.f.* 房间 (L.18)
champion, ne *n.* 冠军 (L.19)
championnat *n.m.* 锦标赛 (L.19)
chanson *n.f.* 歌曲 (L.19)
chance *n.f.* 运气 (L.16)
chanter *v.t. ou v.i.* 唱歌 (L.15)
chaud, e *adj.* 热的；保暖的 (L.13)
chemin *n.m.* 路，道路 (L.16)
　à mi-chemin *loc. adv.* 半路上 (L.16)
chemise *n.f.* 衬衫 (L.11)
chéquier *n.m.* 支票簿 (L.12)
cher, ère *adj.* 亲爱的；昂贵的 (L.10)
chercher *v.t.* 寻找 (L.11)
chez *prép.* 在……家里；在……国家 (L.10)
chinois, e *adj. et n.* 中国的；中国人 *n.m.* 汉语 (L.2)
choisir *v.t.* 挑选 (L.10)
choix *n.m.* 选择 (L.18)
chose *n.f.* 东西；事情 (L.12)
chouette *adj. ou interj.* 好极了 (L.6)
ciel *n.m.* 天空 (L.13)
cinéma *n.m.* 电影；电影院 (L.8)
client, e *n.* 顾客 (L.12)
clientèle *n.f.* 顾客，客户 (L.12)
climat *n.m.* 气候 (L.13)
combien (de) *adv.* 多么；多少 (L.11)
commencer *v.t. ou v.i.* 开始 (L.5)
comme *conj.* 如同；作为(L.3)由于，既然(L.15) *adv.* 多么 (L.14)
comment *adv.* 怎样，如何 (L.1)
compétition *n.f.* 比赛 (L.19)
comprendre *v.t.* 明白，理解 (L.14)

compte *n.m.* 账户 (L.12)
compte courant 结算账户 (L.12)
compte sur livret 储蓄账户 (L.12)
compter *v.t. ou v.i.* 计算；打算 (L.13)
compter sur 依靠；指望 (L.19)
concert *n.m.* 音乐会 (L.15)
concombre *n.m.* 黄瓜 (L.12)
connaissance *n.f.* 认识，相识 (L.9)
connaître *v.t.* 认识，了解 (L.12)
connu, e *adj.* 认识的；著名的 (L.15)
conseil *n.m.* 忠告，主意 (L.18)
construire *v.t.* 建造 (L.15)
consulter *v.t.* 查询 (L.12)
contempler *v.t.* 凝视 (L.15)
contemporain, e *adj. et n.* 当代的；同时代人 (L.18)
content, e *adj.* 高兴的 (L.9)
continuer *v.i.* 继续 (L.7)
copain, copine *n.* (俗)伙伴 (L.18)
côte *n.f.* 海岸 (L.13)
cuillère *n.f.* 匙，勺 (L.10)
se coucher *v. pron.* 睡觉 (L.18)
coupe *n.m.* 高脚酒杯；奖杯 (L.19)
couple *n.m.* 一对夫妇 (L.10)
courgette *n.f.* 小西葫芦 (L.11)
courrier *n.m.* 邮件；信使 (L.12)
cours *n.m.* 课 (L.18)
coûter *v.i.* 值(多少钱) (L.11)
couscous *n.m.* 古斯古斯(北非的一种菜式) (L.10)
cousin, e *n.* 表(堂)兄弟；表(堂)姐妹 (L.14)
couteau *n.m.* 刀 (L.10)
couvert, e *adj.* 布满的；阴(天)的 (L.13)
crayon *n.m.* 铅笔 (L.6)
crier *v.t. ou v.i.* 叫喊；大声宣布 (L.19)
cuisine *n.f.* 菜肴；厨房 (L.10)

D

d'accord *loc. adv.* 同意 (L.6)
dame *n.f.* 夫人，女士 (L.7)
dans *prép.* (表示地点)在……里 (L.5)(表示时间)在……之后 (L.12)
danser *v.i.* 跳舞 (L.15)

de *prép.* ……的；从，自 (L.9)
décembre *n.m.* 十二月 (L.13)
décrocher *v.t.* 摘下 (L.16)
défilé *n.m.* 游行 (L.17)

Annexe Lexique

degré *n.m.* 度 (L.13)
déjà *adv.* 已经 (L.5)
déjeuner *v.i.* 吃午饭,用午餐; *n.m.* 午饭,午餐 (L.10)
délicieux,se *adj.* 美味的 (L.10)
demande *n.f.* 要求 (L.19)
demander *v.t.* 问;要求 (L.11)
demi,e *adj.* 一半 (L.5)
litre *n.m.* 升 (L.10)
demain *n.m.* 明天 (L.6)
se dépêcher *v.pron.* 赶紧 (L.5)
de plus en plus (de) *loc.adv.* 越来越多 (L.16)
depuis *prép.* 自……以来 (L.14)
dernier,ère *adj.* 上一个的;最后一个的 (L.15)
derrière *prép.* 在……后面 (L.17)
dès *prép.* 从……起 (L.17)
descendre *vt. ou v.i.* 下来 (L.17)
désirer *v.t.* 希望,愿意,想 (L.11)
désolé *adj.* 抱歉的 (L.5)

dessert *n.m.* 餐后点心 (L.10)
deuxième *adj.* 第二个 (L.7)
devant *prép.* 在……前 (L.8)
deviner *v.t.* 猜 (L.6)
devoir *v.t.* 欠;应该;想必 (L.11)
dialogue *n.m.* 对话 (L.1)
dictée *n.f.* 听写 (L.9)
dictionnaire *n.m.* 字典 (L.18)
dimanche *n.m.* 星期日 (L.15)
dîner *v.i.* 吃晚饭 (L.10)
dire *v.t.* 说 (L.13)
direct,e *adj.* 直接的 (L.19)
directeur,trice *n.m.* 经理,主任 (L.9)
discothèque *n.f.* 歌舞厅 (L.15)
disque *n.m.* 唱片 (L.6)
dommage *n.m.* 损失;可惜 (L.14)
donner *v.t.* 给予 (L.13)
dormir *v.i.* 睡觉 (L.18)

E

eau *n.f.* 水 (L.10)
école *n.f.* 学校 (L.14)
économie *n.f.* 经济 (L.9)
économiste *n.* 经济学家 (L.9)
écouter *v.t.* 听 (L.1)
écrivain *n.* 作家 (L.18)
électronique *adj.* 电子的 (L.12)
élève *n.* 学生 (L.19)
elle *pron.* 她 (L.6)
embarras *n.m.* 为难 (L.18)
embouteillage *n.m.* 堵车 (L.16)
emmener *v.t.* 带走 (L.15)
empêchement *n.m.* 有事不能分身 (L.16)
employé,e *n.* 职员 (L.3)
emprunter *v.t.* 借 (L.18)
en *prép.* 在……(表示地点);
　　在……时候,在……时间内 (L.13)
en ce moment *loc.adv.* 目前 (L.9)
enchanté,e *adj.* 荣幸的,高兴的 (L.9)
encore *adv.* 还是,再,又 (L.4)
enfant *n.* 儿童,孩子 (L.14)

en général *loc.adv.* 一般地 (L.16)
ennuyer *v.t.* 使人厌倦 (L.19)
énormément(de) *adv.* 庞大地;非常 (L.13)
enseigner *v.t.* 讲授;任教 (L.14)
ensemble *n.m.* 全部;总体 (L.13)
ensemble *adv.* 一起 (L.16)
entendre *v.t.* 听见 (L.19)
entendu *adj.* 说定的,讲妥了的 (L.19)
entier,ère *adj.* 整个的,全部的 (L.15)
entraîneur *n.m.* 教练 (L.19)
entrer *v.i.* 进去,进入 (L.9)
entrée *n.f.* 入口;进入 (L.7);第一道正菜 (L.10)
envoyer *v.t.* 寄,送 (L.12)
épeler *v.t.* 拼读 (L.3)
équipe *n.f.* 队;班;组 (L.19)
escalade *n.m.* 攀登;攀岩 (L.19)
escalier *n.m.* 楼梯 (L.17)
espagnol,e *adj. et n.* 西班牙的;西班牙人 *n.m.* 西班牙语 (L.9)
essayage *n.m.* 试衣 (L.11)
essayer *v.t.* 试穿;试验 (L.11)
et *conj.* 和,而 (L.1)

253

étage *n. m.* 楼层 (L.18)
et alors? 那又怎么样? (L.16)
été *n. m.* 夏天 (L.13)
et puis *loc. conj.* 而且,再说 (L.14)
étoile *n. f.* (L.17)
étranger, ère *adj. et n.* 外国的;外国人 (L.14)
être *v. i.* 是 (L.7)
être en forme 精力旺盛 (L.15)
étude *n. f.* 学习 (L.18)
étudiant, e *n.* 大学生 (L.2)
étudier *v. t.* 学习 (L.2)

euro *n. m.* 欧元 (L.11)
évidemment *adv.* 当然;显然 (L.15)
exact, e *adj.* 准确的 (L.3)
examen *n. m.* 考试 (L.7)
excellent, e *adj.* 极好的 (L.10)
exercice *n. m.* 练习 (L.9)
excursion *n. f.* 远足 (L.17)
excuser *v. t.* 原谅 (L.8)
exemple *n. m.* 例子 (L.18)
exposition *n. f.* 展览 (L.14)

F

faim *n. f.* 饿 (L.16)
faire *v. t.* 做,干 (L.9)
facile *adj.* 容易的 (L.18)
falloir *v. impers.* 应该 (L.11)
famille *n. f.* 家庭 (L.14)
farine *n. f.* 面粉 (L.11)
fatiguer *v. t.* 使……疲惫 (L.15)
femme *n. f.* 妻子;女人 (L.14)
fermé, e *adj.* 关闭的 (L.5)
festival *n. m.* (音乐、艺术、戏剧、电影)节 (L.17)
fête *n. f.* 节日 (L.17)
fêter *v. t.* 庆祝 (L.9)
feu *n. m.* 火 (L.17)
feu d'artifice 烟花 (L.17)
février *n. m.* 二月 (L.13)
fiche *n. f.* 卡片 (L.18)
fichier *n. m.* 卡片柜 (L.18)

fille *n. f.* 女儿;女孩 (L.6)
film *n. m.* 影片 (L.15)
fils *n. m.* 儿子 (L.14)
finale *n. f.* 决赛 (L.19)
fleur *n. f.* 花 (L.14)
fois *n. f.* 次 (L.10)
football *n. m.* 足球 (L.19)
footballeur, se *n.* 足球运动员 (L.19)
forêt *n. f.* 森林 (L.18)
forme *n. f.* 形式,形状;竞技状态 (L.15)
fourchette *n. f.* 叉子 (L.10)
français, e *adj. et n.* 法国的;法国人 *n. m.* 法语 (L.2)
frère *n. m.* 兄弟 (L.4)
froid, e *adj.* 冷的;不保暖的 (L.13)
fromage *n. m.* 奶酪 (L.10)
fruit *n. m.* 水果 (L.10)

G

gagner *v. t.* 赢;赚,挣 (L.19)
garçon *n. m.* 男孩;小伙子 (L.4)
garder *v. t.* 保持;看管;留住 (L.19)
gare *n. f.* 火车站 (L.8)
se garer *v. pron.* 停放 (L.16)
gâteau *n. m.* 糕点 (L.10)
gauche *n. f.* 左;左手;左边
geler *v. impers.* 结冰 (L.13)

génial, e *adj.* 天才的;棒极了 (L.18)
gens *n. m. ou n. f. pl.* 人 (L.15)
gentil, le *adj.* 亲切的,对人体贴的 (L.14)
goûter *v. t.* 品尝 (L.10)
grand, e *adj.* 大的 (L.10)
grands-parents *n. m. pl.* (外)祖父母 (L.14)
gros, sse *adj.* 大的,粗的 (L.17)
gymnastique *n. f* 体操 (L.19)

254

Annexe Lexique

H

hé! *interj.* 喂！哎！喂！(L.4)
habiter *v.t.* 居住 (L.2)
habitude *n.f.* 习惯 (L.18)
d'habitude *loc.adv.* 惯常，通常 (L.18)
s'habituer *v.pron.* 习惯于 (L.18)
heure *n.f.* 小时；时间 (L.5)

heureux, se *adj.* 幸福的，高兴的 (L.17)
hier *adv.* ou *n.m.* 昨天 (L.15)
histoire *n.f.* 历史；故事 (L.9)
historique *adj.* 历史的 (L.18)
hiver *n.m.* 冬天 (L.13)

I

ici *adv.* 这里，此地 (L.9)
idée *n.f.* 主意 (L.6)
il *pron.* 他 (L.4)
il y a 有……(L.10)；在……以前 (L.15)
immense *adj.* 无边的，巨大的 (L.14)
impatience *n.f.* 焦急，不耐烦 (L.14)
impressionner *v.t.* 给人以深刻印象 (L.15)
impressionnant, e *adj.* 令人印象深刻的 (L.17)
informaticien, ne *n.* 电脑工程师 (L.9)
information *n.f.* 情况 (L.13)

informatique *n.f.* 信息科学，信息技术 (L.9)
ingénieur *n.m.* 工程师 (L.9)
instituteur, trice *n.* 小学教师 (L.14)
international, e *adj.* 国际的 (L.17)
s'intéresser (à) *v.pron.* 对……感兴趣 (L.18)
interprète *n.* 翻译 (L.9)
invitation *n.f.* 邀请 (L.14)
inviter *v.t.* 邀请 (L.14)
italien, ne *adj. et n.* 意大利的；意大利人
n.m. 意大利语 (L.9)

J

ne...jamais *adv.* 从来没有；决不 (L.15)
janvier *n.m.* 一月 (L.13)
japonais, e *adj. et n.* 日本的；日本人 *n.m.* 日语 (L.9)
jardin *n.m.* 花园 (L.14)
je *pron.* 我 (L.2)
jeudi *n.m.* 星期四 (L.16)
jeune *adj.* 年轻的 (L.4)
joli, e *adj.* 漂亮的 (L.11)
jouer *v.i.* ou *v.t.* 玩耍，游戏；扮演 (L.19)
jour *n.m.* 天，日 (L.12)

journal *n.m.* 报纸 (L.18)
journaliste *n.* 记者 (L.2)
journée *n.f.* 一天 (L.11)
joyeux, se *adj.* 愉快的 (L.6)
juillet *n.m.* 七月 (L.13)
juin *n.m.* 六月 (L.13)
jupe *n.f.* 裙子 (L.6)
jus d'orange *n.m.* 橙汁 (L.10)
jusqu'à *loc.prép.* 直至 (L.15)
juste *adv.* 恰好 (L.11)

K

kilo *n.m.* 公斤 (L.11)

255

L

là *adv.* 那儿 (L.4)
là-bas *adv.* 在那儿 (L.13)
laisser *v. t.* 留,留下 (L.12)
lait *n. m.* 牛奶 (L.10)
langue *n. f.* 语言 (L.9)
latin, e *adj.* 拉丁人的;拉丁的 *n. m.* 拉丁语,拉丁文 (L.15)
se laver *v. pron.* 洗;洗澡 (L.18)
leçon *n. f.* 课 (L.1)
lecture *n. f.* 阅读 (L.18)
lendemain *n. m.* 次日 (L.17)
lentement *adv.* 缓慢地 (L.17)
lettre *n. f.* 信 (L.12)
se lever *v. pron.* 起床 (L.18)

librairie *n. f.* 书店;书业 (L.18)
libre *adj.* 自由的;空闲的 (L.8)
ligne *n. f.* 线路,线 (L.12)
lire *v. t.* 读,念 (L.18)
litre *n. m.* 升 (L.10)
livre *n. m.* 书 (L.6)
loin *adv.* 远 (L.7)
loisir *n. m.* 闲暇 *pl.* 闲暇时的活动 (L.15)
longuement *adv.* 长久地 (L.15)
longtemps *adv.* 长久 (L.19)
lorsque *conj.* 当……时候 (L.17)
lundi *n. m.* 星期一 (L.17)
lycée *n. m.* 公立中学 (L.14)

M

madame *n. f.* 夫人,太太,女士 (L.1)
magasin *n. m.* 商店 (L.11)
magnifique *adj.* 极美的,宏伟庄严的 (L.12)
mai *n. m.* 五月 (L.13)
main *n. f.* 手 (L.17)
maintenant *adv.* 现在 (L.10)
mais *conj.* 但是 (L.5)
maison *n. f.* 住宅,家 (L.9)
mal *adv.* 坏 (L.17)
maman *n. f.* 妈妈 (L.14)
manger *v. t.* 吃,吃饭 (L.10)
marchand, e *n.* 商人 (L.11)
marché *n. m.* 市场 (L.11)
marche *n. f.* 台阶,梯级;行走,竞走 (L.17)
marcher *v. i.* 走,走路 (L.17)
mardi *n. m.* 星期二 (L.16)
mari *n. m.* 丈夫 (L.14)
marié, e *adj.* 已婚的 (L.14)
mars *n. m.* 三月 (L.13)
match *n. m.* 比赛 (L.19)
matin *n. m.* 早上 (L.12)
matinal, e *adj.* 早起的;惯于早起的 (L.18)
matinée *n. f.* 上午 (L.13)

mauvais, e *adj.* 坏的;不适当的 (L.13)
médecin *n. m.* 医生 (L.9)
membre *n. m.* 成员 (L.14)
même *adj.* 相同的,同样的;*adv.* 甚至 (L.19)
merci *n. m.* 谢谢 (L.1)
mercredi *n. m.* 星期三 (L.16)
mère *n. f.* 母亲 (L.14)
mesdemoiselles *n. f. pl.* 小姐们 (L.9)
message *n. m.* 信件,邮件 (L.12)
messieurs *n. m. pl.* 先生们 (L.9)
météo *n. f.* 气象学;气象台 (L.13)
météorologique *adj.* 气象的 (L.13)
métro *n. m.* 地铁 (L.16)
midi *n. m.* 中午十二点 (L.5)
militaire *adj.* 军事的 (L.17)
mille *adj. inv.* 一千 (L.15)
minuit *n. m.* 午夜 (L.17)
minute *n. f.* 分钟 (L.12)
moi *pron.* 我 (L.1)
mois *n. m.* 月 (L.13)
moment *n. m.* 时间;片刻 (L.9)
mon *adj. poss.* 我的 (L.3)
monde *n. m.* 世界;人世;人,人们 (L.13)

Annexe Lexique

monsieur *n. m.* 先生 (L.5)
montagne *n. f.* 山,山脉 (L.7)
monter *v. i.* ou *v. t.* 登上;乘上 (L.16)
montrer *v. t.* 出示,给……看 (L.12)
moyen *n. m.* 手段,办法 (L.16)

moyen de transport 交通工具 (L.16)
musclé, e *adj.* 肌肉发达的,(俗)强壮的 (L.4)
musée *n. m.* 展览馆,博物馆 (L.9)
musicien, ne *n.* 音乐家 (L.9)
musique *n. f.* 音乐 (L.14)

N

naître *v. i.* 出生 (L.16)
naissance *n. f.* 出生 (L.16)
nager *v. i.* 游泳 (L.19)
natation *n. f.* 游泳 (L.18)
nation *n. f.* 民族 (L.7)
national, e *adj.* 国家的,民族的 (L.17)
nationalité *n. f.* 国籍;民族 (L.9)
neiger *v. impers.* 下雪 (L.13)
ne ... pas ... ni 既不……也不…… (L.14)
ne ... plus *adv.* 不再 (L.16)
ne ... que 只 (L.18)
neveu *n. m.* 侄子;外甥 (L.14)

nièce *n. f.* 侄女;外甥女 (L.14)
noir, e *adj.* 黑色的 (L.17)
nom *n. m.* 名字,姓名 (L.3)
nombreux, se *adj.* 很多的 (L.16)
non *adv.* 不 (L.2)
nord *n. m.* 北,北方 (L.13)
nouveau *adj.* 新的 (L.11)
novembre *n. m.* 十一月 (L.13)
nuageux, se *adj.* 多云的 (L.13)
nuit *n. f.* 夜 (L.15)
numéro *n. m.* 号,号码 (L.12)

O

obtenir *v. t.* 获得 (L.18)
octobre *n. m.* 十月 (L.13)
œuf *n. m.* 鸡蛋 (L.11)
œuvre *n. f.* 作品 (L.15)
offrir *v. t.* 送 (L.6)
oh là là *interj.* 啊!哎呀! (L.14)
on *pron.* 人们;我们 (L.5)
oncle *n. m.* 叔父,伯父 (L.4)

opéra *n. m.* 歌剧;歌剧院 (L.17)
orange *n. f.* 橙 (L.11)
organiser *v. t.* 组织,安排 (L.9)
ou *conj.* 或者 (L.10)
où *adv.* 哪儿,在哪里 (L.7)
ouest *adj. inv* et *n. m.* 西(的),西部(的) (L.13)
oui *adv.* 是 (L.2)
ouvrir *v. t.* 开,打开 (L.12)

P

pain *n. m.* 面包 (L.10)
palais *n. m.* 宫殿 (L.17)
pantalon *n. m.* 长裤 (L.11)
par *prép.* 按照,每(表示分配) (L.15)
pardon *n. m.* 对不起 (L.3)
parents *n. m. pl.* 父母 (L.14)
parfait, e *adj.* 完美的 (L.13)
parfois *adv.* 有时 (L.13)

parisien, ne *adj. et n.* 巴黎的;巴黎人 (L.18)
parler *v. i.* ou *v. t.* 说,讲;议论 (L.9)
part *n. f.* 份额 (L.14)
de la part de 以……的名义,代表 (L.14)
participer (à) *v. i.* 参加 (L.19)
partir *v. i.* 动身,出发 (L.13)
pas du tout *loc. adv.* 一点也不 (L.19)
pas grand-chose *n. inv.* 不多的东西;不重要的事 (L.15)

257

pas mal (de) *loc. adv.* (俗)不坏；不少，许多 (L.17)
passeport *n. m.* 护照 (L.12)
passer *v. t.* ou *v. i.* 传递，度过，到……去 (L.12)
passion *n. f.* 酷爱，迷恋 (L.19)
payer *v. t.* 付钱 (L.11)
pays *n. m.* 国家 (L.9)
peine *n. f.* 辛劳 (L.15)
peintre *n.* 画家 (L.9)
peinture *n. f.* 绘画 (L.14)
pendant *prép.* 在……期间 (L.17)
penser *v. t.* ou *v. i.* 想，想着；认为 (L.15)
père *n. m.* 父亲 (L.14)
personne *n. f.* 人 (L.17)
petit, e *adj.* 小的 (L.10)
petite *n. f.* 小女孩 (L.14)
petit déjeuner *n. m.* 早饭，早餐 (L.10)
petite-fille *n. f.* 孙女；外孙女 (L.14)
petit-fils *n. m.* 孙子；外孙 (L.14)
petits-enfants *n. m. pl.* (外)孙子女们 (L.14)
peu (de) *adv.* 少(的)，不多(的) (L.19)
peut-être *loc. adv.* 或许 (L.16)
photo *n. f.* 照片 (L.4)
pièce *n. f.* 片，块，个，只 (L.11)
pique-nique *n. m.* 野餐 (L.13)
piscine *n. f.* 游泳池 (L.18)
place *n. f.* 广场；地方，位置 (L.7)
sur place 原地，就地 (L.18)
plaisir *n. m.* 愉快，高兴；乐趣 (L.10)
plat *n. m.* 一盘菜 (L.10)
plein, e *adj.* 满的；充分的 (L.15)
pleuvoir *v. impers.* 下雨 (L.13)
pluie *n. f.* 雨 (L.13)
plupart *n. f.* 大部分，大多数 (L.16)
la plupart du temps *loc. adv.* 通常，往往 (L.16)
plus *adv.* 更 (L.12)
de plus en plus (de) *loc. adv.* 越来越(多)
plusieurs *adj. indéf. pl.* 好几个的 (L.17)

pointe *n. f.* 尖端 (L.16)
heure de pointe 高峰时刻 (L.16)
poisson *n. m.* 鱼 (L.10)
polar *n. m.* (俗)侦探小说；侦探影片 (L.18)
policier, ère *adj.* 警察的；侦探的 (L.18)
pomme *n. f.* 苹果 (L.11)
pomme de terre 土豆 (L.11)
populaire *adj.* 人民的；大众喜爱的 (L.19)
poulet *n. m.* 童子鸡 (L.10)
pour *prép.* 为了 (L.6)
pourquoi *adv.* 为什么 (L.8)
pouvoir *v. t.* 能够 (L.11)
pratique *adj.* 实用的，方便的 (L.16)
préféré, e *adj.* 最喜爱的 (L.17)
préférer *v. t.* 更喜欢 (L.10)
premier, ère *adj.* 第一的 (L.10)
prendre *v. t.* 取，拿；吃，喝 (L.7)
préparer *v. t.* 准备 (L.15)
présenter *v. t.* 介绍 (L.9)
prêt *n. m.* 出借 (L.18)
prêter *v. t.* 出借 (L.18)
près *adv.* 近 (L.7)
près de *loc. prép.* 靠近，临近 (L.7)
prévision *n. f.* 预见，预报 (L.13)
prévoir *v. t.* 预见；准备 (L.13)
principal, e *adj.* 主要的 (L.10)
printemps *n. m.* 春天 (L.13)
prix *n. m.* 价格；奖 (L.18)
problème *n. m.* 问题 (L.18)
prochain, e *adj.* 临近的；下一个的 (L.19)
professeur *n. m.* 教师 (L.9)
profession *n. f.* 职业 (L.9)
se promener *v. pron.* 散步 (L.18)
puis *adv.* 然后 (L.7)
pull (pull-over 的缩写)*n. m.* (俗)套头衫 (L.13)
pyramide *n. f.* 金字塔 (L.15)

Q

quand *loc. conj.* 当……的时候 (L.17)
quand *pron. interr.* 什么时候 (L.14)

quarante *adj.* 四十 (L.4)
quartier *n. m.* 街区，街道 (L.11)

Annexe Lexique

que *pron. interr.* 什么 (L.9)
quel, quelle *adj. interr.* 怎样的 (L.4)
quelques *adj. indéf. pl.* 几个,少量 (L.12)
quelque chose *pron. indéf.* 某物,某事 (L.11)
question *n. f.* 问题 (L.9)

queue *n. f.* 尾巴 (L.17)
faire la queue 排队 (L.17)
quitter *v. t.* 离开 (L.12)
quoi *pron. interr.* 什么 (L.6)

R

raconter *v. t.* 讲述 (L.12)
rappeler *v. t.* 再打电话 (L.12)
ravioli *n. m.* 饺子 (L.10)
recommander *v. t.* 推荐 (L.18)
recommencer(à) *v. i.* ou *v. t.* 重新开始 (L.5)
refuser(de) *v. t.* 拒绝 (L.19)
regarder *v. t.* 看 (L.4)
remercier *v. t.* 感谢 (L.11)
remplir *v. t.* 填写;盛满 (L.18)
rencontrer *v. t.* 遇到,遇见 (L.9)
rendez-vous *n. m.* 约会 (L.5)
rentrer *v. i.* 回来;回家 (L.12)
renseignement *n. m.* 情况 (L.12)
répéter *v. t.* 重复 (L.1)
repas *n. m.* 一顿饭 (L.10)
réponse *n. f.* 回答 (L.19)
se reposer *v. pron.* 休息 (L.18)
restaurant *n. m.* 餐馆 (L.11)
rester *v. i.* 呆,停留 (L.13)

(être en) retard 迟到 (L.18)
retour *n. m.* 返回 (L.12)
retourner *v. i.* 返回 (L.15)
retransmettre *v. t.* 转播 (L.19)
retransmettre en direct 直播 (L.19)
se réveiller *v. pron.* 醒来 (L.18)
revoir *v. t.* 再见 (L.14)
revue *n. f.* 杂志 (L.18)
(ne) ... rien *pron.* 没有什么东西,没有什么 (L.16)
rien (ne) *pron. indéf.* 没有什么东西,没有什么事情 (L.13)
rire *v. i.* 笑 (L.19)
riz *n. m.* 稻;大米;米饭 (L.10)
robe *n. f.* 连衣裙 (L.11)
roi *n. m.* 国王 (L.3)
roman *n. m.* 小说 (L.18)
rouge *adj.* 红色的 (L.11)
route *n. f.* 道路,公路 (L.16)
rue *n. f.* 街 (L.7)

S

saison *n. f.* 季节 (L.13)
salade *n. f.* 生菜 (L.10)
salle *n. f.* 大厅 (L.9)
saluer *v. t.* 致意,敬礼 (L.17)
salut *n. m.* 致意,(俗)你好;再见 (L.1)
samedi *n. m.* 星期六 (L.16)
sandwich *n. m.* 三明治 (L.10)
sans *prép.* 没有,不 (L.16)
sans doute *loc. adv.* 无疑;大概 (L.15)
santé *n. f.* 健康 (L.10)
sauf *prép.* 除了 (L.13)
savoir *v. t.* 知道,会 (L.12)

secrétaire *n.* 秘书 (L.9)
séjour *n. m.* 逗留 (L.9)
semaine *n. f.* 星期 (L.12)
septembre *n. m.* 九月 (L.13)
serré, e *adj.* 绷紧的 (L.11)
serrer *v. t.* 握 (L.17)
service *n. m.* 服务;处,科,部门 (L.12)
seul, e *adj.* 单独的,惟一的 (L.7)
seulement *adv.* 仅仅;不过 (L.14)
si *adv.* 如果;是的(用于肯定答复反面提出的问题) (L.14)
s'il vous plaît 请,劳驾 (L.9)
simple *adj.* 简单的 (L.10)

259

ski *n. m.* 滑雪 (L.19)
société *n. f.* 公司；社会 (L.9)
sœur *n. f.* 姐姐；妹妹 (L.14)
soif *n. f.* 渴 (L.16)
soir *n. m.* 晚上 (L.8)
soirée *n. f.* 晚间；晚会 (L.15)
soirée dansante *n. f.* 跳舞晚会 (L.15)
soleil *n. m.* 太阳；阳光 (L.13)
sonner *v. i.* ou *v. t.* 铃响，钟鸣；敲响；打铃 (L.16)
sortir *v. i.* 走出 (L.11)
souhaiter *v. t.* 希望，祝愿 (L.12)
sourire *v. i.* 微笑 (L.17)
sous *prép.* 在……下面 (L.12)
souvenir *n. m.* 纪念品；回忆 (L.12)
souvent *adv.* 经常地 (L.13)

sport *n. m.* 运动 (L.4)
sportif, ve *adj.* 喜爱体育运动的 *n.* 运动员 (L.4)
stagiaire *n.* 实习生 (L.9)
station *n. f.* 地铁(公共汽车、出租车)站 (L.16)
stylo *n. f.* 钢笔 (L.6)
succès *n. m.* 成功 (L.18)
suffire *v. i.* 足够 (L.12)
suivre *v. t.* 跟随；随堂上课 (L.11)
super! *adj.* (俗)太棒了! (L.8)
supposer *v. t.* 猜想 (L.15)
sur *prép.* 在……上面；关于 (L.12)
sûr, e(de) *adj.* 有把握的；信任，依赖 (L.19)
surtout *adv.* 特别，尤其 (L.13)
sympa（sympathique 的缩写）*adj.* (俗)客气的,给人好感的 (L.9)

T

table *n. f.* 桌子 (L.10)
tableau *n. m.* 画 (L.15)
tant de *adv.* 那么多的 (L.10)
tante *n. f.* 姨母,姑母 (L.14)
tard *adv.* 晚 (L.12)
taxi *n. m.* 出租车 (L.16)
télé（télévision 的缩写）*n. f.* (俗)电视；电视机 (L.13)
téléphone *n. m.* 电话 (L.12)
téléphoner *v. i.* 打电话 (L.12)
tellement de *adv.* 这样地 (L.14)
temps *n. m.* 天气；时间 (L.13)
tenez *interj.* 喏,拿着 (L.11)
tenir *v. t.* ou *vi.* 拿着；(由于血缘关系等)相像 (L.14)
tennis *n. m.* 网球；网球场 (L.19)
tennis de table *n. m.* 乒乓球运动 (L.19)
thé *n. m.* 茶 (L.10)
théâtre *n. m.* 剧院；戏剧 (L.15)
ticket *n. m.* 票(汽车、地铁) (L.16)
tiens *interj.* 喏,拿着；啊！瞧！(L.6)
tiers *n. m.* 三分之一 (L.15)
tofu *n. m.* 豆腐 (L.10)
toi *pron.* 你 (L.1)

tomate *n. f.* 西红柿 (L.10)
tomber *v. i.* 跌倒；落下 (L.16)
tomber en panne 抛锚 (L.16)
ton *adj.* 你的 (L.4)
tôt *adv.* 早 (L.18)
toujours *adv.* 总是,始终；永远 (L.17)
touriste *n.* 旅游者 (L.13)
tout *adv.* 非常,完全地 (L.7)
tout *pron. indéf.* 一切 (L.11)
tout, e *adj.* 所有的,全部的 (L.14)
tout de suite *loc. adv.* 立刻,马上 (L.8)
tout le monde 大家 (L.9)
train *n. m.* 火车 (L.16)
transport *n. m.* 运输,交通 (L.16)
travail *n. m.* 工作 (L.16)
travailler *v. i.* 工作 (L.5)
très *adv.* 很,非常 (L.1)
trésor *n. m.* 宝藏 (L.15)
se tromper *v. pron.* 弄错,搞错 (L.16)
trop (de) *adv.* 太；太多 (L.15)
trouver *v. t.* 找到；觉得 (L.11)
tu *pron.* 你 (L.2)

Annexe Lexique

U

université *n. f.* 大学 (L.9)
universitaire *adj.* 大学的 (L.12)

un peu(de) *loc. adv.* 一点,一些 (L.9)

V

vacances *n. f. pl.* 假期 (L.13)
vainqueur *n. m.* 胜利者 (L.19)
valoir *v. i.* ou *v. t.* 值;值得;赢得 (L.15)
vapeur *n. f.* 蒸汽 (L.10)
vedette *n. f.* 明星 (L.17)
vélo *n. m.* 自行车,单车 (L.16)
vendeur, se *n.* 售货员 (L.9)
vendre *v. t.* 出售 (L.11)
vendredi *n. m.* 星期五 (L.16)
venir *v. i.* 来 (L.12)
vent *n. m.* 风 (L.13)
verre *n. m.* 玻璃杯;玻璃 (L.10)
vers *prép.* 将近(表示时间);朝(表示方向) (L.17)
vert, e *adj.* 绿色的 (L.10)
vêtement *n. m.* 衣服 (L.11)
viande *n. f.* 肉 (L.10)
victoire *n. f.* 胜利 (L.19)
vie *n. f.* 生活 (L.9)
vieux (vieil), vieille *adj.* 年老的 (L.14)
village *n. m.* 村庄 (L.14)

ville *n. f.* 城市 (L.12)
vin *n. m.* 葡萄酒 (L.10)
visite *n. f.* 参观;访问,拜访 (L.14)
visiter *v. t.* 参观 (L.15)
vivre *v. i.* 生活 (L.14)
voici *prép.* 这儿是 (L.9)
voilà *prép.* 那儿是;这儿是 (L.9)
voir *v. t.* 看见 (L.11)
voisin, e *adj. et n.* 邻近的;邻居 (L.14)
voiture *n. f.* 车;轿车 (L.16)
volleyball *n. m.* 排球运动 (L.19)
volontiers *adv.* 乐意的 (L.10)
votre *adj. poss.* 您的;你们的 (L.3)
vouloir *v. t.* 愿意;要 (L.10)
vous *pron.* 您,你们 (L.2)
voyage *n. m.* 旅行 (L.12)
voyager *v. i.* 旅行 (L.14)
voyageur, se *n.* 旅客 (L.16)
vrai, e *adj.* 真正的,真实的 (L.10)
vraiment *adv.* 真正地 (L.10)

W

week-end *n. m.* 周末 (L.14)

Y

yaourt *n. m.* 酸奶 (L.10)

Noms propres

l'aéroport de Roissy (L.16) 鲁瓦西机场
l'Allemagne (L.9) 德国
la Bataille (L.18) 《战役》

le Brésil (L.19) 巴西
la Bretagne (L.13) 布列塔尼
le Canada (L.9) 加拿大

Cannes (L.17) 戛纳
Chamonix (L.19) 夏莫尼
les Champs-Elysées (L.17) 香榭丽舍大街
la Chine (L.9) 中国
la Côte d'Azur (L.13) 蓝色海岸
le Crédit Lyonnais (L.12) 里昂信贷银行
Delacroix (L.15) 德拉克鲁瓦
Daniel Pennac (L.18) 达尼埃尔·佩纳克
l'Espagne (L.9) 西班牙
les Etats-Unis (L.9) 美国
l'Europe (L.19) 欧洲
Fontainebleau (L.18) 枫丹白露
la France (L.9) 法国
Gérard Depardieu (L.17) 热拉尔·德帕迪厄
le Grand Palais (L.14) 大宫博物馆
l'Italie (L.9) 意大利

le Japon (L.9) 日本
la Joconde (L.15) 蒙娜丽莎
Léonard de Vinci (L.15) 达·芬奇
le Louvre (L.15) 卢浮宫
Monet (L.15) 莫奈
la Normandie (L.14) 诺曼底
Notre-Dame de Paris (L.9) 巴黎圣母院
Pei Ieoh Ming (L.15) 贝聿铭
la Place de la Concorde (L.17) 协和广场
la Place de l'Etoile (L.17) 星形广场
le prix Goncourt (L.18) 龚古尔奖
Le Quartier Latin (L.15) 拉丁区
Renoir (L.15) 雷诺阿
la Tour Eiffel (L.9) 埃菲尔铁塔
Venise (L.12) 威尼斯
la Vénus de Milo (L.15) 米洛的维纳斯

北京市高等教育精品教材立项项目
21世纪法语专业教材系列

法语教程

I

听力文本与练习答案

王文融　主编

周林飞　杨明丽　田庆生　编著

北京大学出版社
·北京·

使用说明

本册《听力文本与练习答案》是《法语教程I》的配套教材，包括部分练习答案、听写文本和在语音实验室进行训练的内容。

《法语教程I》共有20课。第1~8课为语音教程。若周学时为12，一周可教授2课，每课6学时。前4学时学对话、音素和读音规则，后2学时做练习，其中"抄写对话"为课外作业。第4、8课后有两个小复习，是阶段性总结，练习可随堂做。其后的附录供学生自学。

在第9~19课这一阶段，每周教授1课。每课有两篇对话和几个语法点。Manière de dire 和 Micro-conversation 两项以帮助学生自己编对话为目的。Un peu de phonétique 讲解一些语音知识。每课30个练习，以第9课为例，练习 I 要求熟练背诵和默写动词变位，练习 II 要求以正确的语音和语调流利地朗读课文并回答与课文有关的问题，练习 III~XV 帮助学生掌握本课的语法和词汇。练习 XVI~XXIII 在语音实验室进行，着重训练听力。练习 XXIV、XXV、XXVII 和 XXVIII 训练学生综合运用所学词汇和语法以及连续表达的能力。练习 XXIX 为语音练习，练习 XXX 是两篇听写。练习 XXVI（小作文）为课外作业。

第20课为复习课，共30个练习，是对本册所学内容的小结，包括语法和词汇练习、语音练习、听写和听力练习等。

Leçon 1

V. Trouvez la bonne réplique:
 1. — Bonjour, monsieur.
 2. — Oui, moi, ça va.
 3. — Salut, Marc.
 4. — Moi aussi, merci.
 5. — Très bien, merci et vous?

VI. Complétez le dialogue:
 1. — Salut, Marc.
    — <u>Salut</u>, Alice.
    — Ça <u>va</u>?
    — Très <u>bien</u>, et toi?
    — <u>Ça</u> va.
 2. — Bonjour, madame.
    — <u>Bonjour</u>, monsieur.
    — Comment <u>allez-vous</u>?
    — Très bien, <u>merci</u>. Et <u>vous</u>?
    — <u>Moi</u> aussi, merci.

Leçon 2

VI. Complétez le dialogue:
 — Bonjour! Tu <u>es</u> chinois?
 — <u>Oui</u>, je suis chinois. Et <u>toi</u>?
 — Je <u>suis</u> français.
 — Tu habites <u>à</u> Beijing?
 — Oui, <u>j'habite à</u> Beijing.
 — <u>Tu</u> es étudiant?
 — Non, <u>je</u> suis journaliste.

VII. Reliez la question à la réponse:
 1. — Ça va bien.
 2. — Non, je suis français.
 3. — Non, j'habite à Beijing.
 4. — Oui, je suis française.
 5. — Non, je suis étudiant.

6. — J'étudie le chinois.

Leçon 3

IV. Trouvez la bonne réplique:
1. — Je t'en prie.
2. — Je vous en prie.
3. — Oui, exact.
4. — Je m'appelle Roseline.
5. — Moi aussi.

VII. Complétez le dialogue:
— Vous vous appelez comment?
— Je m'appelle Henri.
— Pardon? Vous pouvez épeler, s'il vous plaît?
— Henri, H. E. N. R. I.
— Comme le roi Henri III?
— Oui, exact.
— Merci beaucoup.
— Je vous en prie.

Leçon 4

VI. Complétez les phrases:
1. Je regarde des photos.
2. Que fais-tu là?
3. Il fait du sport.
4. Paul est mon frère.
5. Il a quel âge?
6. Il est musclé.
7. Mon oncle a quarante ans.
8. Qui est ce beau garçon?

VII. Trouvez la bonne réplique:
1. — Oui, car il fait du sport.
2. — Il a trois ans.
3. — Je regarde une photo.
4. — C'est mon frère.
5. — Oui, c'est mon oncle.

Bilan 1

I. Écoutez et répétez, puis mettez une croix(×) dans la bonne colonne:

[l] [n]   1. lice   2. celle   3. âne   4. malette   5. Seine
[t] [d]   1. laide   2. site   3. doux   4. tes   5. tout
[ʃ] [ʒ]   1. magie   2. achat   3. cher   4. gêner   5. chêne

II. Ecoutez et répondez comme dans l'exemple:

A. Ex: Tu es étudiant?   — Oui, je suis étudiant.
                                ou — Non, je suis journaliste.
1. Tu es chinois(e)?   2. Tu es français(e)?
3. Vous êtes étudiant(e)?   4. Tu es journaliste?
5. Tu es Roseline?   6. Vous êtes employé(e)?

B. Ex: Tu habites à Beijing?   — Oui, j'habite à Beijing.
                                ou — Non, j'habite à Tianjin.
1. Tu habites à Beida?   2. Tu habites à Tianjin?
3. Tu habites à Paris?   4. Tu habites à Shanghai?
5. Tu étudies le chinois?   6. Tu étudies le français?
7. Vous étudiez le français? 8. Vous étudiez le chinois?

III. Ecoutez et transformez comme dans l'exemple:

Ex: journaliste   — Vous êtes journaliste.
1. étudiant   2. chinois
3. journaliste   4. français
5. Alice   6. employé

IV. Ecoutez et répétez, puis mettez une croix (x) dans la bonne colonne:

[f] [v]   1. faux   2. ville   3. face   4. aval   5. vous
[p] [b]   1. pâte   2. balai   3. balle   4. palais   5. épée
[s] [z]   1. assez   2. azur   3. noce   4. oser   5. roseau
[k] [g]   1. gare   2. lac   3. quai   4. gai   5. langue

V. Ecoutez et répondez comme dans l'exemple:

Ex: Qui est-ce? (Henri)   — C'est Henri.
1. Qui est-ce? (Annie)   2. Qui est-ce? (Charles)
3. Qui est-ce? (Nicole)   4. Qui est-ce? (Isabelle)
5. Qui est-ce? (Madame Durand) 6. Qui est-ce? (Monsieur Thibault)

7. Qui est-ce? (mon oncle)   8. Qui est-ce? (mon frère)

VI. Ecoutez et transformez comme dans l'exemple:
Ex: Mon oncle est jeune. → Il est jeune.
1. Mon frère est beau.
2. Pascal est musclé.
3. Philippe est jeune.
4. Mon oncle est sportif.
5. Henri est employé.
6. Charles est français.
7. Ce garçon est étudiant.
8. Monsieur Thibault est journaliste.

Leçon 5

VII. Trouvez la bonne réplique:
1. — Il est onze heures.
2. — Oui, j'ai deux frères.
3. — Je comprends.
4. — Dépêche-toi!
5. — A huit heures.

Leçon 6

VI. Posez la question qui convient:
Phrases 1, 3, 5, 8, 9:   Qui est-ce?
Phrases 2, 4, 6, 7, 10: Qu'est-ce que c'est?

VII. Complétez les phrases:
1. Qu'est-ce que c'est?
2. Ce sont des livres.
3. C'est un cadeau pour la fille de Marie.
4. Elle en a beaucoup.
5. Isabelle a huit ans.
6. Ce sont des disques.

Leçon 7

IV. Trouvez l'autre partie de la phrase:
1. en prie
2. la deuxième rue à gauche
3. tout droit
4. à la montagne?
5. la place d'Italie?
6. des livres pour toi
7. c'est?
8. avec Nicole

VII. Complétez avec le verbe 《être》 à la forme qui convient:

    1. est   2. est   3. suis   4. es   5. sont
    6. sommes   7. sont   8. êtes   9. est   10. sont

IX. Dictée:

    1. Je suis chinois.   2. Tu es française.
    3. Il est journaliste.   4. Elle est jeune.
    5. Nous sommes étudiants.   6. Vous êtes monsieur Wang?
    7. Ils sont employés.   8. C'est mon oncle.
    9. C'est son anniversaire.   10. Ce sont des livres.

Leçon 8

II. Trouvez la bonne réplique:

    1. Je m'appelle Xavier.   2. Je regarde des images.
    3. Je vous en prie.   4. C'est mon frère.
    5. Il est midi et quart.   6. Ce sont des appareils photo.
    7. Bonne idée!   8. Nous sommes à la gare.

IV. Posez des questions sur les mots en italique:

    1. Quelle heure est-il?   2. Où vas-tu?
    3. Tu t'appelles comment?   4. Qu'est-ce que c'est?
    5. Qui est-ce?   6. Qu'est-ce que c'est?
    7. Qui est-ce?   8. Il a quel âge?
    9. Qu'est-ce que vous étudiez?   10. Où vas-tu?

V. Indiquez les liaisons comme dans l'exemple et lisez les phrases:

    Ex: C'est‿un cahier.

    1. C'est‿un employé.   2. C'est‿une montagne.
    3. Vous‿êtes très‿occupé?   4. C'est‿un appareil.
    5. Ils‿adorent ça.   6. Ils sont‿arrivés.
    7. C'est‿intéressant.   8. Elle est‿absente.

VI. Complétez avec les verbes 《avoir》 ou 《être》:

    1. as   2. es   3. suis   4. ai   5. avons
    6. avez   7. ont   8. ont   9. est   10. sont

VIII. Faites des phrases comme dans l'exemple:

    Ex: suis/je/chinois → Je suis chinois.

1. Tu habites à Beijing.
2. Tu étudies à Paris.
3. Vous étudiez le chinois.
4. On commence à travailler à neuf heures.
5. Ce sont des bandes dessinées.
6. J'ai un rendez-vous à dix heures.
7. Je vais à la Place Tian An Men.
8. Où vas-tu demain après-midi?
9. J'arrive tout de suite à la gare.
10. Nous avons trois billets pour *L'Etudiante*.

X. Dictée:

1. J'ai un frère.
2. Tu as un oncle?
3. Marc a un beau cadeau.
4. Alice a des jupes.
5. Nous avons des disques.
6. Vous avez des billets.
7. Ils ont une fille.
8. Elles ont des bandes dessinées.
9. Li Ming a une bonne idée.
10. Les étudiants ont des examens.

Bilan 2

I. Ecoutez et répétez, puis mettez une croix dans la bonne colonne:

[œ] [ø] 1. fleur 2. deux 3. sœur 4. chanteur 5. neveu
         6. monsieur

[ɛ̃] [ɑ̃] [ɔ̃] 1. dans 2. faim 3. pompe 4. lampe 5. bassin
              6. patron 7. quinze 8. melon 9. talent

II. Ecoutez et répondez comme dans l'exemple:

Ex: Quelle heure est-il? (huit) — Il est huit heures.

1. Quelle heure est-il? (trois)
2. Quelle heure est-il? (deux)
3. Quelle heure est-il? (sept)
4. Quelle heure est-il? (six)
5. Quelle heure est-il? (neuf)
6. Quelle heure est-il? (onze)
7. Quelle heure est-il? (treize)
8. Quelle heure est-il? (quinze)
9. Quelle heure est-il? (vingt et une)
10. Quelle heure est-il? (dix-sept)

III. Ecoutez et répondez comme dans l'exemple:

Ex: Qu'est-ce que c'est? (un livre) — C'est un livre.
    Qu'est-ce que c'est? (des livres) — Ce sont des livres.

1. Qu'est-ce que c'est? (une photo)
2. Qu'est-ce que c'est? (un crayon)

3. Qu'est-ce que c'est? (des jupes)

4. Qu'est-ce que c'est? (une classe)

5. Qu'est-ce que c'est? (un sac à main)

6. Qu'est-ce que c'est? (des cadeaux)

7. Qu'est-ce que c'est? (un disque)

8. Qu'est-ce que c'est? (des bandes dessinées)

IV. Ecoutez et répétez, puis mettez une croix dans la bonne colonne:

[jɛ̃] [wɛ̃]   1. coincer   2. moindre   3. bienvenu   4. besoin.   5. musicien
[aj]   [ɛj]   1. paille   2. soleil   3. réveiller 4. travaillons 5. bouteille
[ks]   [gz]   1. luxe   2. extrait   3. exemplaire 4. exactement   5. fixation

V. Ecoutez et répondez comme dans l'exemple:

Ex.: Où vas-tu? (la montagne)   — Je vais à la montagne.

1. Où vas-tu? (la gare)

2. Où vas-tu? (la rue Wangfujing)

3. Où vas-tu? (la place de la Nation)

4. Où vas-tu? (la rue de la Gare)

5. Où vas-tu? (Shanghai)

6. Où vas-tu? (la Place Tian An Men)

VI. Ecoutez et transformez comme dans l'exemple:

Ex: Marc est à la gare.   → Il est à la gare.

1. Pierre est professeur.   2. Xavier est devant le cinéma.

3. Caroline a 20 ans.   4. Mon oncle étudie l'anglais.

5. Arnaud a des disques.   6. Isabelle est étudiante.

7. Alice et Marc ont des crayons.   8. Madame Durand habite à Paris.

9. Les filles ont des jupes.   10. Pierre et Marie sont libres ce soir.

Leçon 9

XI. Complétez avec les prépositions 《à, avec, de, dans, pour》:

1. avec   2. à   3. de   4. pour   5. dans   6. à

XII. Reconstituez les phrases:

1. Bonjour, je m'appelle Charles, je suis peintre.

2. C'est Pascal, il est français, il fait un stage à Berlin.

3. Pardon, madame, est-ce que c'est la maison de Nicole?

4. Nous faisons un séjour à Beijing.

5. M. Dubois rencontre deux jeunes filles devant le bureau.

6. Tout le monde aime les musées de Paris, n'est-ce pas?

XIII. Mettez les répliques en ordre:

— Bonjour, vous êtes Alain Dubois?

— Non, je suis Luc Jannin.

— Enchantée, moi, c'est Alice Talienne.

— Pardon, vous êtes italienne?

— Non, je m'appelle Talienne.

— Excusez-moi, vous pouvez épeler, s'il vous plaît?

— T. A. L. I. E. N. N. E.

— Ah, très content de faire votre connaissance.

XVI. Ecoutez et indiquez vrai ou faux selon les deux dialogues de la leçon 9:

1. Antoine est professeur.   (F)
2. Marina est étudiante.   (V)
3. Marina étudie l'histoire.   (V)
4. Marina est française.   (F)
5. Li Ying est peintre.   (V)
6. Li Ying fait un stage à Paris.   (F)
7. Bruno est directeur de la société Oval.   (V)
8. Pascal et Céline sont stagiaires.   (V)
9. François est informaticien.   (V)
10. On organise un buffet dans la salle 136.   (F)

XVII. Ecoutez et mettez une croix quand vous entendez une question:

1. Vous avez des disques?
2. Elle est journaliste?
3. Nous faisons un stage dans une société.
4. Il habite à Paris?
5. Je travaille à Tokyo.
6. Elle aime Paris.
7. Qu'est-ce que tu étudies?
8. Travaille-t-elle à Berlin?
9. Parlez-vous français?
10. Nous fêtons l'anniversaire de Céline.

XVIII. Ecoutez et trouvez la nationalité:

Ex: J'habite à Berlin. → Je suis allemand.

1. Nous habitons à Tokyo.
2. Elle travaille à Montréal.
3. Ils habitent à Madrid.
4. Elles habitent à Paris.
5. Je travaille à Beijing.
6. Elle habite à Berlin.

XIX. Ecoutez et transformez en questions les phrases suivantes:

Ex: Il étudie le chinois. → Est-ce qu'il étudie le chinois?

1. Elle parle chinois.
2. Vous êtes des amis de Pascal.
3. Tu étudies l'informatique à l'université.
4. Ils sont japonais.
5. Marcel et Sylvie travaillent à Madrid.
6. Vous faites un séjour à Berlin.
7. Il est professeur.
8. Elle aime la France.
9. Bruno rencontre deux jeunes filles.
10. Elle habite à Montréal.

XX. Ecoutez et trouvez les questions:

Ex: Elle est journaliste.
   → Que fait-elle dans la vie?

1. Il est professeur. (Que fait-il dans la vie?)
2. Elles sont vendeuses. (Que font-elles dans la vie?)
3. C'est Sabine. (Qui est-ce?)
4. Oui, je suis étudiante. (Vous êtes étudiante?)
5. Oui, Pascal habite ici. (Est-ce que Pascal habite ici?)
6. Nous sommes médecins. (Que faites-vous dans la vie?)
7. Oui, nous parlons espagnol. (Parlez-vous espagnol?)
8. Ce sont des étudiants. (Qui est-ce?)
9. Nous fêtons l'anniversaire de Bruno. (Que fêtez-vous?)
10. Oui, j'aime la Chine. (Aimez-vous la Chine?)
11. On organise une soirée avec buffet. (Qu'est-ce qu'on organise?)
12. Oui, je travaille avec Patricia. (Est-ce que tu travailles avec Patricia?)
13. Elles habitent à Paris. (Où habitent-elles?)
14. Nous étudions l'économie. (Qu'est-ce que vous étudiez?)
15. J'ai 37 ans. (Tu as quel âge?)
16. Il travaille dans une société. (Où travaille-t-il?)

17. Ce sont des bandes dessinées. (Qu'est-ce que c'est?)
18. Ce sont des amis de Patricia. (Qui est-ce?)
19. Non, je suis professeur. (Etes-vous étudiant?)
20. Non, nous habitons à Berlin. (Habitez-vous à Paris?)

XXI. Ecoutez et remplissez les fiches:

- C'est Sabine Lambert, une Française, elle a 39 ans, elle est ingénieur et elle habite à Paris, 15, place de la Nation.
- C'est Li Yingqiang, un Chinois, il a 53 ans, il est professeur et il habite à Beijing, 27, Fu Xin Lu.
- C'est Simon Morio, un Français, il a 45 ans, il est médecin et il habite à Paris, 30, place d'Italie.
- C'est Zhang Lili, une Chinoise, elle a 28 ans, elle est secrétaire et elle habite à Beijing, 49, Xue Yuan Lu.

XXII. Ecoutez: Il s'agit d'un homme ou d'une femme?

1. C'est François, il est ingénieur. (homme)
2. Elle s'appelle Sabine Dubois, elle est médecin. (femme)
3. C'est Gloria, elle fait un stage à Paris. (femme)
4. Je suis très content de faire votre connaissance. (homme)
6. Je suis chinois, je fais un séjour à Berlin. (homme)
7. Voici Antoine, il est informaticien. (homme)
8. Je suis musicienne. (femme)

XXIII. Ecoutez et complétez:

Alice et Claudia sont deux jeunes <u>filles</u>. Alice est <u>canadienne</u> et Claudia, <u>française</u>. Alice a <u>26</u> ans et Claudia, <u>23</u> ans. Elles sont <u>amies</u>. Alice est <u>interprète</u>, elle parle français, <u>anglais</u> et allemand, elle est très <u>contente</u> de faire <u>un stage</u> à Paris. Et Claudia, elle étudie <u>l'histoire</u> à l'université. Les deux jeunes filles <u>aiment</u> beaucoup <u>la</u> France. Ce soir, elles ont un rendez-vous à <u>dix-huit</u> heures devant le cinéma Rex.

XXX. Dictées 1 et 2.

Dictée 1
— Patricia, qu'est-ce que tu regardes?
— Des photos.
— Qui est-ce?
— C'est une amie.
— Elle est japonaise?
— Non, elle est chinoise.

— Que fait-elle dans la vie?
— Elle est professeur.
— Professeur? Mais elle est jeune.
— Oui, elle a 29 ans.
— Elle travaille où?
— A Beijing. Mais en ce moment, elle fait un séjour à Paris, elle adore Paris.

Dictée 2
— Bonjour Céline. Ça va bien?
— Très bien, merci. Et vous?
— Moi aussi. Céline, je vous présente deux amis. Voici Pierre, c'est un Canadien. Il est ingénieur et il travaille en ce moment à Paris dans une société d'informatique. Voilà Patricia, elle est économiste.
— Enchantée.

Leçon 10

III. Complétez avec un article convenable:

1. du, le   2. de l', le   3. un, les   4. du, du
5. de la   6. du, du   7. du, le   8. du, la

VII. Mettez les verbes entre parenthèses à la forme qui convient:

1. préfères   2. voulons   3. dînez   4. a   5. parle   6. prends

IX. Complétez le dialogue avec un article convenable:

L'enfant: Maman! Qu'est-ce qu'il y a à manger pour le dîner?
La mère: Ecoute! Il y a du bifteck, du poulet...
L'enfant: Du poulet? J'adore ça. Quoi encore?
La mère: Du poisson.
L'enfant: Je n'aime pas le poisson. Je préfère la viande.
La mère: Il y a aussi de la salade de fruits.
L'enfant: C'est très bien. J'aime les fruits.

XI. Complétez avec un mot qui convient:

1. — Tu aimes la cuisine française?
   — Oui, beaucoup.
   — Tu es libre ce soir?
   — Oui.
   — Tu veux manger ce soir chez moi?

— Avec plaisir.
2. — Que fait François dans la vie?
　　　— Il est ingénieur.
　　　— Où travaille-t-il?
　　　— Dans une société à Paris.
　　　— Quelle société?
　　　— La société Oval.
3. — Que mangez-vous à midi?
　　　— De la salade et du bifteck.
　　　— Vous n'aimez pas le poisson?
　　　— Je préfère la viande.
　　　— Où allez-vous après le déjeuner?
　　　— Je vais en classe.
4. — Qu'est-ce que tu regardes?
　　　— Une photo.
　　　— Qui est-ce?
　　　— C'est mon directeur.
　　　— Comment il s'appelle?
　　　— Bruno Leblanc.

XIV. Reconstituez les phrases:
1. C'est un petit repas très simple.
2. Li Ying mange pour la première fois chez son amie.
3. Il choisit une salade verte comme entrée.
4. Le tofu et les raviolis sont vraiment délicieux.
5. Il n'aime pas le poisson à la vapeur.
6. Il y a encore un gâteau et des fruits.

XV. Mettez les répliques en ordre:
— A table, chère amie!
— Oh, il y a tant de plats!
— Ce sont des plats bien chinois.
— Qu'est-ce que c'est?
— C'est du tofu. Tu veux goûter?
— Volontiers. Ah! C'est délicieux.
— Voici le poisson à la vapeur.
— Il y a encore du poisson?
— Oui, et aussi des raviolis.
— J'adore la cuisine chinoise.

XVI. Ecoutez et indiquez vrai ou faux selon les deux dialogues de la leçon 10:
1. Wang Gang et Louise mangent au Resto-U à Paris.　(V)
2. Wang Gang fait comme Louise.　(V)
3. Wang Gang prend une salade verte.　(F)
4. Louise aime les tomates.　(F)
5. Louise prend du couscous comme plat principal.　(V)
6. Wang Gang ne veut pas goûter ce plat.　(F)
7. Wang Gang prend un fruit comme dessert.　(F)
8. M. et Mme Leblanc dînent chez un couple italien.　(F)
9. Ils mangent des raviolis chez M. Zhang.　(V)
10. Il y a de l'alcool de riz à table.　(V)

XVII. Ecoutez et répondez à l'impératif:
Ex: — Je prends un fruit pour toi?
　　　— Oui, prends un fruit pour moi.
1. Nous organisons une soirée pour les étudiants?
2. Nous goûtons ce plat?
3. Je prends deux fourchettes?
4. Nous faisons un stage à Berlin?
5. Nous fêtons l'anniversaire d'Alice dans la salle 28?
6. Je vais à la gare à dix heures?
7. Nous dînons au Resto-U à 19 heures?
8. Nous buvons du thé dans ce café?
9. Je fais des raviolis pour M. et Mme Leblanc?
10. Je choisis un cadeau pour Nicole?

XVIII. Ecoutez et mettez une croix quand vous entendez une phrase à l'impératif:
1. Prenez deux couteaux et deux fourchettes.　(×)
2. Bois-tu de l'eau?
3. Nous dînons chez un ami.
4. Vas-tu choisir le dessert?
5. Prenons du couscous.　(×)
6. Ne parlez pas anglais, s'il vous plaît.　(×)
7. Aimez-vous le fromage?
8. Excuse-moi.　(×)
9. Allons à la Tour Eiffel.　(×)
10. Nous prenons la deuxième rue à gauche.

XIX. Ecoutez et mettez une croix quand vous entendez un article partitif:
1. Je prends une fourchette et un verre.
2. Il y a du café et du thé. (×)
3. Elle prend une salade verte.
4. Nous mangeons des tomates. (×)
5. Je choisis un livre.
6. Vous avez des disques?
7. Tu manges du poulet? (×)
8. Je veux goûter du fromage. (×)
9. Elles prennent de la bière française. (×)
10. Elle n'aime pas la cuisine italienne.

XX. Ecoutez et répondez aux questions selon l'exemple:
Ex: — Est-ce que tu es chinoise? (japonaise)
— Non, je ne suis pas chinoise, je suis japonaise.
1. Est-ce que tu étudies l'allemand? (le français)
2. Est-ce qu'il aime la cuisine canadienne? (chinoise)
3. Travaille-t-il à Montréal? (Paris)
4. Vous habitez à Paris? (Beijing)
5. Parles-tu anglais? (français)
6. Tu préfères le pain? (le riz)
7. Est-ce que Patricia est peintre? (économiste)
8. Vous dînez à 20 heures? (18 heures)
9. Travailles-tu avec Pascal? (Céline)
10. Voulez-vous goûter la cuisine allemande? (espagnole)

XXI. Ecoutez et complétez les phrases:
1. Le matin, je prends <u>du pain et du lait</u>.
2. A midi, il mange <u>de la salade et du bifteck</u>.
3. Les Chinois aiment <u>beaucoup</u> le thé.
4. Nous habitons <u>à l'Université de Pékin</u>.
5. Les étudiants parlent <u>français et anglais</u>.

XXII. Ecoutez et complétez:
J'étudie <u>l'économie</u> à Paris. Le matin, je mange <u>comme</u> les Français, je prends <u>du pain</u> et <u>du café</u>. A midi, je <u>mange</u> au Resto-U. Il y a du poisson, <u>du bifteck</u>, du poulet et <u>du couscous</u>. Les Français aiment beaucoup ce <u>plat</u>. C'est <u>délicieux</u>. Comme <u>dessert</u>, je prends un yaourt ou un <u>fruit</u>. Le soir, je <u>préfère</u> faire la cuisine <u>chez</u> moi, je fais des <u>plats</u> chinois <u>simples</u> comme le tofu, et je bois un <u>petit</u> verre <u>d'alcool</u>.

XXIII. Ecoutez et répondez: Qu'est-ce qu'ils prennent?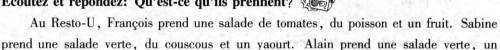

Au Resto-U, François prend une salade de tomates, du poisson et un fruit. Sabine prend une salade verte, du couscous et un yaourt. Alain prend une salade verte, un bifteck et du fromage.

XXX. Dictées 1 et 2.

Dictée 1

Bruno: Li Ying, qu'est-ce que tu veux boire? Du thé?

Li Ying: Volontiers.

Bruno: Les Chinois aiment le thé, n'est-ce pas?

Li Ying: Oui, beaucoup.

Bruno: Maintenant, à table! Bon appétit!

Li Ying: Il y a tant de plats, c'est délicieux.

Bruno: Tu veux encore du poisson?

Li Ying: Non, merci. Mais je veux encore de la salade et du pain.

Bruno: Tu prends du fromage?

Li Ying: Non, je n'aime pas le fromage, je prends un fruit.

Dictée 2

Dans le bureau.

Céline: Antoine, on va déjeuner?

Antoine: Mais quelle heure est-il?

Céline: Il est une heure et demie.

Antoine: Déjà! Où mangeons-nous alors?

Céline: Dans un restaurant chinois, d'accord?

Antoine: Oh, j'aime beaucoup la cuisine chinoise, mais j'ai un rendez-vous à deux heures...

Céline: Un rendez-vous avec qui?

Antoine: Avec le directeur d'une société italienne.

Céline: Alors, prenons un sandwich?

Antoine: Bonne idée! Un sandwich et un café.

Leçon 11

IX. Complétez les phrases en choisissant l'un des verbes donnés:

1. peux; peux   2. sortent   3. achètent   4. entrent   5. Voulez   6. vend

X. Complétez le dialogue avec un mot qui convient:

— Bonjour, monsieur! Je voudrais <u>un</u> concombre et <u>un</u> demi-kilo de pommes de terre, s'il

vous plaît.
— <u>Les</u> voilà.
— Et les tomates, <u>ça</u> coûte combien?
— 3 euros <u>le</u> kilo.
— Oh! C'est cher!
— Oui, mais elles sont belles.
— <u>Les</u> courgettes sont chères aussi?
— Elles sont bon marché.
— Et les oranges, <u>elles</u> coûtent combien?
— 1 euro <u>le</u> kilo.
— D'accord, <u>un</u> kilo d'oranges.

XI. Retrouvez la question:
1. — Que désirez-vous?
2. — Ça fait combien? (Je vous dois combien?)
3. — Combien coûte la robe bleue?
4. — Et avec ça? (C'est tout?)
5. — Je peux l'essayer?

XIV. Mettez les répliques en ordre:
— Bonjour, mademoiselle. Qu'est-ce que vous désirez?
— Je voudrais une jupe.
— La jupe rouge, là, vous l'aimez?
— Euh... Ce n'est pas pour moi, c'est pour une fille très grande.
— Je suis désolée. Je n'ai pas de grande taille.
— Où est-ce que je peux en trouver?
— Dans la boutique de vêtements, au bout de cette rue.
— Merci, madame. Au revoir.
— Au revoir, mademoiselle. Bonne journée!

XV. Complétez les phrases:
1. contente   2. chez   3. de   4. belle, la
5. du, de   6. un, le   7. la, à côté du   8. de, ailleurs

XVI. Ecoutez et indiquez vrai ou faux selon les deux dialogues de la leçon 11: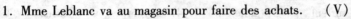
1. Mme Leblanc va au magasin pour faire des achats. (V)
2. Mme Leblanc achète des courgettes. (F)
3. Mme Leblanc achète des œufs et du lait. (V)
4. Les pommes coûtent 2 euros le kilo. (V)

5. Mme Leblanc achète 3 kilos de pommes.   (F)
6. Antoine et Li Ying entrent dans une boutique de vêtements.   (V)
7. Li Ying veut acheter un pantalon.   (F)
8. Li Ying essaie la jupe dans la cabine d'essayage.   (V)
9. Li Ying aime la jupe rouge.   (F)
10. On vend aussi des pantalons dans cette boutique.   (F)

XVII. Ecoutez et répondez avec un pronom C. O. D. :

Ex: Vous aimez la France?
— Oui, je l'aime.

1. Aimez-vous les musées de Paris?
2. Adore-t-il la Tour Eiffel?
3. Marina présente-t-elle Li Ying à Antoine?
4. Veux-tu voir le professeur de Marina?
5. Fêtez-vous l'anniversaire de Li Ying?
6. Est-ce que Mme Leblanc aime la cuisine chinoise?
7. Aimes-tu les vins français?
8. Alice, tu peux m'aider?
9. Pardon, madame, je peux essayer la jupe?
10. Est-ce que le directeur nous excuse?

XVIII. Ecoutez et mettez une croix quand vous entendez un article contracté:

1. Le soir, je ne mange pas au restaurant. (×)
2. Céline ne va pas au marché du quartier. (×)
3. Je vais acheter des fruits.
4. Près du musée, il y a une boutique de vêtements. (×)
5. Je veux du pain à la vapeur.
6. Ils fêtent l'anniversaire du professeur de Marina. (×)
7. C'est du poulet.
8. Je travaille avec des ingénieurs.
9. Je vois des Allemands à côté des Belges. (×)
10. Je prends du couscous et de la salade.

XIX. Ecoutez et répondez selon l'exemple:

Ex: Est-ce que la maison de Bruno est grande?
— Oui, il a une grande maison.

1. Est-ce que la jupe de Céline est jolie?
2. Est-ce que le pantalon d'Antoine est bleu?
3. Est-ce que le bureau de Patricia est grand?

4. Est-ce que les pommes du marchand sont belles?
5. Est-ce que l'appareil photo de Marina est beau?
6. Est-ce que le professeur de Marina est jeune?
7. Est-ce que les amis de Françoise sont canadiens?
8. Est-ce que la jupe de Marina est rouge?

XX. Ecoutez et répondez aux questions selon l'exemple:

Ex: Est-ce que tu manges du pain? (du riz)
— Non, je ne mange pas de pain, je mange du riz.

1. Prenez-vous du couscous? (du pain)
2. Buvez-vous du vin? (de l'eau)
3. Est-ce qu'il y a de la viande? (du poisson)
4. Est-ce que tu veux du bifteck? (de la viande)
5. Est-ce que tu prends du fromage? (de la salade)
6. Achète-t-elle des disques? (des livres)
7. Prennent-ils des raviolis? (des gâteaux)
8. Veut-il du jus d'orange? (du thé)
9. Mme Leblanc achète-t-elle des courgettes? (des concombres)
10. Est-ce qu'on trouve de la farine au marché? (du riz)

XXI. Ecoutez: Qu'est-ce qu'ils achètent? Et combien ils paient?

- Patricia achète 3 concombres, 10 œufs et un litre de lait, elle paie 3 euros.
- Marina achète deux kilos de courgettes, de la farine et un kilo de pommes, elle paie 5 euros.
- Mme Leblanc achète un poulet, 5 poissons et 3 kilos de pommes de terre, elle paie 9 euros.
- Antoine achète deux pantalons bleus, trois *Tintin* et 4 disques, il paie 65 euros.
- Pascal achète du fromage, du lait et du pain, il paie 4 euros.

XXII. Ecoutez et complétez:

Madame Leblanc fait des achats au <u>marché</u>, car Li Ying vient <u>dîner</u> à la maison. Elle prend un <u>kilo</u> de courgettes, 4 <u>concombres</u> et 12 <u>œufs</u>. Elle achète encore un <u>poulet</u> et <u>deux</u> poissons. Elle ne <u>prend</u> pas de fromage: Li Ying n'aime pas ça. Mais elle achète des <u>yaourts</u> et des <u>pommes</u>. Elle va encore au <u>magasin</u> près de chez elle pour acheter deux bouteilles de <u>vin</u>.

XXIII. Ecoutez et répondez selon l'exemple:

Ex: Où allez-vous? (Canada) — Je vais au Canada.
1. Où vas-tu? (France)

2. Où va-t-elle? (Japon)
3. Où vont-ils? (Etats-Unis)
4. Où allez-vous? (Espagne)
5. Où Li Ying et Nicole vont-elles? (Italie)

XXIV. Ecoutez et répondez selon l'exemple:

Ex: Cherchez-vous un restaurant? (grand) — Oui, je cherche un grand restaurant.
1. Patricia trouve-t-elle une boutique? (petit)
2. Goûtez-vous un plat? (délicieux)
3. Essaies-tu une jupe? (bleu)
4. Rencontrent-ils une fille? (beau)
5. Voyez-vous des étudiants? (français)

XXX. Dictées 1 et 2.

Dictée 1

Li Ying: Il est grand, le marché.
Antoine: Oui, j'aime faire des achats au marché, ce n'est pas cher.
Li Ying: C'est comme chez nous. Qu'est-ce que tu veux acheter?
Antoine: Des courgettes, des tomates et des fruits. Et toi?
Li Ying: Moi, je veux acheter un poisson, et aussi des oranges, je les aime beaucoup. Ici, on ne trouve pas de tofu?
Antoine: Non, on vend du tofu aux magasins chinois.
Li Ying: Il y a un magasin chinois près du marché?
Antoine: Oui, juste à côté.

Dictée 2

Pascal entre dans une boutique de vêtements.
La vendeuse: Bonjour, monsieur. Vous désirez?
Pascal: Un pantalon.
La vendeuse: Suivez-moi, les pantalons sont là. Regardez-les.
Pascal: Ce pantalon bleu, je peux l'essayer?
La vendeuse: Bien sûr.
Pascal essaie le pantalon dans la cabine d'essayage. Puis, il sort de la cabine.
La vendeuse: Vous l'aimez, ce pantalon?
Pascal: Beaucoup. Combien ça coûte?
La veudeuse: 45 euros.
Pascal: C'est cher!
La vendeuse: C'est un peu cher, mais il est beau!
Pascal: Bon, je le prends.

Leçon 12

XI. Complétez avec un infinitif:

    1. offrir   2. copier   3. demander   4. vendre   5. montrer   6. faire

XII. Complétez avec une préposition:

    1. dans   2. sur   3. d'   4. avec

    5. dans   6. à   7. sous   8. de

XIII. Complétez avec une de ces expressions:

    1. un de ces jours   2. un peu   3. dans quelques minutes

    4. est de retour   5. est en ligne   6. plus tard

XV. Complétez avec un de ces verbes:

    1. suffit   2. connaître   3. souhaite   4. envoie   5. ouvrir   6. Savez

XVI. Ecoutez et indiquez vrai ou faux selon les deux dialogues de la leçon 12:

1. Wang Gang vient d'arriver en France.   (V)
2. Wang Gang téléphone au Crédit Lyonnais.   (V)
3. Il veut ouvrir un compte.   (V)
4. Mme Lambert n'est pas là.   (F)
5. Le numéro de téléphone de Wang Gang est: le 01 48 76 58 94.   (F)
6. Wang Gang demande aussi une carte bleue.   (F)
7. Wang Gang peut avoir son chéquier dans huit jours.   (V)
8. Wang Gang rentre de Berlin.   (F)
9. Marina ne connaît pas l'adresse électronique de Nicole.   (F)
10. Wang Gang veut envoyer une lettre à Nicole.   (F)

XVII. Ecoutez et répondez avec un pronom C. O. I. :

    Ex: Est-ce que tu peux téléphoner à Céline?

        — Oui, je peux lui téléphoner.

1. Est-ce que tu peux m'envoyer des livres?
2. Le marchand vend-il des pommes à Mme Leblanc?
3. Pouvez-vous montrer la carte à M. et Mme Leblanc?
4. Est-ce que Patricia va te faire des plats français?
5. Est-ce qu'il montre des photos aux amis de Pascal?
6. Vous raconte-t-elle l'aventure d'Alice?
7. Demandes-tu des renseignements à un employé de banque?

8. Venez-vous de présenter les nouveaux stagiaires aux ingénieurs?
9. Allons-nous offrir à Céline des bandes dessinées?
10. Est-ce que Pascal vient de parler au directeur?

XVIII. Ecoutez et mettez une croix quand vous entendez un pronom C. O. I. :
1. Ne me téléphone pas après 9 heures du soir.
2. Présentez-nous au directeur de la société.
3. Viens avec Patricia, nous la connaissons.
4. Envoyez-moi un message.
5. Demande-lui des renseignements.
6. Regarde-moi!
7. Passe-moi du pain.
8. Montrez-nous les photos de Céline.
9. Appelle-nous demain.
10. Ne me racontez pas votre séjour à Madrid.

XIX. Ecoutez et répondez avec le passé immédiat:

Ex: Est-ce que tu vas appeler Céline?

— Non, je viens de l'appeler.

1. Est-ce que vous allez dîner?
2. Le directeur va-t-il vous présenter les nouveaux stagiaires?
3. Vas-tu téléphoner à Pascal?
4. Va-t-elle essayer la jupe?
5. Vont-elles faire des achats au magasin?
6. Vont-ils prendre du café?
7. Paul va-t-il parler au marchand?
8. Céline va-t-elle consulter M. et Mme Leblanc?
9. Allez-vous demander des renseignements au vendeur?
10. Va-t-elle vous montrer les photos de Patricia?

XX. Ecoutez et répondez avec le futur immédiat:

Ex: Est-ce que tu viens d'appeler Li Ying?

— Non, je vais l'appeler.

1. Est-ce que tu viens de téléphoner à Antoine?
2. Venez-vous de fêter l'anniversaire de Patricia?
3. Vient-elle d'ouvrir un compte dans une banque?
4. Viennent-ils de consulter le médecin?
5. Viens-tu d'envoyer un message à Marina?
6. Venez-vous de dîner?

7. Viennent-elles de quitter Paris?
8. Viens-tu de faire des achats au marché?
9. Vient-il de prendre le déjeuner?
10. Venez-vous de faire un stage à Paris?

XXI. Ecoutez et remplissez la grille:

1. Bonjour, je voudrais parler à Mme Duroc, s'il vous plaît.
2. Allô, je suis bien au 01 98 56 34 71?
3. Bonjour monsieur, pouvez-vous me passer Mme Leblanc?
4. Allô, qui est à l'appareil? C'est Patricia?
5. Allô, c'est le restaurant 《Les deux frères》?
6. Allô, bonjour, je suis bien chez le professeur Lalande?

XXII. Ecoutez et remplissez la grille: Quel renseignement demande-t-on?

1. Pardon, monsieur, où est la place de la Nation?
2. Excusez-moi, madame, la rue de Belleville c'est bien ici?
3. Pardon, pour aller au Crédit Lyonnais, s'il vous plaît?
4. Excusez-moi, mademoiselle, où est le bureau du directeur?
5. S'il te plaît, Jean, tu as l'adresse d'Alice?
6. Pardon, le musée Picasso, s'il vous plaît?
7. Pardon, tu as l'heure?
8. Excusez-moi, madame, comment peut-on ouvrir un compte dans votre banque?

XXIII. Ecoutez et complétez:

Céline: <u>Allô</u>, c'est Antoine?

Antoine: Oui, c'est moi, Céline.

Céline: <u>Ecoute</u>, Antoine, <u>ce soir</u> je ne peux pas aller <u>chez</u> toi pour <u>fêter</u> ton anniversaire.

Antoine: Comment ça? Tu ne <u>peux</u> pas venir?

Céline: Non, un ami chinois <u>vient</u> d'arriver en France. Il ne <u>connaît</u> pas la France, donc il va venir <u>chez</u> moi pour des <u>renseignements</u>. Je suis <u>désolée</u>.

Antoine: Mais tu peux <u>très bien</u> venir avec lui, on va <u>vous</u> attendre.

Céline: Merci. A <u>ce soir</u>.

XXIV. Ecoutez les numéros de téléphone suivants et notez-les:

| 0139456821 | 0456253185 | 0215476532 | 0528987412 |
| 0214546389 | 0610320509 | 0158983654 | 0112138975 |

XXX. Dictées 1 et 2.

Dictée 1

— Allô? Bonjour, c'est bien la Banque de Chine à Paris?
— Oui, monsieur.
— Excusez-moi, madame, je peux vous demander des renseignements?
— Bien sûr, je vous écoute.
— Eh bien, je suis un étudiant chinois, je viens d'arriver à Paris, et je voudrais ouvrir un compte dans votre banque. Est-ce que je peux aller chez vous un de ces jours?
— Oui, venez demain matin à 9 heures avec votre passeport et votre carte de séjour.
— Mais la carte de séjour, je vais l'avoir demain matin. Est-ce que je peux aller chez vous dans l'après-midi?
— Oui, demain à 14 heures, ça va?
— Très bien, merci madame. A demain.

Dictée 2

— Allô, qui est à l'appareil?
— Bonsoir(晚安) Emilie, c'est moi, Eric.
— Bonsoir! Mais il est 15 heures! Tu es où, Eric?
— Je suis à Beijing. Ici, il est déjà 22 heures.
— Ah bon, qu'est-ce que tu fais à Beijing?
— Je fais un stage dans un restaurant chinois.
— Un stage dans un restaurant? Tu veux ouvrir un restaurant chinois à Paris?
— Oui, j'adore la cuisine chinoise. Emilie, tu sais, Beijing est une ville magnifique. J'habite près de la Place Tian An Men. Demain, je vais acheter une jupe pour toi. Bon, je ne te raconte pas mon séjour au téléphone, ça coûte cher. Est-ce que tu as le numéro de téléphone de Patrick? Je voudrais l'appeler pour un renseignement.
— Attends, il est sur mon carnet... Ah! le voilà. écoute, c'est le 01 46 98 37 21.
— Merci. Au revoir.

Leçon 13

III. Complétez avec un adjectif démonstratif:

1. cet   2. Ces   3. ce   4. cette
5. cette 6. ces   7. Cette 8. cet

IV. Complétez avec un article ou un adjectif démonstratif:

1. un, ce   2. des, une   3. des, Ces   4. un, Ce   5. cet, un
6. une, cette 7. le, ces   8. ces   9. ce   10. la, ces

X. Complétez avec un adjectif interrogatif:
1. quel   2. Quelle   3. quelle   4. quel
5. quelle   6. Quelles   7. quelle   8. quels

XI. Complétez avec un de ces adjectifs:
1. mauvais   2. couvert   3. agréables   4. chauds
5. agréable   6. parfait   7. nuageux   8. froid

XII. Complétez les phrases:
1. sauf   2. absolument   3. souvent   4. rien n'   5. énormément
6. surtout   7. En   8. parfois   9. surtout   10. énormément

XIII. Complétez avec un de ces verbes:
1. donnez   2. restons   3. prévoit   4. comptez   5. dit
6. annoncer   7. Faut   8. pars   9. faut   10. Donne

XIV. Complétez avec une préposition convenable:
1. de, en   2. de, à   3. De   4. en
5. pour, dans   6. Avec   7. à   8. sur, de

XV. Mettez les répliques en ordre:
— Li Ying, je compte faire un voyage à Beijing cette année. Quel temps fait-il au printemps là-bas?
— Il fait souvent du vent au printemps.
— Et en hiver, quel temps fait-il?
— Il fait froid, il neige parfois. Mais l'automne est une saison très agréable à Beijing.
— Je ne suis pas libre en cette saison, surtout au mois d'octobre. Et en été?
— Il fait chaud dans la journée. Il y a beaucoup de soleil.
— Moi, j'aime le soleil.
— Alors, tu peux partir en juillet.
— Oui, merci de ces informations.

XVI. Ecoutez et indiquez vrai ou faux selon les deux dialogues de la leçon 13:
1. Wang rentre en Chine cet été. (F)
2. Stéphane compte faire un voyage en Chine. (V)
3. Nicole et Stéphane partent dans 15 jours. (V)
4. Le printemps est une saison agréable à Beijing. (F)
5. Il y a beaucoup de touristes en été à Beijing. (V)
6. En hiver, il neige à Beijing, mais il ne gèle pas. (F)

7. Antoine compte faire un pique-nique demain.   (V)
8. Marina ne veut pas faire ce pique-nique à la campagne.   (F)
9. Antoine va prendre un pull demain.   (F)
10. Demain, le temps va être couvert sur l'ensemble du pays.   (F)

XVII. Ecoutez et répondez avec le pronom adverbial 《en》:

Ex: Tu veux de l'eau? (thé) — Non, je n'en veux pas, je veux du thé.
1. Ils achètent des tomates? (courgettes)
2. Elle prend de la viande? (poisson)
3. Vous prenez des raviolis? (couscous)
4. Nous achetons des courgettes? (concombres)
5. Tu bois du vin? (eau)
6. Elles mangent des pommes? (oranges)
7. Vous cherchez des bandes dessinées? (disques)
8. Tu prends du lait? (café)
9. Vous voulez du riz? (pain)
10. Tu achètes une jupe? (pantalon)

XVIII. Ecoutez et répondez selon l'exemple:

Ex: Tu as une jupe rouge? — Oui, j'en ai une.
1. Voulez-vous 3 kilos de pommes de terre?
2. A-t-il beaucoup de disques?
3. Mange-t-elle un peu de viande?
4. Après le dîner, boivent-ils beaucoup de café?
5. Veux-tu acheter deux pantalons bleus?
6. Y a-t-il énormément de touristes en été à Paris?
7. Prend-elle un peu de fromage?
8. Veux-tu 4 concombres?
9. Y a-t-il 10 ingénieurs dans cette société?
10. Voulez-vous acheter une maison à la campagne?

XIX. Ecoutez et répondez en employant un adjectif démonstratif:

Ex: Voulez-vous acheter une jupe?
    — Oui, je veux acheter cette jupe.
1. Allez-vous manger dans un restaurant?
2. Est-ce que tu vas choisir un plat?
3. Veut-il montrer des photos à Patricia?
4. Vont-elles faire des achats dans un magasin?
5. Peux-tu donner des livres à Céline?

6. Est-ce que tu viens de présenter une étudiante au professeur?

XX. Ecoutez et répondez aux questions suivantes: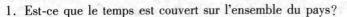
1. Est-ce que le temps est couvert sur l'ensemble du pays?
2. Ecoutes-tu souvent les prévisions météorologiques?
3. En été, y a-t-il énormément de touristes sur la Côte d'Azur?
4. Le ciel est nuageux, est-ce qu'il va pleuvoir?
5. Faut-il prendre un pull pour aller faire ce pique-nique?
6. Est-ce qu'il neige beaucoup à Beijing?
7. Est-ce que Li Ming prévoit de faire un stage en France cet été?
8. Annonce-t-on le beau temps sur la côte ouest?
9. Avez-vous trois heures de français dans la matinée?
10. Comptez-vous rester un mois dans le Nord de la Chine?

XXI. Ecoutez et remplissez la grille:
1. A Nice,   il fait beau et chaud, (32°).
2. A Paris,   il fait beau et il ne fait pas très chaud, (26°).
3. A Dijon,   il pleut, le ciel va rester nuageux toute la journée, (24°).
4. A Toulouse,   il y a des nuages, mais il fait un peu chaud, (29°).
5. A Brest,   il y a du vent, il ne fait pas chaud (15°).
6. A Marseille, il y a un peu de soleil dans la matinée, il va pleuvoir dans l'après-midi (30°).

XXII. Ecoutez et remplissez la grille:
1. En octobre, Marina va faire un stage au Canada.
2. En août, Antoine va passer les vacances en Allemagne.
3. En avril, Simon va faire un voyage aux Etats-Unis.
4. En juillet, Li Ying va rentrer en Chine.
5. En décembre, Céline va voir son oncle en Italie.
6. En septembre, Zhang Qiang va étudier l'économie au Japon.
7. En novembre, Eric va ouvrir un restaurant à Paris.
8. En mai, Alain va travailler dans une société d'informatique.

XXIII. Ecoutez et complétez:
   J'habite à Kunming depuis <u>10</u> ans, j'<u>aime</u> bien <u>cette</u> ville. En <u>hiver</u>, il ne fait pas froid, il ne <u>neige</u> pas. Il fait <u>beau</u> au printemps et <u>en automne</u>, ce sont <u>deux</u> saisons très agréables. <u>En été</u>, il ne fait pas <u>chaud</u>. A Kunming, il y a toujours beaucoup <u>de touristes</u>. La <u>cuisine</u> de Kunming est aussi très <u>bonne</u>. Venez <u>passer</u> les vacances <u>ici</u> et goûter la <u>cuisine</u> de Kunming!

XXIV. Ecoutez et répondez selon l'exemple:

Ex: — J'achète des disques ici? (dans le magasin d'à côté)

— Non, n'en achète pas ici, achètes-en dans le magasin d'à côté.

1. Je prends du café maintenant? (après le repas)
2. Nous achetons deux kilos d'oranges? (3 kilos)
3. Nous prenons du couscous ce soir? (demain soir)
4. Je prends du fromage maintenant? (après le plat principal)
5. J'achète des concombres ici? (au marché)
6. Mangeons-nous du riz à midi? (le soir)

XXX. Dictées 1 et 2.

Dictée 1

M. Dubois: C'est bientôt les grandes vacances, où est-ce qu'on va cette année?

Mme Dubois: Et toi, où tu comptes aller?

M. Dubois: En Italie?

Mme Dubois: Ah non, il fait très chaud là-bas, et il y a beaucoup de touristes en cette saison.

M. Dubois: Alors en Allemagne? Tu aimes ce pays?

Mme Dubois: Oui, mais tu vas travailler dans ce pays cet hiver.

M. Dubois: Allons au Canada. Là, il ne fait pas chaud en été.

Mme Dubois: Bonne idée! Mais, l'été est une saison agréable au Canada? Est-ce qu'il pleut beaucoup?

M. Dubois: Je ne sais pas, mais M. Leblanc peut nous donner des informations, il vient de rentrer du Canada. On va lui téléphoner tout de suite.

Dictée 2

Dans une année, il y a quatre saisons. La première, c'est le printemps. En cette saison, il pleut souvent à Shanghai, et il fait beaucoup de vent à Beijing. Après le printemps, c'est l'été, il fait très chaud à Nanjing et à Wuhan. Après l'été, vient l'automne, c'est une très belle saison. Il fait un temps magnifique en septembre et en octobre. J'aime beaucoup l'automne à Beijing, et je fais souvent des pique-niques avec des amis, à la campagne ou à la montagne. Il fait froid à Beijing en hiver, il neige et il gèle. Mon oncle ne passe pas l'hiver à Beijing. En novembre, il part pour Guangzhou et il reste 4 mois dans cette ville du Sud.

Leçon 14

III. Traduisez en français les mots entre parenthèses:

1. son   2. leur   3. nos   4. ton   5. sa

6. leur   7. tes   8. mon   9. vos   10. vos

V. Complétez avec un adjectif possessif:
1. son   2. son   3. ton   4. tes   5. son
6. ton   7. ma, Son   8. Son, son, sa, Ses, leurs, leur

VII. Complétez avec un pronom tonique:
1. lui   2. elle   3. toi   4. Moi   5. moi   6. nous, eux

VIII. Transformez avec《tout, toute, tous, toutes》:
Ex: Elle mange le gâteau.
→ Elle mange tout le gâteau.
1. toute la journée   2. toutes les fleurs
3. tous les week-ends   4. toute la classe
5. toute la ville de Shanghai   6. toute la matinée
7. toutes mes amies   8. tous les enfants

X. Répondez avec《oui》,《non》ou《si》:
1. Oui   2. Non   3. Si   4. Non
5. Non   6. Si   7. Si   8. Si

XII. Complétez avec une de ces expressions:
1. tout à fait   2. depuis   3. seulement   4. actuellement   5. Tout à fait
6. de la part de   7. tellement   8. certainement   9. tellement   10. Depuis

XIII. Complétez les phrases:
1. oubliez   2. avez besoin   3. oublie   4. enseigne-t
5. tiens   6. revoir   7. vit   8. invitent

XIV. Complétez avec un pronom tonique:
— Moi, je pars demain en vacances. Et vous, qu'est-ce que vous faites?
— Nous allons à Bordeaux jeudi.
— Ton père part avec toi?
— Bien sûr!
— Pas ta mère?
— Non, elle est déjà à Bordeaux.
— Et tes cousins, où passent-ils leurs vacances?
— Eux, ils partent pour l'étranger, pour la Chine, je crois.
— Et Sylvie et Valérie, que font-elles?

— Oh, elles sont en voyage sur la côte ouest.

— Et <u>toi</u>, tu vas passer nous voir cet été?

— Avec plaisir!

XVI. Ecoutez et indiquez vrai ou faux selon les deux dialogues de la leçon 14:

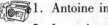
1. Antoine invite Marina et Li Ying à passer le week-end en Normandie. (V)
2. La maison est à Antoine. (F)
3. C'est une grande maison avec un petit jardin. (F)
4. Les parents d'Antoine sont médecins. (V)
5. La belle-sœur d'Antoine est ingénieur. (F)
6. Le beau-frère d'Antoine est professeur de musique. (V)
7. Antoine a un neveu et une nièce. (V)
8. Demain, Fanny va à une exposition de peinture avec Pierre. (F)
9. Fanny va voir ses grands-parents avec sa sœur. (F)
10. Ses grands-parents désirent revoir souvent leurs petits-enfants. (V)

XVII. Ecoutez et répondez avec un adjectif possessif:

Ex: Tu vas nous raconter ta visite en Chine?

— Oui, je vais vous raconter ma visite en Chine.

1. Tu peux me montrer tes photos?
2. Tu vas faire ton stage à Madrid?
3. Où vos parents nous attendent-ils?
4. L'oncle de Paul vit dans la banlieue de Paris?
5. Où travaille le neveu de Li Ying?
6. Quand est-ce que je peux essayer ta jupe?
7. Ces étrangers vont visiter l'école de ta nièce?
8. Nos professeurs sont chinois, et tes professeurs?
9. La famille de Paul habite-t-elle à la campagne?
10. Quel âge a votre tante?

XVIII. Ecoutez et répondez avec un pronom tonique:

Ex: Elle ne veut pas dîner avec Alice? — Non, elle ne veut pas dîner avec elle.

1. Est-ce que tu n'habites pas chez tes parents?
2. Organisons-nous une soirée pour les nouveaux étudiants?
3. Ne veux-tu pas sortir avec Patricia?
4. Sur cette photo, Pascal est-il à côté de la secrétaire?
5. Est-ce que cette maison est à M. Dubois?
6. Est-ce que ta grand-mère n'habite pas avec vous?
7. Veut-il parler avec ces deux jeunes filles?

8. Est-ce que je prends une salade verte pour toi?

9. Faut-il acheter des livres pour la sœur cadette de Marie?

10. Vas-tu faire des achats avec moi?

XIX. Ecoutez et répondez avec《si》:

Ex: Tu n'as pas de frère? — Si, j'ai un frère (j'en ai un).

1. Tu ne prends pas de café?
2. Elle ne va pas au Canada au mois d'octobre?
3. Sa fille n'habite pas avec lui?
4. Vous ne voulez pas de raviolis?
5. Ils ne vont pas goûter de vin français?
6. Vous n'aimez pas la cuisine chinoise?
7. Tu n'invites pas la sœur d'Eric?
8. Elles ne prennent pas de viande?
9. Nous n'allons pas au marché aujourd'hui?
10. Tu n'es pas contente de travailler dans cette société?

XX. Ecoutez et répondez selon l'exemple:

Ex. A qui est ce livre? A toi? — Oui, c'est mon livre.

1. A qui est cette jupe rouge? A Céline?
2. A qui sont ces disques? A Eric?
3. A qui est cette maison? A vos parents?
4. A qui sont ces photos? A vous?
5. A qui est ce carnet? A ta tante?
6. A qui est ce livre d'histoire? A ta sœur?
7. A qui est ce pantalon? A ton frère?
8. A qui sont ces bandes dessinées? A Paul?

XXI. Ecoutez et transformez les phrases selon l'exemple (avec adj. 《tout》):

Ex. Voilà une photo de la famille. → Voilà une photo de toute la famille.

1. Je te montre les photos de Céline.
2. Mes camarades sont gentils.
3. Ma famille est contente d'habiter dans cette ville.
4. Il veut inviter ses amis.
5. Elle passe sa vie dans ce petit village.
6. Nous aimons nos professeurs.
7. Ces villes sont très belles.
8. Ces plats sont délicieux.
9. Elle passe le week-end à la campagne.

10. Je vais te raconter cette histoire.

XXII. Ecoutez et remplissez la grille:
- Wang Fang habite chez ses parents. Ses grands-parents habitent aussi avec eux et ils aiment bien le frère cadet de Wang Fang.
- Les parents d'Alain sont à l'étranger, il habite en ce moment chez son oncle. Sa tante et sa cousine l'aiment beaucoup.
- La mère de M. Dubois habite avec M. et Mme Dubois, elle aime beaucoup son petit-fils.

XXIII. Ecoutez et remplissez la grille:
- La belle-mère de Julien est vieille, elle ne travaille pas, elle aime la peinture chinoise.
- Le beau-frère de Julien travaille dans une université comme professeur d'anglais, il aime passer le week-end à la campagne.
- La belle-sœur de Julien est institutrice, elle aime voyager à l'étranger.
- Le cousin de Julien est ingénieur, il aime la campagne et la montagne.
- La nièce de Julien travaille dans une banque, elle aime les sports d'hiver.
- Le frère aîné de Julien n'est pas marié, il est médecin, il aime la musique.
- La tante de Julien est interprète, elle aime inviter ses amis chez elle le week-end.
- La sœur cadette de Julien a huit ans, elle va à l'école, elle aime regarder la télé.

XXIV. Ecoutez et complétez:
J'habite <u>avec</u> mes parents et ma sœur <u>cadette</u> dans une petite ville <u>en</u> Normandie. J'aime beaucoup <u>cette</u> ville. J'ai <u>des</u> amis ici, l'école n'est pas très <u>loin</u> de chez moi. Mais mes parents <u>vont</u> travailler <u>à</u> l'étranger <u>au</u> mois de décembre. <u>Eux</u>, ils sont <u>contents</u>, et moi, non: je dois quitter cette ville <u>pour</u> habiter chez mes grands-parents <u>dans</u> un <u>village</u> de montagne. Ma <u>sœur</u> est contente, elle <u>va</u> à l'étranger <u>avec</u> mes parents.

XXX. Dictées 1 et 2.
Dictée 1
— Eric, qu'est-ce que tu regardes?
— Une photo.
— Une photo de ta famille?
— Non, regarde-la. Où sont mes parents? Tu les connais, n'est-ce pas? C'est une photo de la famille de mon oncle.
— Passe-moi la photo. Lui, c'est ton oncle?
— Oui.
— Que fait-il dans la vie?

— Il est professeur. Voilà sa femme et leur fille, Sophie, ma cousine.

— C'est leur maison? Elle est belle avec son immense jardin.

— Oui, mais c'est leur maison au Japon, mon oncle travaille en ce moment à Tokyo dans une université japonaise.

Dictée 2

Mère: Paul, tu es libre cet après-midi?
Paul: Oui, et pourquoi?
Mère: On va au magasin pour t'acheter un pull.
Paul: Un pull, mais j'en ai trois.
Mère: Ce week-end on va chez ton oncle en Normandie.
Paul: Mais je prévois d'aller au pique-nique avec mes amis!
Mère: Tu vas leur téléphoner et ils vont t'excuser.
Paul: D'accord. Mais maman, la famille de ma sœur va aussi voir mon oncle?
Mère: Certainement. Tu vas revoir ta petite nièce. Tu peux rencontrer aussi ton frère et ta belle-sœur. Eux, ils viennent de rentrer de l'étranger. Dis-moi, Paul, qu'est-ce qu'on va offrir à ton oncle et à ta tante? Tu as une idée?
Paul: Non, on va voir.

Leçon 15

III. Mettez les verbes au passé composé:
1. a attendu   2. ai ouvert   3. avons vu   4. a travaillé, l'a beaucoup fatiguée
5. as fait   6. avez fait, avons fêté, a mangé, a rencontré, a pris

VI. Complétez avec un pronom qui convient:
1. leur, les   2. leur   3. lui   4. y   5. la   6. en, te

XII. Remplissez les blancs:
1. dernier, pleine   2. trop de   3. sans doute   4. dernière, connu, entier
5. Jusqu'à, jamais   6. quelquefois   7. plein   8. entière

XIII. Complétez avec un de ces verbes:
1. a construit   2. pense   3. contemple   4. parler
5. a emmené, ont admiré, a impressionné   6. a (beaucoup) fatigué

XIV. Mettez les verbes à la forme qui convient:
— Qu'est-ce que vous avez fait le 5 novembre?
— Ce jour-là, j'ai travaillé au bureau, comme tous les jours.

— Vous avez déjeuné chez vous?

— Oui, de midi à 2 h, on ne travaille pas dans notre société. J'ai donc le temps de rentrer chez moi.

— A quelle heure vous avez quitté le bureau ce jour-là?

— A 6 h. Puis j'ai fait des achats dans un grand magasin.

— Qui fait la cuisine chez vous le soir?

— C'est moi. Ce soir-là, j'ai fait quelques bons plats pour mon mari et ma fille.

— Ah! votre fille, je l'ai rencontrée il y a deux jours. C'est une enfant très gentille.

— Oui, c'est notre trésor!

XVI. Ecoutez et indiquez vrai ou faux selon les deux dialogues de la leçon 15:

1. Antoine a visité le musée du Louvre dimanche dernier.　　(V)
2. On a construit la pyramide de verre en 1979.　　(F)
3. Son architecte était français.　　(F)
4. Li Ying a passé beaucoup de temps à regarder les tableaux.　　(V)
5. Li Ying a visité tout le musée.　　(F)
6. Elle veut y retourner.　　(V)
7. Céline a dansé dans une discothèque hier soir.　　(V)
8. Antoine l'a emmenée dans cette discothèque.　　(V)
9. Pascal va souvent danser en discothèque.　　(F)
10. Pascal est un accro de musique.　　(V)

XVII. Ecoutez et transformez les phrases au passé composé:

Ex: Je prends du poisson. → J'ai pris du poisson.

1. Nous rencontrons notre professeur de chinois.
2. Elles habitent à Montréal.
3. Il mange du fromage.
4. Est-ce que tu ne prends pas de viande?
5. Comprenez-vous cette question?
6. Nous faisons un stage dans une société étrangère.
7. Je suis à la campagne.
8. Le directeur nous présente les nouveaux stagiaires.
9. Est-ce que vous les voyez?
10. Est-ce qu'elle lui téléphone?

XVIII. Ecoutez et répondez avec un pronom: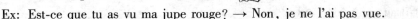

Ex: Est-ce que tu as vu ma jupe rouge? → Non, je ne l'ai pas vue.

1. Avez-vous visité le musée du Louvre?
2. As-tu attendu Céline à la gare?

3. A-t-on construit cette maison en 1997?
4. Ont-ils fait ce travail?
5. Avant-hier, a-t-elle rencontré Paul et Eric dans la rue?
6. As-tu montré tes photos à Patricia?
7. A-t-elle pris du couscous?
8. As-tu pris mes disques?
9. Avez-vous présenté votre nouveau professeur de français à ces étudiants?
10. Hier, y a-t-il eu beaucoup de monde à l'exposition?

XIX. Ecoutez et mettez une croix quand vous entendez le passé composé:
1. Paul les emmène à une discothèque.
2. Ce tableau de Renoir? Je l'ai montré à Cécile. (×)
3. Li Ying et Marina? Nous les avons rencontrées sur la place de la Nation. (×)
4. Ma mère m'a acheté un pull. (×)
5. Ce stage, tu ne l'as pas fait? (×)
6. Ne comprends-tu pas cette question?
7. On ne nous a pas raconté son histoire. (×)
8. On vient de construire une maison.
9. La pyramide de verre, vous l'admirez?
10. L'adresse de Pascal? Je l'ai donnée à Antoine. (×)

XX. Ecoutez et écrivez en toutes lettres l'année en question:
1. Je suis à Beijing depuis 2002.
2. J'ai fait sa connaissance en 1998.
3. Antoine a fait un stage au Japon en 1980.
4. En 1972, ce couple français a fait son premier voyage en Chine.
5. On a construit la Tour Eiffel en deux ans, de 1887 à 1889.

XXI. Ecoutez et répondez avec《y》:
Ex: Est-ce que tu vas à la campagne ce week-end? — Oui, j'y vais ce week-end.
1. Est-ce que tu vas au restaurant ce soir avec nous?
2. N'allez-vous pas au cinéma cet après-midi?
3. Ne va-t-elle pas à l'exposition avec vous?
4. A-t-on organisé une soirée dans cette salle?
5. Venez-vous de passer le week-end chez M. Leblanc?
6. Vas-tu danser dans la discothèque près de chez toi?
7. Va-t-il au musée du Louvre?
8. Ont-ils dîné au restaurant《Les deux frères》?
9. As-tu acheté un pull dans ce magasin?

10. Avez-vous habité à la campagne?

XXII. Ecoutez et remplissez la grille: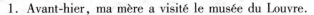
1. Avant-hier, ma mère a visité le musée du Louvre.
2. Ce soir je vais au cinéma avec ma sœur.
3. Hier après-midi, mon frère a fait du sport.
4. Hier soir, Jacques a dansé en discothèque avec ses amis.
5. Demain, toute ma famille va faire un pique-nique à la campagne.
6. Cet après-midi, nous allons écouter des disques chez Paul.

XXIII. Ecoutez et écrivez les chiffres:
1. le nombre des professeurs de ce lycée: 58
2. le nombre des jours de l'année: 365
3. le nombre des employés de cette société: 1 765
4. le nombre des étudiants de cette université: 12 700
5. mon numéro de téléphone: le 6275 1678
6. son numéro de téléphone: 01 44 42 37 72
7. ton numéro de passeport: 2693899
8. votre numéro de compte: 15808106

XXIV. Ecoutez et complétez:

Hier après-midi, j'ai visité avec ma sœur le musée de Picasso. Il y avait du monde, des Espagnols, des Anglais, et aussi des Chinois. Moi, j'aime beaucoup Picasso. J'ai contemplé longuement ses tableaux 《Trois musiciens》 et 《La danse》, ils m'ont beaucoup impressionné. C'est vraiment un grand peintre. Mais ma sœur, elle ne l'aime pas, elle a voulu rentrer, et nous n'avons pas fait le tiers du musée. Je compte y retourner un jour.

XXX. Dictées 1 et 2.

Dictée 1

— Mademoiselle, vous parlez bien allemand! Vous avez été en Allemagne?
— Oui. J'y ai passé un an. J'ai habité à Berlin dans une famille allemande, et j'ai pris des cours (课) d'allemand à l'université.
— Vous avez voyagé dans ce pays?
— Evidemment. J'ai visité ses musées, ses grandes villes, j'ai rencontré des gens très sympas.
— Et maintenant, vous voulez partir pour les Etats-Unis et y étudier la langue anglaise?
— Non, je prévois d'étudier l'économie. J'ai été étudiante en économie.
— Vous partez quand?
— Dans deux jours.

— Vous allez habiter aussi dans une famille?

— Non, cette fois, je compte habiter chez une amie. Elle tient une boutique de vêtements à New York.

Dictée 2

Céline: Bonjour Antoine.

Antoine: Bonjour Céline.

Céline: Est-ce que tu connais Marie?

Antoine: Bien sûr! Tu as oublié? Je l'ai rencontrée l'année dernière chez toi.

Céline: Ah, c'est vrai! On a fêté Noël chez moi. Tu l'as vue ces derniers temps?

Antoine: Non. Mais elle m'a appelé il y a trois jours et m'a donné sa nouvelle adresse. Elle t'a téléphoné aussi, mais elle ne t'a pas trouvée chez toi.

Céline: Où habite-t-elle maintenant?

Antoine: Une minute, je vais consulter mon carnet. Voilà, écoute: elle habite 15, rue des Fêtes, elle y a acheté une belle maison avec un jardin. On va la voir un de ces jours?

Céline: D'accord.

Leçon 16

III. Mettez les verbes au passé composé:

1. sont restés   2. n'est pas (encore) allée   3. sont arrivés   4. sont rentrés
5. est retournée   6. sont montés   7. sont partis   8. n'est pas sortie
9. sont entrées   10. sont venues

XI. Complétez avec un de ces verbes:

1. passer, doit   2. (l)'a garée   3. est née   4. accueillir
5. tomber   6. sonner   7. sont (déjà) montés   8. est passé

XIII. Complétez avec un de ces adjectifs:

1. plein   2. magnifique   3. délicieux   4. gentil   5. immense
6. pratique   7. nombreux   8. Excellente   9. nombreux   10. pleine

XIV. Mettez les verbes aux temps qui conviennent:

Chers amis,

Enfin nous <u>sommes</u> en Chine.

Nous <u>sommes arrivés</u> le 28 septembre et nous <u>sommes restés</u> une semaine à Beijing. Nous <u>avons vu</u> bien sûr le Palais impérial et le Palais d'Eté. Nous <u>sommes montés</u> sur la Grande

> Muraille. Nous avons pris beaucoup de photos. C'était magnifique! Nous avons visité aussi quelques musées. Avant-hier, je suis allée toute seule à la rue Wangfujing et j'ai trouvé de très jolies choses à acheter. Vous allez voir ça bientôt. Demain, nous allons partir pour le sud du pays.
>
> Amitiés
> Catherine

XVI. Ecoutez et indiquez vrai ou faux selon les deux dialogues de la leçon 16:

1. François et Patricia sont sortis ensemble du bureau. (F)
2. Patricia est retournée chez elle pour chercher le cadeau. (V)
3. Patricia ne vient pas chez Nicole. (F)
4. La voiture de Patricia est tombée en panne à mi-chemin. (V)
5. On va commencer la fête sans Patricia. (F)
6. Philippe est allé chercher une amie de sa femme à l'aéroport de Roissy. (V)
7. Annick n'a pas pu venir accueillir Mme Yang. (V)
8. La fille de Philippe est née le 10 novembre. (F)
9. En général, Philippe va au bureau en voiture. (F)
10. Il y a des embouteillages aux heures de pointe à Paris. (V)

XVII. Ecoutez et transformez les phrases au passé composé:

Ex: Bruno sort de son bureau. → Bruno est sorti de son bureau.

1. Nous arrivons trop tard à l'aéroport.
2. Ne rentre-t-elle pas en France?
3. Ils ne vont pas au marché, mais au magasin.
4. Il monte dans le bus avec sa fille.
5. Ne sortez-vous pas avec eux?
6. Ma mère passe à la cuisine.
7. Elle retourne chez elle pour prendre son billet de train.
8. Ces ingénieurs ne viennent pas des Etats-Unis, mais d'Allemagne.

XVIII. Ecoutez et répondez selon l'exemple:

Ex: Il n'a pas voulu visiter ce musée? — Si, il a voulu le visiter.

1. Elles ne sont pas venues au buffet?
2. Vous n'êtes pas allés au restaurant universitaire?
3. Tu n'as pas pu rentrer en Chine la semaine dernière?
4. Ils ne sont pas montés dans le métro?
5. Tu n'as pas emmené ta sœur à l'exposition?
6. Vous n'avez pas accueilli ces étrangers chez vous?

7. Elle n'est pas restée à la maison toute la journée?

8. Hier, il n'est pas allé chercher Céline à l'aéroport?

9. Elles n'ont pas été contentes de ces stagiaires?

10. Tu n'es pas sorti avec tes amis?

XIX. Ecoutez et mettez une croix quand vous entendez le passé composé:

1. De nombreux touristes sont sortis de la gare. (×)

2. Ils ont été ingénieurs dans cette société. (×)

3. Ma mère est professeur d'histoire.

4. Li Ying est montée dans le bus. (×)

5. Nous n'avons pas pu venir. (×)

6. Elle accueille des amis étrangers dans son école.

7. Il a dû partir. (×)

8. On compte faire un voyage en Espagne.

XX. Ecoutez le texte et répondez aux questions suivantes:

Monsieur Dupont est venu à Nantes le 25 mai 1988. Il y a trouvé du travail dans une société anglaise. Sa femme et ses deux enfants sont venus en 1992 de Marseille. En août 1997, ils ont acheté une maison et toute la famille est contente de vivre à Nantes.

1. Quand monsieur Dupont est-il venu à Nantes?
2. Où a-t-il trouvé du travail?
3. En quelle année sa femme et ses enfants sont-ils venus à Nantes? Et d'où sont-ils venus?
4. Quand la famille a-t-elle acheté une maison?
5. La famille Dupont est-elle contente de sa vie à Nantes?

XXI. Ecoutez et répondez:

1. Hier, ta voiture est-elle tombée en panne à mi-chemin? (Oui, ...)

2. Près de chez vous, y a-t-il a une station de métro? (Non, ...)

3. Trouve-t-on de nombreux magasins au centre-ville? (Oui, ...)

4. Est-ce qu'il y a beaucoup de restaurants dans votre quartier? (Non, ...)

5. Aux heures de pointe, y a-t-il des embouteillages à Beijing? (Oui, ...)

6. Hier, Marie est-elle rentrée chez elle à vélo? (Non, ...)

7. Es-tu resté chez toi hier soir? (Oui, ...)

8. Est-ce qu'il y a de plus en plus de taxis dans votre ville? (Oui, ...)

9. Est-ce que Léonard de Vinci est né en 1452? (Oui, ...)

10. La semaine dernière, avez-vous accueilli des professeurs français? (Non, ...)

XXII. Ecoutez et notez la date et le lieu de leur naissance:

1. Ma grand-mère est née le 18 décembre 1901 à Shanghai.
2. Mon grand-père est né le 2 mars 1898 à Suzhou.
3. Mon oncle est né le 25 juin 1926 à Kunming.
4. Ma tante est née le 30 août 1929 à Hangzhou.
5. Ma nièce est née le 16 avril 1958 à Xi'an.
6. Mon cousin est né le 7 juillet 1960 à Xiamen.

XXIII. Ecoutez et remplissez la grille:

1. Hier matin à 8 heures, Antoine a pris le taxi pour chercher ses parents à l'aéroport.
2. Avant-hier, Céline a pris le métro puis le RER pour chercher un ami chinois à Roissy.
3. Ce matin, nous avons pris le bus pour aller visiter le musée du Louvre.
4. Samedi après-midi, je suis allé en voiture à Wangfujing pour faire des achats.
5. Il y a trois jours, Li Ming et Wang Fang sont allés au cinéma à vélo.

XXIV. Ecoutez et complétez:

Hier matin, nous avons pris le taxi pour aller visiter la Tour Eiffel, nous y sommes arrivés à 9:45, et nous sommes montés en haut de la Tour. De là, on a vu tout Paris, et on a pris beaucoup de photos. Après, nous avons pris le métro pour aller visiter Notre-Dame de Paris. Nous y sommes restés une demi-heure. Et puis nous avons déjeuné dans un restaurant japonais. L'après-midi, nous avons visité la maison de Balzac(巴尔扎克), il y a vécu 7 ans.

XXX. Dictées 1 et 2.

Dictée 1

Je suis née le 18 avril 1975 à Beijing. Je suis la fille cadette de la famille. Le 1er septembre 1993, je suis entrée à l'Université de Pékin. 4 ans après, j'ai commencé à travailler dans une société française en Chine et j'y suis restée 3 ans. Le 25 août 2000, je suis partie pour Shanghai, et j'ai trouvé un travail dans une société de transports. Je suis mariée depuis 3 mois, mon mari enseigne dans un lycée à Shanghai. Je retourne souvent à Beijing pour voir mes parents. Avec le train, c'est pratique. De Shanghai à Beijing, une nuit seulement!

Dictée 2

— Paul, qu'est-ce que tu vas faire ce week-end?
— Je vais à la campagne chez mes grands-parents, tu viens avec moi, Eric?
— Avec plaisir.
— Mais comment on y va?

— On prend ta voiture, c'est bien simple!
— Mais ma voiture est en panne, je l'ai laissée chez mes parents.
— Alors, on prend le RER?
— Mais la gare est loin de chez mes grands-parents. Ils sont vieux, et ils ne peuvent pas venir nous chercher à la gare.
— Eh bien, on y va à vélo, tu viens d'en acheter un, n'est-ce pas?
— Oui, mais c'est trop loin, il faut des heures pour y arriver.
— Oh, qu'est-ce que tu dis là, tu es jeune! Et puis c'est bien pour la santé.
— Bon, d'accord. Je vais acheter un cadeau pour mes grands-parents.
— Et moi, je vais acheter des boissons pour la route.

Leçon 17

IV. Mettez les verbes à la forme du passé qui convient:

1. Antoine n'est pas rentré dîner hier: il voulait finir son travail.
2. Hélène me racontait cette excursion, quand son mari est rentré à la maison.
3. L'enfant faisait des exercices de grammaire, quand sa mère préparait le dîner.
4. Hier, je suis allé au théâtre. Il faisait froid, je portais mon manteau en laine.
5. Ce matin, j'ai pris seulement un yaourt: je n'avais pas faim.
6. L'enfant n'écoutait plus: il comprenait mal son institutrice.
7. Li Ying mangeait avec une fourchette et un couteau, quand elle vivait en France.
8. Je n'ai pas pu aller dîner chez mon ami hier, je n'étais pas libre.
9. Wang Gang attendait depuis une heure au bureau, quand Li Ying est arrivée en voiture.
10. Elle choisissait un cadeau dans une boutique de souvenirs quand nous l'avons vue pour la première fois.

X. Complétez avec un de ces adjectifs:

1. nationale   2. gratuite   3. noir   4. gros   5. internationale
6. préférée   7. impressionnant   8. militaire   9. préférée   10. noir

XI. Trouvez la bonne réplique:

1. Volontiers! (Bien sûr! Certainement.)
2. Je ne sais pas.
3. Bien sûr! (Certainement.)
4. Mais si, je suis libre dès maintenant.
5. Ce n'est rien.
6. C'est dommage.
7. ça vaut la peine.
8. Je ne sais pas. (Certainement. Bien sûr!)

XII. Complétez avec un de ces mots et un article s'il y a lieu:

1. une excursion 2. l'entrée 3. la chance 4. les marches
5. Le lendemain 6. l'arrivée 7. minuit 8. personnes

XIII. Complétez avec un mot qui convient:

1. à 2. à 3. quand (lorsqu') 4. du 5. ni (pas)
6. lorsque (quand) 7. préféré 8. comme 9. vers, leur 10. pendant, à

XVI. Ecoutez et indiquez vrai ou faux selon les deux dialogues de la leçon 17:

1. La semaine dernière Marina était à Cannes. (V)
2. Marina a assisté au Festival international de cinéma. (V)
3. Marina a attendu dès huit heures du matin devant le Palais des Festivals pour voir Gérard Depardieu. (F)
4. Gérard Depardieu est descendu d'une voiture rouge. (F)
5. Marina a eu l'autographe de Gérard Depardieu. (V)
6. Le 15 juillet, Antoine a rencontré Li Ying dans la rue. (F)
7. Le 14 juillet, Li Ying est allée voir le défilé militaire sur les Champs-Elysées. (V)
8. Ce jour-là, Li Ying a rencontré Antoine sur les Champs-Elysées. (F)
9. Le jour de la fête nationale, l'entrée de l'Opéra est gratuite. (V)
10. Le soir du 14 juillet, il y a du feu d'artifice. (V)

XVII. Ecoutez et répondez aux questions:

1. Quand tu étais à la campagne, prenais-tu de la viande tous les jours?
2. Le mois dernier, travaillais-tu tous les jours jusqu'à 23 heures?
3. L'année dernière, prenait-il tous les matins le bus pour aller à l'école?
4. L'année dernière, faisiez-vous souvent des achats au magasin Carrefour (家乐福)?
5. Etait-il très jeune quand ses parents sont partis pour l'étranger?
6. Est-ce qu'on dansait quand tu es entré dans la salle?
7. Quand vous êtes arrivés, y avait-il une voiture rouge devant la maison?
8. Quand vos parents étaient jeunes, aimaient-ils voyager?

XVIII. Ecoutez et répondez aux questions avec le pronom adverbial《en》:

1. Est-ce que Gérard Depardieu est descendu d'une voiture noire?
2. Es-tu venu de Shanghai?
3. Etes-vous contents d'étudier à l'université?
4. A-t-il parlé de son travail à ses parents?
5. Sa fille sort-elle de l'école avec ses copines?
6. Ses parents sont-ils rentrés du Japon?
7. As-tu besoin d'un pantalon bleu?

8. Votre cousine a-t-elle été heureuse de parler avec ce peintre?

XIX. Ecoutez et répondez aux questions avec 《y》 ou 《en》:
1. Marina est-elle rentrée chez elle vers minuit?
2. Antoine est-il arrivé à la place d'Italie?
3. Li Ying est-elle sortie du Resto-U?
4. Vos parents vont-ils travailler en Allemagne dans une semaine?
5. Ton père et toi, êtes-vous arrivés à Beijing hier soir?
6. Avant-hier, n'es-tu pas allé à l'aéroport pour chercher un ami français?
7. Le professeur de français n'est-il pas encore sorti de son bureau?
8. Marie est-elle rentrée de Chine la semaine dernière?
9. Claire est-elle retournée en France?
10. Ne sont-ils pas descendus du métro?

XX. Ecoutez et transformez les phrases selon l'exemple:
Ex: Aujourd'hui, je suis contente. → Hier, je n'étais pas contente.
1. Aujourd'hui, nous avons des cours de français.
2. Aujourd'hui, le Resto-U est fermé.
3. Aujourd'hui, nous sommes en forme.
4. Aujourd'hui, l'entrée au musée est gratuite.
5. Aujourd'hui, on voit des fleurs sur la place.
6. Aujourd'hui, j'ai rendez-vous avec le professeur d'anglais.
7. Aujourd'hui, il fait beau.
8. Aujourd'hui, ils peuvent aller chanter en discothèque.

XXI. Ecoutez et remplissez la grille:
1. Avant, Nicole habitait à Nice, maintenant elle habite à Marseille.
2. Avant, mes parents travaillaient à Montréal, maintenant, ils travaillent à Berlin.
3. Avant, sa sœur dansait, maintenant, elle chante.
4. Avant, je ne parlais pas espagnol, maintenant, je parle très bien espagnol.
5. Avant, son frère n'aimait pas l'Opéra de Beijing, maintenant, il l'aime beaucoup.
6. Avant, mon père buvait du vin au dîner, maintenant, il boit de la bière.

XXII. Ecoutez et trouvez une réponse en utilisant l'imparfait:
Ex: Pourquoi n'as-tu pas pris le dîner hier? (ne pas avoir d'appétit)
— Je n'avais pas d'appétit.
1. Pourquoi n'a-t-il pas acheté ce livre l'année dernière? (coûter cher)
— Ce livre coûtait cher.
2. Pourquoi ne sont-ils pas allés à Shanghai pendant la fête? (ne pas être libre)

— Ils n'étaient pas libres.

3. Pourquoi n'es-tu pas allé au cinéma avec Paul hier soir? (être fatigué)

— J'étais fatigué.

4. Pourquoi cette étudiante n'est-elle pas allée au musée hier? (être fermé)

— Ce musée était fermé.

5. Pourquoi n'as-tu pas quitté le bureau à six heures? (avoir trop de travail)

— J'avais trop de travail.

6. Pourquoi n'êtes-vous pas allé à l'excursion samedi dernier? (faire mauvais temps)

— Il faisait mauvais temps.

XXIII. Ecoutez le texte et remplissez les agendas suivants:

- Aujourd'hui, c'est lundi 10 mai. Paul a des cours de chinois de 9h à 11h. A midi, il va au Resto-U avec Eric. Et puis, à 2h de l'après-midi, il a rendez-vous avec M. Li et il va au cinéma à 20h.
- C'était vendredi 21 février. A 9h du matin, Céline est allée chercher Alice à la gare, et de 13h30 à 15h15, elle a travâillé à l'université, elle est rentrée chez ses parents à 18h.
- C'était mardi 17 octobre. Mme Dupont a fait des achats de 9h30 à 10h20. A 11h30, elle est allée chercher sa fille à l'école. L'après-midi, à 2h, elle a eu un rendez-vous chez le médecin. Le soir, de 20h à 22h, elle a suivi des cours d'anglais.

Agenda de Paul	Agenda de Céline	Agenda de Mme Dupont
lundi 10 mai	vendredi 21 février	mardi 17 octobre
9h-11h: cours de chinois	9h: chercher Alice à la gare	9h30-10h20: faire des achats
12h: Resto-U avec Eric	13h30-15h15: université	11h30: chercher la fille à l'école
14h: rendez-vous avec M. Li	18h: rentrer chez ses parents	14h: rendez-vous chez le médecin
20h: cinéma		20h-22h: cours d'anglais

XXIV. Ecoutez et complétez:

Il était 6 heures du soir, le vendredi 10 mai 1968, quand on est venu me chercher. C'était mon ami Paul, étudiant en économie. «Dépêche-toi, m'a-t-il dit, il y a déjà plus de 10 000 personnes place Denfert-Rochereau!» Je n'ai pas eu le temps de lui répondre. Il était déjà loin. Quelques minutes après, j'étais sur la place: j'habitais juste à côté.

C'est vrai qu'ils étaient nombreux! Il faisait un temps magnifique. Nous sommes restés là une heure à attendre les consignes...

XXX. Dictées 1 et 2.

Dictée 1

Lui: Hier soir, vous avez bien mangé? Et vous avez aimé notre petit restaurant?

Elle: Oui, je l'ai beaucoup aimé, les plats étaient délicieux, les garçons du restaurant étaient gentils. Seulement, il y avait trop de bruit et trop de monde!

Lui: Mais c'était la fête de la Musique!

Elle: On organise souvent la fête de la Musique chez vous?

Lui: Tous les ans. On accueille beaucoup d'étrangers. Hier après-midi, quand j'étais sur la place du centre-ville, 3 musiciens américains sont venus me saluer. Je les ai connus il y a deux ans quand ils sont venus pour la première fois, et nous sommes très amis.

Elle: Hier matin, j'ai vu dans la rue du 8 mai une chanteuse(女歌手) allemande, et l'après-midi, elle a chanté sur la place.

Lui: Elle a bien chanté?

Elle: Oui. Elle est très connue en Allemagne. Quand je travaillais à Berlin il y a 3 ans, j'allais souvent l'écouter, j'ai même eu son autographe.

Dictée 2

— Céline, tu viens de rentrer de Chine?

— Oui.

— Tu y as passé la fête du Printemps?

— Oui, c'était impressionnant! La fête du Printemps est une grande fête en Chine, c'est comme Noël chez nous. Une amie chinoise m'a invitée chez elle à la campagne. On a fait ensemble des raviolis. Après le dîner, nous avons regardé la télé. Et à minuit, nous sommes sortis pour admirer le feu d'artifice. On dansait, on chantait... Tout le monde était très content.

— Tu sais, quand je faisais mon stage à Beijing en 1999, j'ai assisté au grand défilé sur la Place Tian An Men. Il était magnifique! C'était le 1er octobre, anniversaire de la nouvelle Chine. J'ai pris pas mal de photos.

— Cet été, je compte retourner en Chine pour passer 15 jours à Beijing et à Shanghai. Tu veux y aller avec moi?

— Avec plaisir!

Leçon 18

IV. Choisissez le bon verbe et mettez-le au passé composé:

Avant-hier, c'était Noël. Marc et ses deux sœurs <u>se sont réveillés</u> très tôt. Ils <u>se sont levés</u> tout de suite et ils <u>se sont dépêchés</u> d'aller dans le salon voir le sapin de Noël. Puis les enfants ont trouvé leurs cadeaux. On <u>s'est embrassé</u>. Les enfants <u>se sont amusés</u> jusqu'au soir et ils <u>se sont couchés</u> à minuit.

VI. Mettez les verbes pronominaux entre parenthèses à la forme qui convient:

Une actrice parle de sa vie:

《Vous savez, nous, les acteurs, nous <u>nous couchons</u> tard et nous <u>nous levons</u> tard aussi. Moi, je ne <u>me lève</u> pas avant 11 heures... le soir, je vais au théâtre une heure et demie avant le spectacle. Je <u>me prépare</u>, je <u>m'habille</u>.

Bref, je prends mon temps. J'aime bien <u>me reposer</u> une demi-heure avant de jouer... Mais tous les acteurs ne font pas comme ça. Nicolas et Xavier par exemple, ils <u>se promènent</u> ou <u>se reposent</u> dans un café. Its arrivent au théâtre au dernier moment et ils <u>se dépêchent</u> de <u>se préparer</u>.》

VII. Complétez les phrases suivantes:

1. quelque chose de 2. ou 3. Aucun (Pas de) 4. choix
5. tout à fait 6. à la fois 7. étage 8. un

XI. Complétez avec une préposition:

1. chez 2. à 3. à 4. pour 5. en
6. dans 7. dans 8. sans 9. Avec, sur 10. par

XII. Complétez avec un de ces mots:

1. soir 2. matin 3. journée 4. An, année
5. jour 6. soirée (journée) 7. années 8. matinée (journée, soirée)

XIII. Complétez les phrases suivantes:

1. choix 2. quelque chose 3. de 4. à, de
5. remplissent 6. aucune 7. d'habitude 8. lui, leur

XIV. Mettez les verbes aux temps qui conviennent:

Quand j'<u>étais</u> petit, je n'<u>aimais pas</u> aller à l'école. Je <u>préférais</u> faire du vélo dans la campagne. Je <u>devais</u> avoir 16 ans quand j'<u>ai rencontré</u> Nicole. C'<u>était</u> une fille très jolie et elle <u>était</u> très gentille avec moi. Nicole <u>aimait</u> lire. Elle me <u>disait</u> toujours: 《Pour bien comprendre la vie, il faut étudier». Un jour, nous nous promenions dans la forêt de Fontainebleau. Elle m'a offert un livre comme cadeau d'anniversaire: c'était un roman de Jules Verne. Depuis ce jour-là, j'ai commencé à m'intéresser à la lecture.

XVI. Ecoutez et indiquez vrai ou faux selon les deux dialogues de la leçon 18:

1. Nicole veut se promener dans la forêt de Fontainebleau. (V)
2. D'habitude, Wang se lève à six heures. (F)
3. Wang a des cours dans la matinée. (V)
4. L'après-midi, Wang travaille dans sa chambre. (F)
5. Wang fait de la natation tous les jours. (F)
6. Dans la semaine, Wang sort souvent avec des copains le soir. (F)
7. On peut emprunter des livres au 1e étage de la bibliothèque. (V)
8. Wang demande des conseils à Marina. (V)
9. Marina s'intéresse aux romans policiers. (F)
10. Marina recommande à Wang de lire les romans de Daniel Pennac. (V)

XVII. Ecoutez et transformez les phrases selon l'exemple:

Ex: Vous vous levez tôt?
→ Est-ce que vous vous levez tôt?
→ Vous levez-vous tôt?

1. Vous vous réveillez tôt?
2. Il se couche tard?
3. Vous vous connaissez bien?
4. Elles se donnent rendez-vous devant le cinéma?
5. Paul s'intéresse aux romans contemporains?
6. Eric et Alain se promènent dans la forêt?
7. Marina et Li Ying se rencontrent souvent dans le campus?
8. La voiture s'arrête devant le feu rouge?
9. Vous vous souhaitez bonne année le jour de l'An?
10. Tu te présentes en français?

XVIII. Ecoutez et répondez aux questions:

1. Veux-tu te reposer quelques minutes?
2. Allez-vous vous promener dans la forêt de Fontainebleau?
3. D'habitude vous couchez-vous à 10 heures?
4. D'habitude vous levez-vous à 7 heures?
5. Ton frère et toi, vous aimez-vous bien?
6. Li Ying et Marina se téléphonent-elles souvent?
7. Quand vous vous rencontrez, vous serrez-vous la main?

8. T'intéresses-tu aux romans policiers?

9. Allez-vous vous amuser quelquefois dans une discothèque?

10. Wang et Zhang se disent-ils au revoir quand ils se quittent?

XIX. Ecoutez et trouvez la réplique selon l'exemple:

Ex: Je veux me lever. — Lève-toi! (Levez-vous!)

1. Je veux me promener cet après-midi.
2. Nous voulons nous reposer un moment.
3. Nous voulons nous consulter demain.
4. Je veux me laver maintenant.
5. Nous voulons nous coucher ce soir à 9 heures.
6. Nous voulons nous amuser en discothèque.
7. Je veux m'acheter un pantalon bleu.
8. Eric et moi, nous voulons nous revoir demain soir.
9. Je veux m'arrêter ici.
10. Nous voulons nous présenter maintenant.

XX. Ecoutez et répondez selon l'exemple:

Ex: Je peux me coucher maintenant?

— Non, ne te couche pas maintenant, couche-toi à 10 heures.

1. Nous pouvons nous promener au Palais d'Eté cet après-midi? (demain matin)
2. Je peux me promener avant le repas? (après le repas)
3. Je peux me garer devant le musée? (sur la place)
4. Nous pouvons nous reposer maintenant? (plus tard)
5. Je peux me laver maintenant? (avant de vous coucher)
6. Demain, nous pouvons nous lever à 8 heures? (à sept heures)

XXI. Ecoutez et répondez selon l'exemple:

Ex: Hier soir, tu t'es couché à 10 heures? (à 11 heures)

— Non, je ne me suis pas couché à 10 heures, je me suis couché à 11 heures.

1. Vous vous êtes connus l'année dernière? (il y a 3 ans)
2. Ce matin, tu t'es levé à 7 heures? (à six heures et demie)
3. Ta voiture est garée derrière la maison? (à côté du magasin)
4. Elles se sont téléphoné hier matin? (hier soir)
5. Ils se sont rencontrés à la gare? (à l'aéroport)
6. Elle s'est offert une jupe rouge? (robe bleue)
7. Elles se sont quittées cet après-midi? (ce matin)
8. Vous êtes-vous promenés dans la rue? (dans la forêt)

XXII. **Ecoutez et remplissez la grille:**
1. D'habitude, Eric se couche à dix heures. Mais hier, il s'est couché à minuit, car il est rentré tard de la discothèque.
2. D'habitude, je me lève à six heures. Mais hier, c'était dimanche, je me suis levé à neuf heures moins dix.
3. D'habitude, je me gare devant la maison. Mais hier, mon frère a garé sa voiture devant la maison, alors je me suis garé derrière le jardin.
4. D'habitude, après le dîner, Catherine se promène avec son mari. Mais hier, son mari est parti pour l'étranger, alors elle s'est promenée toute seule.

XXIII. **Ecoutez et remplissez la grille:**
1. Wang Fang s'est levée à sept heures, elle a suivi son cours d'anglais de neuf heures à douze heures. L'après-midi, vers trois heures, elle est allée à la bibliothèque pour emprunter des livres. Elle s'est couchée le soir à onze heures moins le quart.
2. Paul s'est levé à dix heures et quart, il a pris le déjeuner dans un restaurant du quartier à midi trente. Il s'est amusé ensuite dans une discothèque avec des amis et le soir, il est allé au cinéma, il s'est couché vers minuit.
3. La mère de Céline s'est levée à six heures vingt pour préparer le petit déjeuner et à sept heures quarante elle est allée chercher une amie à l'aéroport. Avec son amie, elle a visité Paris pendant toute la journée. Le soir quand elle est rentrée, elle était fatiguée, elle s'est couchée à neuf heures moins dix.

La journée de Wang Fang	La journée de Paul	La journée de la mère de Céline
se lever à 7h; suivre des cours d'anglais de 9h à 12h; aller à la bibliothèque vers 15h; se coucher à 22h45.	se lever à 10h15; déjeuner dans un restaurant à 12h30; s'amuser dans une discothèque; aller au cinéma le soir; se coucher vers minuit.	se lever à 6h20 pour préparer le petit déjeuner; chercher une amie à l'aéroport à 7h40; visiter Paris avec son amie; se coucher à 20h50.

XXIV. **Ecoutez et complétez:**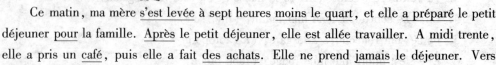
   Ce matin, ma mère s'est levée à sept heures moins le quart, et elle a préparé le petit déjeuner pour la famille. Après le petit déjeuner, elle est allée travailler. A midi trente, elle a pris un café, puis elle a fait des achats. Elle ne prend jamais le déjeuner. Vers cinq heures et quart, elle est rentrée chez elle en bus: elle a prêté sa voiture à son cousin. D'habitude, elle se couche à dix heures. Comme demain c'est samedi, elle s'est couchée à onze heures pour regarder un peu la télé.

XXX. Dictées 1 et 2.

Dictée 1

— Allô, Céline? C'est Patricia. Tu ne t'es pas encore levée?

— Non, qu'est-ce qu'il y a?

— Tu as oublié? On a rendez-vous avec Paul ce matin à neuf heures pour emprunter des romans à la bibliothèque à côté de chez lui.

— C'est vrai. Je me lève tout de suite. Tu sais, hier soir, je me suis couchée très tard, vers deux heures du matin.

— Pourquoi ça? Qu'est-ce que tu as fait hier soir?

— Je suis allée au cinéma, il y avait un bon film *Le dernier métro*, avec Gérard Depardieu et Catherine Deneuve, mes deux vedettes préférées. Et après, je suis allée dans une discothèque, j'y ai dansé jusqu'à une heure du matin, je me suis bien amusée. Et...

— Je vois, mais ne me dis pas tout ça au téléphone. Dépêche-toi, il est déjà huit heures et demie. Je t'attends à l'entrée de la station Place d'Italie. A bientôt.

Dictée 2

— Salut, Alain, tu vas faire des études à Beida?

— Oui, et j'en suis content.

— Tu pars quand?

— Dans deux semaines. Comme tu y as fait des études l'année dernière, donne-moi des informations, s'il te plaît.

— Cette université est un peu comme une petite ville, il y a des magasins, des restaurants, des cafés, des librairies, une grande bibliothèque...

— On y trouve des journaux et revues français?

— Certainement. On peut travailler dans ses salles de lecture tous les jours, de 7h30 à 22h.

— Les cours commencent à quelle heure le matin?

— A huit heures.

— Et on a le temps de faire du sport?

— Bien sûr. L'après-midi, après cinq heures. Il y a une piscine dans le campus.

— Super! Et le soir? Que font les étudiants?

— Ils suivent des cours, travaillent à la bibliothèque, ils peuvent aussi voir des films.

— Merci pour ces infomations. Au revoir.

Leçon 19

VII. Complétez avec《prendre》,《apprendre》ou《comprendre》:

1. prenez 2. comprend 3. apprennent 4. comprend 5. prends
6. a appris 7. comprends 8. apprend 9. (m')apprendre 10. prend

IX. Remplissez les blancs:

1. beaucoup de   2. peu   3. trop   4. un peu   5. peu de
6. beaucoup   7. peu, beaucoup   8. trop de   9. un peu de   10. peu de

X. Complétez avec un de ces verbes:

1. joues   2. a gagné   3. a retransmis   4. a refusé   5. participe
6. gagner   7. entends   8. ennuyait   9. apprendre   10. refuse

XII. Remplissez les blancs:

1. même   2. autre   3. Au contraire   4. avis   5. prochaine
6. Pas du tout (Au contraire)   7. sûr   8. Entendu   9. passions   10. sûr

XVI. Ecoutez et indiquez vrai ou faux selon les deux dialogues de la leçon 19:

1. Pour bien passer l'examen d'histoire, Marina ne va plus au tennis. (V)
2. Wang n'aime pas le tennis. (F)
3. Marina fait de la gymnastique et du ski. (V)
4. Wang n'a jamais fait de ski. (V)
5. Ils iront ensemble à Chamonix pour faire du ski. (V)
6. Antoine aime le football. (F)
7. C'est pour participer à des compétitions qu'Antoine fait du vélo. (F)
8. La télévision va retransmettre en direct la finale de la Coupe du Monde de football. (V)
9. Le Championnat d'Europe d'athlétisme commencera vendredi prochain. (V)
10. Li Ying pense que l'équipe de France gagnera le match de football. (F)

XVII. Ecoutez et transformez les phrases au futur simple:

Ex: Je vais entrer à l'université. → J'entrerai à l'université.

1. Cet après-midi, je vais jouer au basketball.
2. Demain, nous allons voir une exposition.
3. Le mois prochain je vais apprendre l'espagnol.
4. Il va refuser notre demande.
5. L'équipe de Beijing va gagner ce match.
6. Cet hiver ils vont faire du ski dans une station de sports d'hiver.
7. Ce soir, la télévision va retransmettre ce match en direct.
8. Elle va garder l'enfant de sa voisine pendant les vacances.
9. Je vais faire du vélo dimanche prochain.
10. Aujourd'hui ils vont se coucher vers 11 heures.

XVIII. Ecoutez et répondez selon l'exemple:

Ex: Hier, tu as dîné chez lui. Et demain?

— Demain aussi, je dînerai chez lui.

1. Hier, tu as fait du tennis. Et demain?
2. Hier, vous avez fait du ski. Et demain?
3. Hier, ils ont eu 4 heures de français. Et demain?
4. Hier, elle s'est levée à 7 heures. Et demain?
5. Hier, vous avez joué au football. Et demain?
6. L'année dernière, vous avez pris des cours d'anglais. Et l'année prochaine?
7. L'année dernière, tu as passé les vacances à l'étranger. Et l'année prochaine?
8. L'année dernière, il a assisté au Festival international de cinéma. Et l'année prochaine?
9. L'année dernière, elle est rentrée chez ses parents pour passer la fête du Printemps. Et l'année prochaine?
10. L'année dernière, au 14 juillet, il y a eu le défilé militaire sur les Champs-Elysées. Et l'année prochaine?

XIX. Ecoutez et transformez les phrases avec 《 c'est... que 》:

Ex: Je fais du sport *pour garder la forme*.

→ C'est pour garder la forme que je fais du sport.

1. Il m'a envoyé ce message *avant-hier*.
2. La mère a acheté cette jupe *pour sa fille*.
3. Il fait ses études *en France*.
4. Elle va faire un repas chinois *pour M. et Mme Dupont*.
5. Je me suis levé tôt ce matin *pour aller chercher un ami à la gare*.
6. Elle a passé le Noël *chez une amie française*.
7. Il racontera son voyage *à ses camarades de classe*.
8. Ils ont visité le musée du Louvre *lundi dernier*.
9. J'aurai un rendez-vous *avec Mme Lambert*.
10. Elle passera son examen d'anglais *dans huit jours*.

XX. Ecoutez et remplissez la grille:

1. Jeudi, 17 mars, Simon jouera au tennis de table avec ses copains.
2. Samedi, 19 juillet, Paul joura au basketball.
3. Mardi, 29 mai, Celine et Patricia feront de la gymnastique.
4. Dimanche, 3 juin, Eric et Alain feront de la natation.
5. Vendredi, 9 février, Jacques fera du ski avec son frère à Chamonix.

XXI. Ecoutez et remplissez la grille:

1. Hier après-midi, Wang Fang a joué au volleyball avec des amis. Et cet après-midi, elle a fait du badminton avec eux.
2. La semaine dernière, Paul a joué au tennis et au football.
3. Samedi dernier, dans la matinée, Eric a fait de l'escalade avec un ami chinois et l'après-midi, ils ont joué au tennis de table.

XXII. Ecoutez et formez des phrases selon l'exemple:

Ex: le football et la France → Le football est un sport très populaire en France.

1. le tennis de table et la Chine
2. le ski et le Canada
3. la gymnastique et la Russie(俄罗斯)
4. le basketball et les Etats-Unis
5. le football et le Brésil
6. le volleyball et le Japon

XXIII. Ecoutez et répondez avec un pronom et 《ne ... plus》:

Ex: Cette année tu fais du tennis, et l'année prochaine?
— L'année prochaine je n'en ferai plus.

1. Cette année tu étudies l'histoire, et l'année prochaine?
2. Cette année vous enseignez dans cette école, et l'année prochaine?
3. Cette année elle travaille en France, et l'année prochaine?
4. Aujourd'hui, tu prends du bifteck comme plat principal, et demain?
5. Aujourd'hui, ils parlent de ce sportif, et demain?
6. Aujourd'hui, Paul a oublié l'heure, et demain?

XXIV. Ecoutez et complétez:

Hier soir, il était 9h30 quand je suis rentrée à la maison. Mon mari était devant la télé pour regarder un match de football: c'est son sport préféré. Le téléphone a sonné et mon mari s'est levé pour répondre. Puis il est parti sans rien me dire. Quand il est revenu, il était déjà minuit et il est allé se coucher. Il ne m'a même pas regardée! Ce matin, il s'est levé très tôt, il n'a rien pris au petit déjeuner et il est reparti. Je ne sais toujours pas qui lui a téléphoné et pourquoi il ne m'a rien dit.

XXX. Dictées 1 et 2.

Dictée 1

— Pierre, on jouera au badminton cet après-midi?
— Oh non, je n'aime pas ça.
— Qu'est-ce que tu préfères comme sport?

— Le ski et la natation, je suis aussi membre d'une équipe de basketball. L'année dernière, on a participé à plusieurs matchs, et on a toujours gagné. Je joue aussi au football et au volleyball.

— Oh là là, tu es très sportif. Comme je suis du Guangdong, je n'ai jamais fait de ski, tu m'apprendras un jour. Mais la natation, je l'aime beaucoup. Quand j'étais petit, je n'étais pas en bonne santé. Alors, dès l'âge de 5 ans, mon père m'a appris à nager. Depuis, je fais tous les jours de la natation, même en hiver. Tu vois, maintenant je suis en pleine forme.

— Alors, on ira à la piscine cet après-midi?

— D'accord, et on fera une petite compétition. Ce soir, je t'inviterai au cinéma.

— Entendu.

Dictée 2

— Demain soir, il y aura un match de volleyball entre les équipes de Shanghai et de Beijing. C'est la finale du Championnat de Chine de volleyball. J'ai acheté deux billets, est-ce que tu iras avec moi?

— C'est gentil, mais je m'intéresse peu au volleyball, ma passion c'est le basketball. Demain soir, à la télé, on retransmettra en direct un match de basketball entre l'équipe américaine et l'équipe chinoise. Jordan (乔丹), la vedette sportive des Américains va jouer. Je préfère donc rester à la maison pour le regarder. Tu sais, le basketball est un sport très populaire aux Etats-Unis, les Américains gagneront le match, j'en suis sûr.

— Oh, ne crie pas trop tôt victoire pour eux... J'appellerai Wang Gang chez lui. Il veut peut-être assister à ce match.

Leçon 20

I. Complétez avec un article ou la préposition 《de》:

Dans un café

Serviteur: Qu'est-ce que vous prenez, madame?

Patricia: Vous avez des croissants?

Serviteur: Non, il n'y a plus de croissants à midi. On a seulement des sandwiches au fromage.

Patricia: Alors, je prends un sandwich et de l'eau.

Serviteur: De l'eau? Mais il y a du vin et de la bière.

Patricia: Non, je n'aime pas la bière. Je ne bois d'ailleurs pas d'alcool, à midi.

Serviteur: On a aussi du coca, du jus de fruits, du lait...

Patricia: Donnez-moi donc un verre de lait, du lait froid, s'il vous plaît.

II. Complétez avec une préposition ou une locution prépositive convenable:

1. pour 2. de, de, à 3. depuis 4. jusqu'à 5. devant
6. dans 7. sans 8. chez 9. de, avec 10. à
11. dans 12. sur 13. de, par 14. pendant 15. après
16. à côté de 17. sauf 18. en 19. en, à 20. vers

III. Complétez avec un adjectif démonstratif:

1. cet(cette) 2. ce, cette 3. ces 4. Ces 5. Cet
6. ce 7. cette 8. ces 9. Cette 10. cette

VI. Complétez avec « quel, quels, quelle ou quelles »:

quels, Quelle, Quel, quelle, quel, Quelle

IX. Complétez avec des pronoms:

Dans une boutique de souvenirs

La vendeuse: Bonjour, monsieur, je peux vous aider?

Le touriste: Bonjour. Je voudrais acheter quelques souvenirs pour ma femme et mes enfants, mais moi, je ne sais pas choisir: qu'est-ce que je pourrai leur offrir?

La vendeuse: Alors, pour votre femme, peut-être un flacon de parfum?

Le touriste: Oui, un Chanel No. 19. Ça coûte combien?

La vendeuse: 50 euros.

Le touriste: Bon, je le prends. Ensuite, j'ai deux enfants: une fille de douze ans et un fils de neuf ans.

La vendeuse: Ça, c'est simple. Pour votre fille, je vous propose un pull rouge.

Le touriste: Non, elle n'aime pas la couleur rouge. Elle préfère le bleu.

La vendeuse: Bon, voilà un pull bleu avec une image de la Tour Eiffel.

Le touriste: Très bien. Elle l'aimera, c'est sûr. Et pour mon fils?

La vendeuse: Oh, pour lui, un garçon de neuf ans, vous pouvez lui acheter des bandes dessinées, par exemple, *Les Aventures de Tintin*.

Le touriste: Ah oui, c'est une bonne idée! J'en prends trois.

La vendeuse: C'est tout?

Le touriste: Oui, je vous dois combien?

La vendeuse: Ça fait 106 euros. C'est un bon choix, monsieur.

Le touriste: Merci, madame. Au revoir.

La vendeuse: Au revoir, monsieur. Bonne journée!

XI. Complétez les phrases suivantes avec des formes impersonnelles:

1. faut 2. y a-t-il 3. est-il; Il est 4. fait-il 5. pleut

6. faut   7. il faisait; il a neigé   8. Il fera   9. Il y avait   10. faudra

XIX. Complétez les phrases suivantes avec 《ne ... que, ne ... rien, ne ... aucun, rien ne, ne ... pas du tout》:

1. n' ... aucun   2. n' ... que   3. ne ... rien   4. n' ... que
5. ne ... pas du tout   6. ne ... rien   7. n' ... que   8. rien ne
9. n' ... aucune   10. ne ... pas du tout

XXI. Mettez les verbes entre parenthèses aux temps qui conviennent:

Je m'appelle Robert, je suis boulanger. Très tôt, j'ai appris le métier de boulanger. Lorsque j'avais trois ou quatre ans, je passais des heures dans la boulangerie et je regardais tous les gestes de mon père. A l'âge de douze ans, je suis entré dans un collège à Strasbourg comme interne. Mais je rentrais dans ma famille aux vacances: je me levais à trois heures du matin pour faire le pain avec mon père. J'adorais ça. Après mes études, j'ai travaillé comme comptable pendant quinze ans. Un jour, j'ai lu une annonce dans le journal. Une boulangerie était à vendre dans un petit village de Provence. J'ai répondu tout de suite à cette annonce. Alors j'ai quitté Strasbourg et je suis venu m'installer en Provence. J'y ai ouvert une boulangerie et ai créé le musée des Métiers du pain.

XXIII. Mettez les verbes aux temps qui conviennent:

Un samedi bien rempli

C'était samedi. Lanlan, ma camarade de chambre et moi, nous nous sommes levées tôt. Nous nous sommes dépêchées de nous laver pour aller au cours. Nous avions deux heures de français.

Les étudiants ont fait des dialogues on français. Le professeur a été content de nos progrès. Il nous a dit de parler français tous les jours avec nos camarades.

L'après-midi, Suzanne est venue nous chercher: elle voulait profiter du beau temps pour faire une promenade au Palais d'Eté. Elle ne le connaissait pas encore.

Il y avait beaucoup de monde: des jeunes, des enfants, des vieux. Nous avons suivi la Longue Galerie. Suzanne a beaucoup aimé les dessins du plafond de cette galerie, elle a reconnu des personnages du *Rêve du Pavillon rouge*.

Nous sommes rentrées à l'université à cinq heures et demie. Suzanne nous a remerciées de l'avoir accompagnée.

XXIV. Même exercice:

— Monsieur Berg, vous habitez en France depuis une vingtaine d'années?

— Oui, je vis ici depuis exactement vingt-deux ans.

— Vous avez eu un Oscar pour la musique du film *Gun 999*, il y a deux ans, et vous avez vendu trois millions de disques de votre album 《Stellor》 l'année dernière. Que pensez-vous de tout cela?

— J'ai écrit 《Gun Melody》 en deux jours et 《Stellor》 en deux semaines. J'ai gagné beaucoup d'argent. Vive le cinéma!

— Quels sont vos projets?

— Quand mon nouvel album sortira dans un mois, je partirai en vacances en Jamaïque pour un an.

— La musique est votre seule passion?

— Oui, à sept ans, j'ai commencé à apprendre le violoncelle.

XXV. Même exercice:

J'habite chez mes parents. Chaque matin, je vais en classe à vélo.

Hier, c'était vendredi. Je me suis levée à six heures et demie: j'avais cours dès huit heures du matin. Je me suis dépêchée de prendre mon petit déjeuner et je suis partie à sept heures. J'ai pédalé vite, et trois quarts d'heure après, je suis arrivée à l'université. J'ai suivi quatre heures de français dans la matinée. A midi, j'ai déjeuné au Resto-U avec Ling Ying, une étudiante en économie. Toutes les deux, nous adorons le théâtre et nous avons toujours beaucoup à nous dire. Dans l'après-midi, j'ai eu encore deux heures d'histoire. Puis j'ai joué au volleyball avec mes camarades de classe. A six heures et demie, je suis rentrée à la maison. J'ai aidé ma mère à préparer le dîner. Nous avons passé beaucoup de temps à table. On a parlé de son travail, de ses collègues, de ses copains... Je me suis couchée très tard: j'ai regardé la télé jusqu'à minuit.

XXVI. Conjuguez les verbes entre parenthèses aux temps et modes convenables:

La chemise d'un homme heureux

Nous sommes à Bagdad, au temps du roi Haroun-Rachid. Là vivait Omar, un jeune seigneur; il était très riche, mais triste, triste... Il ne s'intéressait à rien, rien ne lui faisait de plaisir. Pendant que ses frères chassaient ou se promenaient ensemble, il restait tout seul dans sa chambre, couché sur le lit.

Un jour, un étranger est arrivé chez Omar. C'était un vieux sage. Il a dit à Omar:

— Veux-tu trouver le bonheur?

— Oh! oui.

— Je connais un moyen.

— Dis vite!

— Eh bien, c'est simple: tu mettras la chemise d'un homme heureux.

Omar a embrassé le vieux sage et est parti aussitôt. Il a visité toutes les grandes villes du monde. Il a mis des chemises de roi, de ministres, de gros marchands, d'artistes... Il a fait beaucoup de chemin. Mais le bonheur était toujours loin.

Il était sur le point de perdre tout espoir, lorsqu'il a entendu quelqu'un chanter.

Là-bas, un paysan labourait son champ et chantait à pleine voix. Il était heureux, lui!

— Es-tu heureux? lui a demandé Omar.
— Oui, a répondu le paysan.
— Tu n'as besoin de rien?
— Non: J'ai pour moi le soleil et le ciel bleu.
— Tu ne veux pas devenir roi?
— Jamais!
— Eh bien, fais-moi plaisir, vends-moi ta chemise.
— Ma chemise?... Je n'en ai pas!

D'après Jules Verne.

XXVII. Dictée:

Linlin, Sophie et moi, nous sommes étudiantes en économie. Nous avons prévu un voyage à Strasbourg pendant les vacances d'été. Un jour de juillet, nous nous sommes levées tôt et nous sommes parties en train pour cette ville. Quand nous y sommes arrivées, il y avait déjà beaucoup de touristes, surtout des étrangers: Espagnols, Allemands, Anglais et même Chinois. Nous nous sommes promenées dans son vieux quartier, il a un nom très joli: La petite France. Nous avons admiré la beauté de ses vieilles maisons et nous avons pris beaucoup de photos. Vers une heure, nous avons déjeuné dans un restaurant très connu et nous y avons goûté des plats délicieux. L'après-midi, comme il faisait beau, nous avons continué à nous promener dans le centre-ville, et nous avons trouvé dans les petites boutiques de très jolis souvenirs. Nous avons pris le train de six heures pour rentrer à Paris. Cette journée nous a un peu fatiguées, mais nous avons été très heureuses de cette visite.

XXVIII. Compréhension orale:

Le séjour de Wang Gang en France

Depuis mon arrivée en France, j'ai eu beaucoup de choses à faire: chercher un logement(住房), faire une demande pour ma carte de séjour, ouvrir un compte à la banque, prendre rendez-vous avec le professeur... Je n'ai jamais pu me coucher avant minuit!

En ce moment, j'habite chez les Durand. Ils ont une grande maison dans la banlieue de Paris. Je les ai connus il y a un an quand ils faisaient leur voyage en Chine. Ils sont gentils avec moi et m'ont beaucoup aidé. Monsieur Durand est informaticien et sa femme travaille dans une banque. Ils ont deux enfants, un garçon de 15 ans et une fille de 10 ans, elle aime beaucoup la gymnastique, et elle en fait tous les après-midi pendant une heure.

  Le week-end, les Durand m'emmènent souvent en ville pour des visites: la Tour Eiffel, Notre-Dame de Paris, la Place de la Concorde… Dimanche dernier, j'ai visité avec eux le musée du Louvre. C'était impressionnant! La pyramide de verre, les tableaux, je les ai trouvés magnifiques. Ce musée est vraiment un trésor!

  Comme il n'est pas facile de trouver une place pour garer la voiture, nous prenons souvent le RER et le métro pour aller en ville. Ces moyens de transport sont pratiques et bon marché.

  Je suis arrivé en France depuis seulement deux mois, mais je me suis déjà habitué à la cuisine française, j'adore surtout le dessert: des gâteaux, des yaourts, c'est vraiment délicieux!

  Dans deux jours ce sera la fête de Noël. Cet après-midi, j'irai choisir quelques cadeaux aux magasins chinois pour les offrir aux Durand.

Répondez aux questions suivantes:
1. Depuis son arrivée en France, est-ce que Wang Gang a eu beaucoup de choses à faire?
2. Où habite-t-il en ce moment?
3. Que font M. et Mme Durand dans la vie?
4. Ont-ils des enfants?
5. Wang Gang travaille-t-il le week-end?
6. S'habitue-t-il déjà à la cuisine française?

北京大学出版社法语图书推介

《商务法语》(ISBN 7-301-06525-6/H.0887) 任友谅编著 2004年出版 定价:20.00元

  特点:本书是为大学本科三年级学生或具有初步法语基础的人士编写的学习商务、经济法语的入门教材。分二十篇课文,从公司的组成、人员招聘、新产品投产、广告、销售、定货、交货、运输、保险、付款方式诸方面,介绍了公司的运做过程,又从董事会、企业与银行的关系、企业内部的工作关系、企业融资、会计制度以及货币、商业法律等方面阐明了公司的人际关系、法律地位和融资渠道。对企业生活有一个比较全面的介绍。每课的阅读材料介绍了法国经济生活的各个侧面,均有难点注释。总词汇表备有中文和英文注释,附有练习参考答案。配磁带1盒,8.00元。

《新编基础法语阅读》(ISBN 7-301-06645-7/H·0918) 杨刚选编 2003年出版 定价:30.00元

  本教材以法国文学中四种不同类型风格名著的简写本为素材,分四个部分28个单元。每个单元主要由三个部分组成:课文、幽默故事和练习。部分课文配有反映现代生活典型问题的短文。练习紧密结合课文内容,设计了有关语法、词汇、句型和理解方面的填空题;以及提高综合能力的选择答案题、讨论题和笔头概述练习。本教材使用对象为法语专业本科一、二年级的学生,以及所有将法语作为第二外语的非本科学生和自学法语者。练习均配有答案,方便自学。

《新编法语阅读》(ISBN 7-301-06645-7/H·0918) 冯百才选编 2003年出版 定价:36.00元

  特点:本教材以法国历史文化为主线,从新的角度介绍法国当代社会的政治、经济、文化、科技、教育、宗教等诸方面。分18个单元共75课。每课由三个部分组成:课文、注释和练习。所选课文力求具有代表性、可读性,语言地道纯正,难易程度适中,并对课文的知识难点进行了注释。练习少而精,要求学生在透彻理解原文、深入思考的基础上,首先做口头练习——口述或展开讨论;然后再落实到笔头练习上——写概述、短文和评论等,将提高阅读能力、扩充知识面和提高口、笔头能力有机地结合起来。本教材使用对象为法语专业本科三、四年级的学生,以及所有将法语作为第二外语的非本科学生和法语自学者。

《中级法语教程》(ISBN 7-301-05583-8/H.0742) 王庭荣编著 2002年出版 定价:32.00元

本书编写对象为学习过法语并希望进一步提高的人士,比如:法语为第一外语的高等院校硕士和博士研究生,以及出国人员高级法语进修班学生。本书参考了大量中外资料,融合了作者多年教学实践经验。共分30课,经科学归纳,由易及难,循序渐进。教材课文选自法语原文作品,题材广泛,体裁多样,语言鲜活,贴近生活。题材涉及社会、经济、历史、文化、新闻、科学、技术等诸多方面;体裁包括小说、戏剧、故事、随笔、报道、论文等多种类型。每课有AB两篇课文,课后附难点注释以及词汇表。前24课从句法角度对法语句子的构成系统进行讲述。后六课为法语写作入门。每课四组练习,既有围绕课文内容锻炼口语能力的练习;也有基本语法综合练习和笔头翻译练习。课后附总词汇表和部分练习参考答案,以方便读者自学自练。

《研究生法语》(上下)(ISBN 7-301-04457-7/H.0527) 王庭荣编著 2000年出版 全套38.00元

本书专门为高等院校硕士和博士研究生学习第二外语法语而编写,作者为北京大学外语学院法语系老师。参考了大量中外资料,融合了作者多年教学实践经验。分上下册,共计39课。语音阶段6课,基础阶段33课。教材精选了法语基础语法的主要项目,经科学归纳,由易及难,循序渐进。题材广泛,体裁多样,语言鲜活,贴近生活。既有文化、历史、社会方面又有政治、经济、科技方面的内容,基本选自法语原文作品,力求从各种角度反映法国社会实际,使读者在学习法语的同时了解和熟悉法国文化。部分练习配参考答案。本书特为提高读者听力配磁带,由法国专家录音。

《法语学习背景知识》(ISBN 7-301-05297-9/H.0686) 丛莉编著 2002年出版 定价:12.00元

特点:本书根据读者学习法语的需要而编写,作者为北京大学外语学院法语系老师。全书分8章,涉及法国地理、历史、政治、经济、社会、文化等多方面信息。所引用的素材、数据及资料均源于法国权威机构出版的书籍及文件,如实准确地反映了法国当今现状。通过加大注释范围,降低了语法难度,除对生词注释外,还有文化点注释及难句翻译。按教材模式编写,既可供大学法语系做《法国概况》课教材之用,又是普通读者的最佳泛读读物。

《法语发音与纠音》(ISBN 7-301-01455-4/H.0154) 周林飞编著 2001年出版 定价:8.00元

特点:此书作者是北大外语学院法语系老师。根据过去20多年第一线教学和广播法语教学实践中收集积累起来的经验和资料汇编而成。全书分三个部分,首先介绍法语语音及语调的基础知识;其次针对中国学生的在学习法语语音过程中最常见的问题进行类比分析,并提供相关的单词词组练习;最后部分汇编了一些易于上口、便于记忆、趣味性强而又实用的单词、短句、小诗作为巩固练习,其中实用短语50句为那些短期出国人员提供了即学即用的捷径。附录提供了《法国人的主要节日》、《巴黎地区名胜古迹》、《常用首字母缩写词》等实用信息。配磁带2盒,每盒8.00元。

《初级法语口语教程》(ISBN 7-301-05334-7/H.0693) 仇书琇等编著 2002年出版 定价:16.00元

特点:本书供初学者学习法语。作者为北京国际关系学院外语学院法语系老师。共分30课。选用当前日常生活、交际等场合最常用的句子,按专题排列,配有情景对话、语法解释及练习(附部分答案),附法国文化点滴。实用性强,既可用于短期班口语培训,也是法语自学者入门的最佳选择。配磁带3盒,每盒8.00元,由法国专家录制。配磁带2盒,每盒8.00元。

《法语系统语法》(00653-5/H.0073) 顾嘉琛编著 1997年出版 定价:17.00元

特点:作者为北京大学外语学院法语系老师。正如书名所示,本书把语法作为一个系统来将讲解,在语言教材所讲语法知识基础上,突出重点。所选例句大多标明出处。全书分量适中,是法语专业的语法教材,也可作为公共外语的基本参考书。

《法语文体学教程》(ISBN 7-301-03187-4/H.0322) 王文融编著 1997年出版 定价:14.80元

特点:作者为北京大学外语学院法语系博士生导师,长期从事法语教学与科研工作。本书以中国学生的实际需要为立足点,在广泛吸收国内外文体研究新成果的基础上编著而成,兼具理论性、知识性和实用性。本书系统介绍了法语的文体色彩、各语言要素的文体功能和多种文体修辞手段,以及新闻、公文、科技、广告等实用语体和诗歌、戏剧、小说等文艺语体的特色。本书配有许多文体练习和篇章分析示例,有助于使用者提高识别和鉴赏文体色彩的能力,以及口笔语的实践能力。

参考书目

Dominique et Cie., *Le nouveau sans frontières* 1-2, Clé international, Paris, 1988, 1989
J. Courtillon, G.-D. de Salins, *Libre échange* 1-2, Didier, Paris, 1991
Guy Capelle, N. Gidon, *Le nouvel espace* 1-2, Hachette, Paris, 1995
M. Butzbach et Cie., *Junior*, Clé international, Paris, 1997
M. Kaneman-Pougatch et Cie., *Café crème* 1-2, Hachette, Paris, 1997, 1998
J. Girardet, J.-M. Cridlig, *Panorama* 1-2, Clé international, Paris, 2000
Ch. Baylon et Cie., *Forum* 1-2, Hachette, Paris, 2000, 2001
C. Gislon et Cie., *Bien joué* 1-2, Hachette, Paris, 1999
Y. Berchiche et Cie., *Cours de la Sorbonne*, Clé international, Paris, 2000
D. Berger et Cie., *Accord*, Didier, Paris, 2000
J. Blanc et Cie., *Escale* 1-2, Clé international, Paris, 2001
Ch. Lavenne, *Studio*, Didier, Paris, 2001
H. Renner, *Le français du tourisme*, Clé international, Paris, 2001
C. Miquel et Cie., *Vocabulaire progressif du français*, Clé international, Paris, 2001
A. Monnerie-Goarin, *Champion* 1-2, Clé international, Paris, 2001
Sylvie Poisson-Quinton et Cie., *Initial* 1-2, Clé international, Paris, 2001
L. Charliac, A-C. Motron, *Phonétique progressive du français*, Clé international, Paris, 2001
L. D. Fresney, *Atlas des Français*, Autrement, Paris, 2002
G. Mermet, *Francoscopie 2003*, Larousse, Paris, 2002
《大学法语课本》第一、二册,杨维仪、陈燕芳编,外语教学与研究出版社,北京,1987
《法语 Français》1-2,北京外国语学院法语系编,商务印书馆,北京,1994
《简明法语教程》,孙辉编,商务印书馆,北京,1996